从村庄出发（二）

Starting from the Village

东北大学秦皇岛分校人才引进项目资助出版

◎龚志祥／著

中央民族大学出版社
China Minzu University Press

图书在版编目（CIP）数据

从村庄出发. 二 / 龚志祥著. —北京：中央民族大学出版社，2023. 2（2025. 1 重印）

ISBN 978-7-5660-2214-1

Ⅰ. ①从… Ⅱ. ①龚… Ⅲ. ①山区农村—农村社会学—西南地区 Ⅳ. ①C912. 82

中国国家版本馆 CIP 数据核字（2023）第 011603 号

从村庄出发（二）

著　　者	龚志祥
责任编辑	李苏幸
封面设计	布拉格
出版发行	中央民族大学出版社
	北京市海淀区中关村南大街 27 号　邮编：100081
	电　话：(010)68472815(发行部)　传真：(010)68932751(发行部)
	(010)68932218(总编室)　(010)68932447(办公室)
经 销 者	全国各地新华书店
印 刷 厂	北京鑫宇图源印刷科技有限公司
开　　本	787×1092　1/16　印张：17
字　　数	286 千字
版　　次	2023 年 2 月第 1 版　2025 年 1 月第 3 次印刷
书　　号	ISBN 978-7-5660-2214-1
定　　价	76. 00 元

目　录

contents

一

写村庄

自由的母亲

——以此文纪念我的母亲青云女士

心无杂念之时，我要为我的母亲写点文字，这是我的一个愿望。母亲离开我已44年了，但我对母亲的怀念却越来越浓，一直鼓励我努力生活下去，无畏无惧，坦然之。

关于母亲的相貌我永远是模糊的。母亲离开我们的时候，我刚满6岁，姐姐8岁，大老（大弟）4岁，幺老（小弟）不到2岁。家里吃饭都存在问题，不可能有什么照片存在。后来长大了，特别想母亲的时候还哭过一次，那是工作以后，家里许多事情都需要我去努力才能克服当时的困难，两个弟弟结婚需要钱，家里的银行超期贷款需要还，可父亲老了，承受不了生活之重，我是长子，担子理所当然在我的肩上了。为了鼓励他们努力生活、充满希望，我没钱添加衣服但还得让兄弟们和父亲感觉我没有问题，装着过得很好。记得有两次回老家，我都是掏空身上所有的钱支持家里过日子，然后早早地从老家出发，步行30多公里到来凤县城的一个朋友赵春峰处借宿，第二天还向他要10元钱买车票回恩施上班。这个时候我好希望母亲在身边，向她诉说一下我的艰难和心酸。在一次初冬回深山老家探望父亲时，在那个万籁俱寂的夜晚，喝了一点苞谷酒放松心情解除疲乏，围着火炉烤着熊熊燃烧的柴火，看着火苗窜上窜下，满腹的苦衷和莫名的情绪缠绕着我，挥之不去，忍不住在父亲和一个邻居面前放声大哭，不知道我母亲在天之灵是否有感应，也不知道我的思念是否让我父亲再次心伤。另一次也是想母亲想得不行了，忍不住偷偷地问同一个村子的曾家幺满（幺叔），想知道我母亲相貌是什么样子，他停下手中活路（干活），吧嗒着旱烟看了我半天，然后低沉地说，与我姐姐样子差不多。

我母亲是来凤县漫水乡陈家堡人，酉水河的右岸，就是现在的塘口电站坝址那个位置，那一个山头都是陈姓人，山的另一边叫明家寨，明家寨已淹灭成了库区。我父亲是手艺人，瓦匠，少年就出门到处做瓦，那个时候是“三级所有，队为基础”的年代，他作为生产队富余人员出去为小队搞副业，也就是相当于现在行政单位派出人员创收。一年时间到了，他没有按要求完成任务，然后小队就不要他了，他就到处游荡，到漫水乡一个叫渔塘的地方做瓦时，认识了我母亲。物以类聚，人以群分，他们自然而然成了夫妻，然后就有了我们兄弟姊妹四个。

我灵魂深处记忆我母亲的最早时间应该是我 3 岁多的时候。当时我们一家五口人住在漫水乡一个叫洗车的地方，洗车是土家语地名，大意是有水草的河，也有说是出产醋的地方，但那里确实有一条小河沟，发源于一面山坡，被两山夹持，缓缓向东在漫水老街下方注入酉水。那面山坡很宽很高，叫栗树坡，翻过坡顶就是五台的岩口。父亲在那里做瓦，成品卖给当地的生产队，母亲就负责照看姐姐、大老和我，一家人过得悠哉乐哉。我们住的房子是当地生产队的，半山腰的一栋瓦房，我们一家住了左边一间，右边一间住着一对年老的夫妻，还带着个哑巴女儿，中间是堂屋，两家共用。房子的左前端是一栋吊脚楼，很气派，户主姓杨，女主人我们叫她姑婆，长大后才知道叫她姑婆的原因是我有一个姑姑与她的女儿是结拜姊妹。房子的右前方有一栋与我们住的一样的木房子，男主人姓张，女主人姓陈，与我妈相认为同姓姊妹，成为我的姨娘。这三栋房子就相围成了一个槽形院落，中间形成一块不大不小的院坝。这座山斜对面的山腰部有一个比较大的院子，我五太公的女儿就嫁入这个院子里的杨家为媳，也就是我的姑婆家。怎么说呢，给我们居住的这栋房子与我们家的渊源太深了，1980 年以后分田到户，那个时候哑巴姑姑早已出嫁，她的父母成了队里的五保户，两位老人终老以后，房子就成了空置的集体财产，那时的生产队已名存实亡，改称村民小组，组长与大伙商议以 110 元的价格卖掉。卖房的消息无意中让我父亲知道了，他就建议我幺姑父买下，于是这栋房子在左邻右舍齐心协力肩挑背扛下，辗转来到了旧司乡新乐元堡庄，成了我幺姑一家的新居。

记忆中，我母亲第一次表扬我就发生在洗车，当时我在我们家后山背后一个烧灰（集农家肥的一种方式）的空地四周捡了很多干柴堆放在这块空地上，这样的空地当地叫灰疤子。我母亲来了，发自内心地高兴，高兴儿子能捡柴了，能为她做点事了，她特地在山上给我找了 10 根左右的野生脚板苕（也就是野生山药），让我拿去叫吊脚楼上的姑婆帮我烧着吃。

那个时候农村有有线广播，准时开播。早晨六点左右会播放《东方红》晨曲，睡意蒙眬中那个韵律让我感觉是在爬我家房子后面栗树坡的山路去我父亲的瓦场。我父亲的瓦场在山的另一边，先上后下，翻过屋后的山脊来到一开阔地就是瓦场，我母亲有时忙不过来就会把我和我姐放在父亲这里。

在洗车居住的一年里，我第一次看到飞机，那个时候不知道是什么飞机，飞得太低，经常贴着屋脊飞，来了好几次。大人们争先恐后跑出房子来到院子里看飞机，我母亲抱着我大弟，我姐姐拉着我妈的衣尾巴紧贴着她。我就一个人在房间里面闩着门，一边哭一边从门缝里看飞机。中午时分，飞机又来了，这次大人们厌倦了看飞机，各自在家吃饭，有母亲在身边，我是美美地无恐惧感地看了一次飞机。岁月轮回，无数次回忆此事，无数次甜在心头。

一年后，我们全家来到了明家寨，住在瓦场的工棚里，与陈家堡为邻，可以去舅舅家玩。在这里，我们全家迎来了我的小兄弟。农历四月那个晚上下着小雨，我姐姐睡着了，我迷迷糊糊感觉我父亲屋里屋外忙个不停，天亮后，妈妈告诉我们增加了一个弟弟，起名叫鱼，与酉水结缘。不久，我的婆婆（奶奶）和三个孃孃（姑姑）也来登门祝贺，我第一次知道我有婆婆和孃孃。树叶渐黄，秋天来了，我的公公（爷爷）也来了，我第一次知道我有公公，幸福满满地赛过惬意的金秋。

在明家寨我第一次挨打，我的姐姐也由于我第一次挨了打。我与我姐姐闹着玩，我扯坏了她的衣服，我妈就把我和我姐姐狠狠地揍了一顿，打得我们躺在田边沟里都起不来了，也不知道我爸爸那个时候去了哪里。可想而知当时的穷，撕坏了衣服竟让我母亲如此不高兴。我第一次去酉水河里洗澡，很怕水，只敢在河边上玩水。我记得有一个叫笔笔的男孩，应该比我大，他能够潜入水里抓鱼，然后送给我。工作 13 年以后，我重访明家寨寻找儿时记忆，由于明家寨紧邻酉水河，地处塘口电站坝址的上游一带，整个寨子已成库区，找到一户姓明的人家打听笔笔的下落，告之笔笔上门去了河对面的湖南龙山县某个地方，我想应该儿孙满堂了吧。我母亲在河边洗衣裳，她把茶枯（洗衣用品，油茶籽榨油后的渣压成饼状）放在背篓里与背篓一起潜入水里，然后成串的小鱼就往背篓里来，我一提背篓就全跑光了，直到我母亲洗完衣服，我一条鱼儿也没有揪住。酉水河的水清澈见底，可以看见鱼儿成群结队游荡，那时的人们虽穷困，但与自然和谐相处，只钓鱼，不炸、不药鱼，鱼篓子（嗉子）也是一头大一头小，大鱼进去出不来，小鱼进出自由。

我的大弟小时候身体不太好，经常要去漫水乡街上（集镇）看病，我有个远房舅舅是赤脚医生，他也经常上门来给我大弟打针。我母亲在娘家兄弟姊妹中排行是最小的，两个哥哥都很心疼她，她在整个陈家堡都比较有影响力，感觉她叫谁来帮忙，谁就会马上来，包括她的叔叔，我的奉嘎公（外公）。所以，在去漫水集市的水路上，我坐过当时所有的小木船，都是陈家堡的亲戚划船，长大后看《边城》觉得特别亲切，场景历历在目。

从我抓鱼和看飞机的场景来看，我母亲认为我是她孩子中最傻（ha）的一个。还有一件事更加坚定了她的看法，那就是她很想知道男性的乳房是不是也有乳汁，于是，她用剪刀把我的一个乳头剪了一个小口，结果当然是没有，我痛得大哭。她当时动员我和我大弟，我同意让她这样做，我大弟不允许她这样，她判断我傻（ha，当地方言）得不行了。从此，我妈对我更加关注，心放不下。

我妈是个有胆量的人，也很聪明，对唱山歌可以随口应答，也会讲很多童话故事。我们兄弟几个的牛痘都是她用扣针帮我们种的。她善于用身边的事情让我们明白一些道理，在明家寨有一个裁缝师傅，他的老婆在山上摘吃野果中毒死了，我们看见他号啕大哭扶着他老婆的方子（灵柩、棺材）几欲晕厥。我妈不知道用什么方式让我们知道了不能乱吃山上的野生果实，产生一种害怕的心理。其实我妈不知道，我和我姐，还有其他小朋友一起玩停靠在河边的木船时，差点让她失去长子。当时刚发洪水，水位还没消退，我不小心掉进河里了，当时我姐背上绑着我的小兄弟，无力帮助我。河水深不见底，我哭一声喝水一口，双手胡乱挥舞，水灭过头顶，我奋力上浮，通过两次攀爬终于抓住岸边一柳树枝得救。同时，得救也受益于家境贫穷，夏天不穿衣服，不过肚皮和双手破皮火辣辣地痛。现在想来仍不可思议，命中注定有神相助。这次让我彻底怕水好多年，以至于秋天我公公来时带我去河边走走，他走河边的路上，我走远离河边的草地上和树林里仍觉得不安全，他不明白我刚在水中经过了一次生死考验。

秋尽冬来，我们全家迁回我的老家五台曾家界，五台现属于绿水乡，那时还属于旧司公社。回老家的路程现在看来也还是很长，我上大学时，利用假期去陈家堡来回用了差不多两个整天。一路涉水蹚溪，上山下山，沟里沟外。过漫水集镇，进入洗车，翻越栗树坡，经岩口，上将军岩，过学堂坪，到曾家界。我和我大弟由一个不知道名字的叔叔用两个箩篼挑着出发，不到一岁的小兄弟由母亲抱着向老家进发，我那7岁左右的姐姐就靠自己步行努力向前了，实在走不动了，爸妈鼓励我下来步行，让我姐姐坐一下箩筐，我又傻傻（ha）地同意了。家虽不大，一应俱全，所以，当时陈家堡和曾家界的青壮年男性劳动力全部出动了，行进在蜿蜒的山路上，搬家的队伍也算是浩荡。

至于为什么回老家我是不清楚的。原因应该是多方面的：我父亲是独子，回家尽孝完全有可能；人民公社管理从严也有可能；这么多孩子，不应该四处漂泊也有可能。总之，回到了老家。

我们全家9口人一起过了一个年，春节后就分家了。我的公公婆婆和幺孃孃在一起生活，我们兄弟姊妹4人和父母生活。老家的编号是第四生产队，但我的父母劳动在第五生产队（覃家界），所以我妈每次去第五生产队称口粮时都会带上我。一是给她做伴，两队之间相距三座山，路上荒无人烟让人有点害怕；二是让我增长见识，减少点傻劲。在覃家界，我见到了比我家茅草屋还矮小的茅草屋，就是屈家的房子。感觉我妈与屈家很熟悉，屈家人对我母亲也很友好。屈家有一堆孩子，还养了一条狗，汪汪叫个不停，但伤不了人，因为狗嘴被一个竹制的笼子牢牢套住。在老家，这个竹制的笼子本来是用来套牛嘴的专用品，屈家用来笼狗嘴，很有创意，也体现出狗主人为他人着想的善良。初中学习中国历史时，了解山顶洞人和半坡文化那一段历史时，屈家的茅草屋就会在我脑海里重现，当然也包括我家的茅草屋。回老家后，我妈除了赶集（当天往返）因路程太远没带我以外，其他任何时候都是带着我的，下地干活、上山砍柴、走亲戚，我与她都是一起。在一起的时候她会给我讲许多好玩的故事，说俏皮话，还说一些生活常识让我记住，有时也会开玩笑。有一次在地头干活，我看见一块大石头很漂亮，她说等会儿让你爸背回去，我就相信，坐在那里等我父亲来，她就会无奈摇头。那块石头现在还在那里，估计重量有4吨左右。有一次我在椅子上睡着了，她放了一点红薯在我嘴边，看我醒来会不会吃掉，我醒来吃掉了，她和我姐、弟弟都非常开心地笑我。还有一次是寒冬腊月，家里正在院坝推豆腐准备年货，我妈叫我去房间把刷把拿来清洗石磨，我动作还是比较快，但拿给我妈的是洗碗巾，她当时真的很无语。其实所谓的增长见识的范围也不过方圆5公里左右，但我非常感激我母亲，没有她当时给我的5公里，就不会有我现在的万里之遥，就不会来伦敦体验异国风情。

我上学能静下心来念书得益于我母亲生命中的最后一个冬天。在那个没有晴天也没有雨天的阴沉沉的冬日，我妈一直在山上砍柴。回老家不到半年，我父母的劳动关系就从五队转到四队，好像是四队队长建议的，四队队长与我父亲关系良好。长大后才知道，整个四队的人都很友好。后来我才明白，我母亲当时已有身孕，所以那个冬天她请假休息，才有时间上山砍柴。她是一个很能吃苦的人，早上出发，上山就是一整天，进家门时一定是夜幕降临。她给我一把生锈的柴刀，让我学砍柴，中午就在山上生火烤红薯吃。整个冬天，我跟随我妈从一个山头转战到另一个山头，我拿着我的刀砍了一个冬天也没有砍断一棵树，但增强了我的毅力，不怕与寂寞为伴。有时她忙，顾不上我，我就一个人在那里默默地或坐或躺数小时，极端的没趣。我也想在家与村里小伙伴一起玩耍，但我妈需要我做伴，她也想让我变聪明。背着柴出山也不容易，我又走得慢，她就叫我在原地等她，她先送一捆柴到家，然后背第二捆柴时我们一起回家。我坐在石板上等我妈时，天渐渐暗淡下来，恐惧也慢慢袭上心头，树林里草丛间的响动更平添一股寒意。我妈来接我时，看我一动不动坐在石板上，与她离开时一样。她见我如此傻乎乎，悄悄捡起一小石子扔向我旁边的树林，看我只是头微微侧一下又恢复原状。我想我妈的心应该如当时的天色一样往下沉降。

回老家后，我发现我妈的笑容少多了，明显没有原来开心，她也只是与她的好朋友开玩笑时才会笑。那个冬天虽不下雨下雪，但相当冷，我的耳朵有点受不了，我做梦都在想我妈要是能帮我买一个套子把我耳朵遮住就好了。以至于我母亲去世以后我还会出现这种幻觉。我母亲喜欢自由，热爱无拘无束的生活，归队以后失去这些，少了许多欢乐。过完春节，在农历二月的某一天下午，她决然离开了我们，还带走了孕育中的生命。

母亲出殡的早上，我们兄弟姊妹四个都睡过去了。长大后才明白是大人故意为之，大人们担心小孩子害怕，让整个村庄的小孩都很晚才睡觉，早上就醒不过来。所以，我的母亲葬于什么地方什么方向，一直到上小学二年级时，我的婆婆（奶奶）才让我知道。母亲去世一个月后，在某一个深夜，我婆婆叫醒我们兄弟起来小解，我小解上床后，告诉我婆婆，我说我妈回来了，婆婆当时有多害怕我说的话我不清楚。我告诉婆婆，妈从什么方向来的，穿着什么衣服，手里拿着什么东西，现在来到床边了，站在我的身边。我婆婆迅速起床点亮煤油灯一直到天亮才熄灭，估计那天晚上全家老小都吓着了。这件事情让村子里的大人一直困惑不解，因为我说的全对。一直到初中快毕业了，晚上做了一个梦，梦见我妈回来了，她告诉我说是阎王弄错了，把她放回来了，我当时感觉幸福溢满全身心，梦醒平添一分忧伤和愁绪，心中怅然若失。从那以后就再也没有梦见母亲了，但生活中仍时时思念母亲，知道母亲所做的一切是为了让我变得更好。愿母亲在天堂一切都随她的意念生活！

在从明家寨回到老家的第一个春夏之季，老家门前有一棵枇杷树，枝繁叶茂，挂满了果实，不堪重负，风吹倒了几次，我父亲都找人帮忙把它扶正，最后在一个风雨交加的下午终被折断，再也无法挽救了。母亲去世后，天终于下起了不大不小的雨，雨润春秋，带走了阴沉的冬天，但愿以后冬日都有阳光。

母亲，你知不知道我是多么想念您！我不知道您为什么要离开我们，带走了浓浓的爱，是因为我又做错了什么让您生气了吗？为了亲近您，我拼命学习，勤奋工作，忘我阅读，不断地浪迹天涯，苦苦追寻，弥补我生命中的缺失和遗憾，努力去找回那永远也找不回的母爱，也奢望为母亲找回幸福和笑容。

（2015 年 4 月于伦敦）

村庄变迁记

我的村庄很小。与当下的传统村落相比，可以说是微小的野村，但在我心中很特别，萦绕我灵，梦牵我魂。我大约 5 岁时，随父母来到这个村庄居住，真正离开村庄生活是高中毕业，那一年我 21 岁。据我婆婆说，我出生在村庄，那天天气很好，冬日暖阳，不到 1 岁就随父母到处迁徙。宁静与遐思，快乐与忧伤，村庄伴我成长。我说的村庄是自然村落，有点世外桃源的感觉，不是中国官方文件中的村，中国现在意义上的村是行政村，包括许多自然村（组）。我的村庄离县城 30 多公里，出县城南行到我村庄的行政村所在地绿水乡拦马山（一组）是 28 公里的公路，从一组到我的村庄（四组）就全是山路了。从村委会所在地（一组）靠右上山，穿过一大片的油茶林，半山腰有一个寨子，寨子的人全部为潘姓人家，叫潘家院子，穿过潘家院子继续上山就到了我的启蒙学校——拦马山小学，现已并入五台中心小学。学校人去楼空，楼已倒塌毁损，与荒山为伍了，沿小学边的羊肠小道继续爬山很快就到此山的一个垭口，翻过这个垭口下山一直到山脚，横过不到 50 米的一个平地又继续左上爬另一座山，到达半山腰出现一块平地，这里有一片水田，水田后面就是我的村庄。翻过村庄后面的大山就是另外一个村庄，叫大坝的地方，属于旧司乡。从我的村庄去大坝需要下一条长长的坡，约一个小时路程。我的村庄坐北朝南，东边隔着三座山与覃家界（也叫小麻阳寨）自然村为邻，西边同样隔着三座山与枸皮湾自然村（属于大堰塘村，当时叫四大队）相依，如果从枸皮湾继续向西南行就是大麻阳寨。所以上山下山都不容易，手脚并用，不是肩挑就是背扛。这就是我的村庄，梦中的香巴拉。

村庄地名源流考

我的村庄现在的名字叫曾家界，是因为除了我们一家姓龚以外，其他户人家全姓曾。我家所在的地方叫满家坨，听曾家老人讲，这里原来住的是姓满的人家，在清朝人丁兴旺，后来发生白莲教起义，满家受到牵连，清朝大军压境进行歼灭。民间传说很神化，说姓满的人家功夫了得，清军来时，他们驾着板凳就飞走了。长大后，查来凤县志才明白，清朝嘉庆年间，在四川（包括重庆）、陕西、河南和湖北边境地区爆发的白莲教起义历时九载，是清代中期规模最大的一次农民战争，清朝从此走向衰落。

我老家这一条线当时被白莲教控制，总舵在今天的小坳（五台管理区住辖地），一字长蛇阵直达距离县城7公里的旗鼓寨，旗鼓寨属于前锋所指，中间还有一分舵在茶园坪。清朝军队历时数年，击毙了数万人。从小坳到旗鼓寨这一线上叫万人坟的地名很多，与这些战争有关，我的村庄后山有个山包就叫万人坟，土壤与其他地方也不一样，不知道何故。我有一个兄弟迁出村庄去旗鼓寨安家落户，他告诉我，旗鼓寨那里也有叫万人坟的地名，旗鼓寨的满姓人家就是从我的村庄搬迁出去的，他们很怀念他们原来的地方。宣恩有不少的满姓人家，不知道是否与我的村庄满家坨有关联。按来凤白莲教徒突围路线分析是有这种可能的，可惜无从考证，就算有关联也查无实据。试想，起义失败后，满姓人家会想尽办法开脱与白莲教的关系，修改家谱，改写家族迁徙路线，这是生存下来必须要做的事。比如土家族中的彭姓家谱记载他们就是从江西迁入湘西的，史书上也确有此记载。鹤峰县容美土司的田姓也是这样的，田姓土司上层认为他们是从陕西迁入的，以示与下层田姓人的区别。后来容美土司进行改土归流，田姓土司的部分上层人员真的迁往陕西西安等地安置。我在伦敦访学期间遇见西安一所大学的访问学者田老师，田老师就是西安本地人，我开玩笑说田老师有可能是容美土司的后裔，对此，这位老师认为也有可能。历史上周边少数民族与中原人口的互连互通互取是交往交流交融的重要内容，你中有我，我中有你。在姓氏文化上的表现是其呈现方式之一。

清乾隆年间，陕西人韩龙和来凤县五台小坳人杨隆在来凤传播白莲教，后被清廷逮捕，押送襄阳正法。杨隆的胞弟杨子敖继承兄长遗志，继续传教收徒，他一人就发展了四千多信徒。清嘉庆元年，来凤白莲教起事，杨子敖负责五台大后方，并伺机攻取百福司集镇，然后越酉水取湘西，渐成气候，在五台集聚的教徒达万人以上。后来，清廷传旨，命在酉阳带兵平苗的四川总督孙士毅参与围剿白莲教徒，从五台南边和东南边进剿。四川总督孙士毅安营扎寨的地方名苗容，其实应该叫苗营，由于当地口音的原因音变为苗容，苗容的后方就是作为战略支撑的八穴大坝子和麻田坝古寨。这一地域现属重庆酉阳县车田乡，那个时候部分属于来凤。距离五台最近的孙士毅部驻军隔安抚司洞塘坝与五台小坳相望，白莲教徒不敌清军，五台小坳失守，杨子敖率众突围至兴隆坳。兴隆坳是曾家界的别称，地名获得比曾家界要早，是在曾家迁入之前，属于满家的时候，可见当时人丁兴旺。满家人就此卷入这场战争，后随杨子敖部转战至旗鼓寨，然后至宣恩一线。旧司乡纺车溪有一支向姓人家，当地住民，现在称土家人，向家五位兄弟在五台参与白莲教起事，随杨子敖部突围退至兴隆坳满家坨。清军继续追剿，杨子敖部翻越五台山，经旧司方向转战至旗鼓寨。在枸皮湾与元宝庄交界的后山上，清军与白莲教徒有一场激战，那个地方叫大拐，羊肠小道在这里拐一个大弯，然后延伸至山下谷地，与驿道连接。向家五位兄弟参与了这场激战，年长的四位兄弟拼死保护最小的兄弟，最后，小兄弟突出重围，逃回老家纺车溪躲藏，他的兄长皆战死。战事结束，社会太平，向老五在老家娶妻生子，繁衍生息，历经九代至今，人丁又达百人以上。神奇的是，140年后，这支向姓人家的一位女子出嫁到兴隆坳满家坨龚家，成为我的祖母。我的土家族身份获得与此有关。

以兴隆或兴隆坳命名的地方太多了，来凤县就有好几处，重庆酉阳县的兴隆镇紧邻五台，因此，至少说明在清朝时，这一带地域人口较多。兴隆坳这样的地名寄托了美好希望，也许在某一个特定时间真的兴隆一时。我家房子正西方向的一条小路是通向枸皮湾村落的，经过一个山坳，这个山坳就是我村庄的兴隆坳。坳，一定是山脊的山口，不是山顶，翻过这个坳就是另外一片天地，因此，多是道中关隘，设卡守防之地。而界，在当地具有相对意义，是指高山，相对于地势较低的平坝谷地而言；不够开阔的平坝谷地叫沟，多有溪流相伴随，这里的界也有边界的意义，但一定是居高山的边界。

我的村庄所辖范围还有许多小地方都有名字。叫姚家土的地方应该是姚姓人家居住过的。叫高家屋场的地方属于高姓人家所有，高家屋场有一个干燥的洞穴，就是高家到此安家的第一代居所。叫杨家槽的地方一定住过杨姓人家。这些地方现在都已没有了人烟，我每经此地必猜想他们去了何方。叫学堂坪的地方也无学校，几台平整的土地昭示曾经有人类在此活动过。只有一个叫螃湾的地方现在仍然有螃蟹时常从泉水处涌出；叫丁草湾的地方丁草依然茂盛地一年又一年地疯长；叫坟坨的地方，原来有许多无主之坟，后被土地持有人平掉不少，但那个地方仍然阴森，一天之中，阳光光顾时间不长，妥妥的阴魂安居之所。姚家、杨家、满家与现在的曾家和龚家都没有发生什么关系，也只能从老人口中听说，述说的是比较遥远的故事。高家屋场极有可能是五台三房沟高姓人家的一支迁来此地，后迁往何处无人知晓。高家早先与龚家为邻，均在五台三房沟居住，后不知何故都离开这个地方，不是瘟疫所致就是乱世所迫，结伴来此是有可能的。你来我往，地还是那块地，但村庄的人却数度变换，如江河之水不知流向何方。费孝通先生在他的《乡土中国》中把中国乡村人口的流动迁徙比喻成从老树上被风吹出去的种子，找到土地的生存了，找不到土地的命运就更加难测。可以断定，我的村庄一定有那么一段时间是无主之地。我每次回家祭祖，在我祖先坟墓附近的地方有许多无主的坟墓，不知这些坟墓的后代现在何处安身立命。在姚家土有一座坟墓立有墓碑，比较气派，它的后人在当时应该是厉害人物，要建造那样一座墓碑是需要相当财力的，这座坟墓后来被村庄的小孩子给毁坏了，有点可惜。

村庄行政隶属关系一直属于旧司，更远的行政管辖属于田姓土司地盘，大旺司所属，与漫水司、安抚司接壤。行政隶属关系全称是旧司公社五台乡拦马山村第四生产队，拦马山村在20世纪六七十年代也曾叫做第五生产大队，简称五大队，村庄的经济流向和亲缘关系也是以旧司方向为主。这样划分隶属关系应该是以古驿道走向来确定的，有其历史形成过程。早年，村庄的女孩子长大嫁人，婆家多数在旧司方向，村庄男性找对象也是以旧司方向居多。五台乡供销社属于旧司公社供销社的一个分社，有线广播也是从旧司方向过来，村民赶场（赶集）也是以旧司和五台小坳为主，偶尔会去漫水赶集。早年五台没有通公路，主要是受制于一个叫深弯的地方，这里悬崖绝壁，山势陡峭，人畜难以逾越，顾名思义叫拦马山，但我更愿意称之为南马山，算是寄托五台人的超然情怀——放马南山。公路从县城延伸到深弯戛然而止，继续往前修筑代价太大，公路修到此处也是由于在这里建立了一个国营煤矿的缘故，因此，五台供销社的商品都是靠人力肩挑背扛从旧司供销社搬运过来的，俗称挑力。人们于是多了一个挣钱的机会，但不是所有人都能胜任，路途不是一般的遥远，属于苦力中的苦力。20 世纪 70 年代，来凤县在拦马山村一个叫大天坑的地方新建了一个国营煤矿，于是公路就修进了五台辖地，在 1977 年前后，公路终于延伸至五台乡政府所在地小坳。古驿道的作用和价值淡出人们的生产和生活，于是经济流向发生改变，人流物流顺着公路流向绿水公社，人们赶集以绿水公社驻辖地上寨为主了，行政隶属关系因此调整为绿水公社五台乡拦马山村第四生产队，现在的名称叫绿水乡五台管理区（片区）拦马山村第四村民小组。

从生产队变成村民小组，从社员变成村民，意义不是一般的重大，并不亚于 60 年前把村民小组变成生产队的重要性。曾经沧海难为水，名称回到了过去，文化和社会的自然亲和力是需要时间恢复的。

民国时的村庄追忆

民国以前村庄是什么状况无从考证，来凤县志无记载，也没有村庄史。我所记录的民国时的村庄也只是总结村中老人口述的历史形成的。曾姓人家应该是现居住村庄的最早村民，他们迁入此地有 100 多年历史。据我的邻居曾家大伯告诉我，他的先辈是从湖南逃难过来的，最早是在来凤县城边上，那个地方叫黄茅坪，当时那个地方人烟稀少，到处是齐人高的茅草，土壤肥沃，但是曾家先辈不敢在那里安家，因为地势太低，距离酉水河太近，怕水淹，所以继续一路逃荒到了现在这个地方，感觉比较安全，就立足于此，开启山林，繁衍后代。

龚姓是第二批到此定居的人家，也是从湖南逃难过来的，但路线有所不同，龚姓是从湖南龙山县南部进入湖北来凤县，没有经过来凤县城附近，应该是经卯洞或漫水然后到五台，早先住洞塘坝龚家坝，后迁五台的三房沟龚家湾居住，然后迁入曾家界。龚姓迁入曾家界的时间在清朝末年，20 世纪初叶。曾家虽然是最早进入这个村庄的定居者，但是这个村庄的好田好土都被邻村枸皮湾和覃家界占有，他们来到此地的时间更早，只是不住在这里。按照先占先得的规矩，龚家的土地比曾家的还要差些。

我的婆婆告诉我，她来到这个村庄是 1932 年，那年她 11 岁，来到我们家做童养媳。那个时候这个村庄只有曾姓和龚姓人家，龚姓也有五六家。大约是从 1938 年开始有其他姓氏来到曾家界居住，具体是些什么姓氏人家，我婆婆也记不清了，这批人在 1945 年后差不多都离开了，也不知道去了什么地方。曾家太姑婆告诉我，人真正多起来是解放前三年，也就是1947、1948、1949年，不知道是从哪里跑来这么多人，好多是逃避兵役的，当地叫爬壕，当时战事激烈，国民政府前线兵源吃紧，抓兵拉夫是家常便饭。曾家界属于苦寒之地，村庄所在地海拔1040米，村庄后山海拔1200米左右，山高皇帝远，乱世无人管，加之此地属于三省边界之地，又山高林密，就算当时的政权机构想管，也力不从心，逃避兵役的流民当天就可穿越三省之地或遁入崇山密林，无从寻踪。太姑婆说那三年特别乱，土匪经常光顾我的村庄，白天也来抢东西，更多的时候是晚上来抢。那个时候曾家界热闹，山顶上都住有人家，但都是些流动人口，来来去去的，外面形势好转，这些人就离开了。等到1949年中华人民共和国成立，我的村庄仍然是曾龚两姓人家。其他时间我的村庄也是平静的生活，封闭而边缘，贫穷而安详。

从1947年始，村庄匪情严重，村民也多起来了，可是没有组织起来，各自为政，任由土匪欺凌。村庄没有出嫁的姑娘晚上都不住在家里，天黑之前就去山洞里躲藏起来，家里的粮食和值钱的东西也是藏在只有少数几个人知道的山洞里。据曾家大伯说，我的一个远房爷爷个子高大，有一次土匪白天来袭，他在自家房子附近干活，来不及躲藏，一个土匪用梭镖向他刺来，他就势抢夺土匪的梭镖，一个反杀，反而把这个土匪给弄死了。这事情比较严重，土匪肯定要报复，我的爷爷想办法摆平此事，后来土匪也知道我爷爷在当地是个人物，此事就不了了之。还有一次，土匪深夜来洗劫村庄，我爷爷的哥哥（大公）是个慢性情的人，他不想躲藏，就在自家火塘边烤火抽烟，土匪翻遍一贫如洗的家里家外没有找到值钱的东西，一气之下推了我大公一掌，我大公站立不稳，一只脚不小心踏入火塘中的三角里面，脚腿肚子被滚烫的三角烙了个深沟，一年之后才康复，留下个大大的疤痕。我小学语文书有一课的句子我至今还记得几句："贫农张大爷，身上有块疤。大爷告诉我，这是仇恨疤……"记忆深刻应归功于大公腿上的伤疤。由于我的公公（爷爷）是甲长，负有维持地方治安的重任，他一般不在家，经常驻守五台岩院坝这个关口，我婆婆带着我爸爸和四叔在家，与我的太婆（爷爷的母亲）一起生活。深夜土匪来扰，我的婆婆就会一手抱着我爸爸，另一手抱着我四叔，带着我太婆摸黑跑向我家的后山躲藏，四叔太小不懂事会哭，我婆婆就会把他嘴堵住，不让哭出声音来。这种担惊受怕的糟糕情况一直持续到1949年底解放军进驻来凤才结束。

新中国的新村庄

“春雷一声震天响，来了救星共产党。”这句话是我小学课本上的，抒情性地描写了老百姓对共产党到来的欢迎。其实我的村庄改朝换代是在 1949 年底，但真正改变生产生活状态是从 1950 年春天开始的。我的村庄生产生活条件比较艰苦，在进行剿匪的同时开始土地改革，主要是把土地按人口多少以户为单位进行平均分配，平均地权。那个时候我的村庄归口旧司公社管理，负责村庄土改的工作队驻地在旧司的螺丝塘村。螺丝塘村土地富裕一些，分配土地的时候，政府安排我村庄的一部分人去了螺丝塘村参加土改，主要是姓龚的人家，包括我大公一家人。仍然留在曾家界的就只有曾家的人和姓龚的三户人家，村庄前面的水田也分配给了我的村庄，还在拦马山行政村一组给我村分配了一块油茶树，可惜在人民公社时期被队长送给了一队。

这种分田分地到户的好日子没有维持多久就开始搞人民公社，开始土地集体所有，以队为基础进行管理。我的村庄应该是从 1957 年开始进行人民公社运动的，我婆婆告诉我说，1958 年大办钢铁，我的村庄也与全国一样热火朝天地冶炼钢铁，村庄附近山上的古树被砍光了，原始森林消失了，大型野生动物也没有了，每家只剩下一个三角和一口锅用来煮饭，其他的全部用来炼钢。最为极端的时候，所有人都必须在集体统一吃饭，谁家要是私自在家里做饭就会挨批斗。我婆婆说在集体统一吃饭浪费特别大，味道也不好，特别是家中有小孩子的很可怜，不敢在家给小孩做饭。紧接着就是人们常说的三年（1959 年至 1961 年）困难时期开始了。

从 1962 年开始情形有所好转，上面允许在自家的房前屋后种点蔬菜和粮食，后来规范后叫做自留地。未经允许，超出自留地范围的开荒种地，小队会进行没收或铲除，叫割资本主义尾巴。村庄生活恢复了活力，人们脸上有了笑容，村庄显现生机。但“三级所有，队为基础”没有什么大的变化，仍然是以小队为单位进行集体劳动，粮食集中管理，实行工分制，男性劳力出工一天 8 分，女性劳力出工一天 6 分，农忙时，未成年人和老年人也会参加集体劳动，一般出工一天 4 分。一些不便以日计算工分的劳动，会按件或量来计算。这种以小队为生产队的集体劳动生产方式从 1978 年开始松动，悄然发生变化。村庄里富余的劳力也可以为生产队从事副业从20世纪60年代初就开始了，我的父亲就是那个时候响应号召离开生产队到处漂泊做瓦，一直到1971年才归队。

村庄生活记忆

我自己的村庄生活是从1970年开始的，早期记忆也是模糊的。1970年的深秋，我们一家人从漫水乡明家寨搬回了老家曾家界，与我的爷爷奶奶和小姑生活在一起，那时我才5岁。

那个时候村庄四季分明。春天阳光特别明媚，夏天阳光特别炽热，秋天阳光特别恬淡，冬天阳光特别温暖；春天的雨沁人心脾，夏天的风凉爽惬意，秋天的叶红透村庄，冬天的雪任性飞舞。

村庄的景色刻画在我心底深处。

春天最先开的花是核桃花还是阳雀花，我已记不太清楚。我家乡的阳雀花有两种。家种的是木本，开黄花，还半开的时候采摘下来用制茶工艺制作，然后替代茶叶做油茶汤；另一种是野生的，草本的，开各种红色的花，也有开白色的，是猪、牛特别喜爱吃的草。然后是梨花、桃花竞相开放。野花漫山浸透，最后是整个村庄和群山被鲜花包围环绕，天空弥漫着花粉和淡浓不定的香味。蜜蜂嗡嗡欢唱着来回穿梭繁忙，各种鸟儿呼朋引伴唱响山林，晚上露珠静悄悄地滋润万物，群山和村庄从黎明醒来时饱含深情，梨花带雨桃花含露，太阳缓缓从村庄的东山向上攀升，阳光一层一层地铺满村庄的大山小包。

夏天真的是满目皆绿，风吹过来，稻田的绿浪一波一波整齐地闪着些许光亮，玉米地的绿帐如大海一样深不见底，远山的秀色如绿幔一样伸向他方，深深浅浅的绿色让炎热的夏季陡增许多清凉。南边的风从村庄前方的垭口徐徐送来，劳累的村民坐在屋檐下美美地享受着这能消疲解乏的快意凉风。常有行雨会让炎热的夏天降温，甘露滋润禾苗，行雨一般在太阳特别炙热的某个下午来临，经常雨未停而日又现，雨后蓝天如洗，舒卷自如的白云在天边堆出各种形状，随风写意变换，一条或数条彩虹（村庄的人们称为杠，出现彩虹叫打杠）斜横在村庄的上空，孩子们紧盯着彩虹直到慢慢消散也未见牛郎从天桥上跨过去会他的妻子织女。田间地头有一种草，我们称作翻天芹，孩子们经常把这种草茎对着酷热的天空从中间撕开，这样天气立马变化，就会风起云涌，雷声滚雨点落，就会降温。当彩虹出现时，孩子们会把翻天芹对着彩虹扯断，这样彩虹也会断成好几段，然后彻底消失，不见踪影。每当出现这样的情况，我心中都有点害怕，心怀敬畏，感觉破坏那美丽的彩虹实在太残酷。

秋天的色彩斑斓一片，空气无春天的湿润，但偶有秋霜滋润大地，到处是一派丰收的景象。稻田金色满地，玉米林各色杂呈，夏收以后抢种的伏荞正开着红白相间的花，在互不相连的耕地上争相怒放。随着秋风渐劲，村庄后面的山依然绿意盎然而不解秋意，而村庄两旁的山已被一种叫雷公槁的树叶披上红装，秋色一片，如醉酒少女的脸庞，更如待嫁的新娘。伏荞收割后的茎秆堆场成了孩子们的乐园，欢笑与伏荞茎秆散发的浓浓清香融化成一团，飘荡在村庄的空气中。

有阳光的冬日珍贵而温暖无比，多数时候是阴冷的天气静静地流淌。春节前后时常大雪纷飞，村庄银装素裹，寒冷的风裹挟着丝丝细雨夹着雪粒加固冰雪苍茫主宰的大地，火红的救兵粮仍不屈服地在雪中张扬，竹林成片趴下，常绿的树木也不堪重负，结了冰的稻田成了村庄孩子的乐园，山洞前的冰柱和冰笋雕刻得鬼斧神工，窜出房顶的袅袅炊烟在漫天飞雪中飘升幻化，偶有猎队吆喝着从村庄的后山经过。

积雪慢慢消融，小鸟又开始歌唱，春天又要来了。

村庄的生产被人民公社高度集体化了，也称高度集中化。村庄人正点日出而作日落而息，管制很严。当时，许多生产工具都是集体负责采购，生产队也允许每家有一些简单的生产工具，如砍柴用的刀具、种自留地的锄头等。一些大的劳动工具，如犁铧、打谷的褡斗、晒席等，都是集体所有，耕牛集体所有，可集中养殖，也可以分到每户喂养。

劳动场面热火朝天，共同劳动的生产方式也有一些好处，村庄里的成年人每天都会在一起交流，感情上友好相处。劳动过程中和劳动之余偶尔也会有一些游戏活动，如讲故事，经常是一些在村庄流传久远的民间故事。讲故事一般发生在冬天或雨天，还有就是空闲时给孩子们讲故事，因为冬天有时在集体屋（集体堆放粮食的房子）劳动，如剥玉米籽、粮食等级分类等，下雨天上山劳动比较困难，就集中在集体屋开会或从事室内劳动，这种情况下就会有人开始倡议讲个故事。一般是年长者先讲，然后是年轻人讲，有的故事有时要讲好多遍，经常改编，看谁讲得更有意思，更流畅。在我记忆中比较深刻的有牛郎织女、七仙女下凡、诸葛亮、白娘子、观音菩萨等，但故事的内容与我长大后看的电影内容差距较大。还有一类故事是在晚上聚集在某一家开会传达上面的精神和填写工分本后进行的，正事做完了聊天时开讲的，内容多是神仙和鬼怪的故事，晚上听起来比较恐怖，部分胆小的社员开会结束后在回家的路上都会害怕。

唱山歌也是劳动时的一种重要娱乐方式。歌唱经常在劳动过程中进行，突然某一个人在劳动时候就唱起来了，犹如冬日阴沉沉的天一下子出了太阳，更像是酷热的夏天吹来一阵凉风。劳动气氛一下就活跃起来，就会有其他的人接着唱，有时也会出现对歌，一般情况是男女对唱，其他人帮忙出主意、想歌词。偶尔也会出现更大场面的对歌，如果我村庄的人在山这边劳动，而另一个生产队的人在对面山上劳动，这种情况就会出现两个生产队开始对歌的场景。歌词内容一般都是讲述生产、生活内容的，传承祖先美德的，也有抒发自己情感的，还有歌唱爱情的，当然也有打情骂俏的。唱歌过程中，丝毫没有生活的辛酸，充满豪情、斗志和洒脱，一片欢乐景象。这个时候，往往老天也很配合似的，感觉天空深远，青山呼应，人与自然交融，暂时忘却了艰辛困苦，神清气爽。我在这里列举几首歌词欣赏一下吧：

（一）

吃也要吃嗨（玩）要嗨，
没想银钱做世界；
我好吃懒做没讨米，
你穷扒（pa）苦做没发财。

（二）

我这边唱歌一个人，
你那边唱歌一大群；
把你幺妹许给我，
刚好凑齐一对人。

（三）

走节（段）平路上节坡，
调转（调头）看见乱岩（ai）科（窝）；
前世姻缘配错了，
郎门（怎么）配到我两个。

（四）

对门（山对面）大姐手莫招，
路边芭茅硬（en）如刀；
小心芭茅割（ge）着（cuo）了，
恶痒恶痛又心绞（jiao）。

（五）

送郎送到桐子林，
郎解（gai）裤子姐解裙，
郎解裤子高高挂，
姐解裙子铺（ba）草坪。

（六）

凉凉快快好做鞋（hai），
可惜鞋样没带来；
我脚撩（kuo）到姐身上，
比到脚样剪下来。

（七）

讲起唱歌就唱歌，
讲起行船就下河；
唱歌不怕你歌师傅，
行船不怕你乱岩（ai）科（窝）（kuo）。

（八）

马檫越长越勾（弯）腰，
枫木越长越抽条（伟岸挺拔）。
抽条不过枫香树，
漂摇（漂亮美丽）不过姐漂摇。

（九）

油菜开花遍地黄，
大路边上修学堂。
过路（路过）几个黄花女，
爱死（超喜欢）几个学生郎。

（十）
情姐门前一堵墙，
苦瓜丝瓜栽两旁。
男吃苦瓜苦想姐，
姐吃丝瓜思想郎。

（十一）
唱歌莫唱扯谎歌，
风吹石头垒上坡。
去时看见牛生蛋，
转来看见马长角。

（十二）
郎在高坡打石头，
姐在坪里守黄牛。
一岩打到黄牛背，
看你抬头不抬头。

（十三）
歌师唱歌本唱得，
盖过湖南又湖北，
湖南湖北盖过了，
盖过小郎才算得。

（十四）
歌师唱歌唱得好，
买张红纸来包倒。
十字路上打开看，
文的多来武的少。

（十五）
那边唱歌这边应，
隔山隔岭听不明。
把你好歌唱几首，
阳雀过路远传名。

（十六）

风吹竹子紧它摇，
老鸹（wa）要叫紧它叫。
旁人要讲紧他讲，
踩不断的铁板桥。

（十七）

斑鸠上树喊脚酸，
鱼在塘中喊口干。
两口子睡觉喊脚冷，
总是挖苦我单身人。

（十八）

太阳出来照白岩，
情姐出来晒花鞋。
情姐花鞋我没爱，
只爱情姐好人才。

（十九）

桐子开花砣打砣，
别人笑我没老婆。
过不三年讲一个，
背起娃娃走嘎婆。

（二十）

好唱山歌难起头，
木匠难修转角楼。
岩匠难打岩狮子，
铁匠难滚铁绣球。

随着年龄的增长，60 岁以上的人会退出集体劳动或安排一些轻体力劳动，15 岁以上的人会慢慢编入劳动大军。我的姐姐就是不满 15 岁参加集体劳动的，与她同时参加集体劳动的还有村庄的另外两个女孩，曾家满孃和曾家五姐，一个不满 15 岁，一个 16 岁。我们上学的孩子假期也参加集体劳动，主要是从事一些轻体力活，如种洋芋时帮忙摆放洋芋种子。根据劳动量的大小记工分，我们学生一般每天记 4 分工分。在与村庄里的大人一起劳动的同时，也学会了唱歌和讲故事，同时也学会了合作和分工。我们学生和 60 岁以上的老人还有一件轻体力活要做，就是为集体放牛，割牛草。村庄的牛一般都是放在社员家里饲养，有老人和学生的社员家庭都要为集体养育至少一头牛，当然年底会给予养牛的家庭一定数量的工分。

村庄里的生活与集体劳动不无关联，但毕竟是与每个家庭和个体的关系更大，因此显得更个性化一些。生活并不是一团乱麻，但家家有本难念的经是真的。当时村庄几乎家家都缺粮少衣，但对我们孩子来说，村庄的峥嵘岁月并无愁苦，一路欢歌成长。离开村庄后的我时时梦回故乡，梦里岁月仍然甘甜如蜜。我的公公（爷爷）生于 1908 年，60 岁以后就不再参加集体劳动，但依然拼命做事，主要是为集体搞副业；我的婆婆（奶奶）一直参加集体劳动，直到小平同志复出实行家庭联产承包责任制。七孃出嫁后，我们家就只有奶奶和我父亲两个人常年挣工分，年底按工分分配时我家就分得很少，粮食不够吃，没有钱买新衣服。那个时候，政府每年给每个人提供一丈五尺布票、三两棉票，可以凭此票拿钱去购买布匹和棉花，如果没有这些票就是有钱也买不了，我们家的布票、棉票很少用上，送人也没人要，因为村里其他家也好不了多少，布票、棉票也用不完。春末夏初之季，我家就开始粮荒，中午喝稀饭，晚上就是白开水泡玉米籽（苞谷籽），我那个时候夜晚经常端着碗到屋外阶檐边，看着碗里的月亮发呆，由于玉米籽太硬嚼不烂，嚼着嚼着就迷糊了，碗就掉地上了，这个时候大人就会把我抱起来放床上睡觉。小时候就在想，为什么不把玉米籽煮软了吃，这个问题一直困扰我，直到接触到人类学、社会学专业知识才多少能理解那样做的残酷，粮食短缺，如果太可口太容易进食，粮食很可能短时间吃完，最后会缺粮挨饿。在有小有老的家庭如何度过饥荒又能保证生产确实比较难，这就是生存法则，看似不人道，其实是为了整体长期活命。一般情况下，早晨煮的饭会吃不完剩下一点点，晚上会用锅炒热，然后给我 3 岁左右的小弟吃一点点，给我婆婆一小碗，还有剩余就给我的爷爷吃，我姐姐、我还有大弟也很想吃早上剩下的饭，但都在我父亲严厉的目光下自觉说不吃。时间久了，已经不再需要父亲的威严目光暗示，我们兄弟姐妹都能做到不吃这剩下的饭了。其实真正吃饱晚饭的可能只有我小兄弟一个人，因为他小，吃不饱就会哭闹。我的婆婆经常只吃一点点剩下的饭，其余的让给我爷爷吃。这种日子一直持续到 1978 年分田到户才结束。

村庄生活虽然清苦，但丝毫没有动摇人们的团结互助精神。村庄守望相依，敬老爱幼、子孝孙贤，因贫困而更具力量。感觉有一股暖流静悄悄滋润着村庄，浸透着每个人的心房，艰难岁月里依然欢声笑语不断，日出日落，山上山下，房前屋后，一路跌宕一路歌，生生不息万物生。村庄里在 60 岁以上的老人生日那天，每家都会拿点东西去祝贺，礼物可能是一把面条，也可能是两斤或一斤白酒（苞谷酒），也可能是几斤苞谷，也可能是几棵蔬菜，每家派出一个代表参加寿宴，热热闹闹庆祝一番。哪家如果有人生病，每家都会有人去探望，家里富裕一点的就带点礼物，家里困难的就空手去探望并带去安慰。如果哪家不幸有人（主要是成年人）去世，村庄所有的人就会自觉聚在这家人屋里，等候负责丧事的人安排工作，有钱出钱无钱出力，报丧信的人就会不管天气如何变化、道路如何艰难不分昼夜奔向四面八方去告诉那些需要来送别的人，家家都会主动想办法腾出自家一两间房子让丧家的亲朋好友和邻近村庄的人晚上休息，都会从自家拿出被子、桌子、凳子、碗筷供办丧事这家使用，丧事办完后都各自拿回自己家的东西，不需他人帮忙送还。我公公和婆婆去世时，我的表公王正海家在二队，到我村需要下一山再上一山，但他不顾年迈，扛着自己家的大桌子过来悼念，丧事结束后，表公又一个人慢慢扛回家。哪家有小孩出生，都会去贺喜，简朴而隆重地欢迎小宝贝来到我们村庄。这么说吧，只要哪家有困难需要大家帮忙，都会尽力去帮助；只要哪家有喜事，大家都会欢天喜地地庆贺。

孩子们的村庄

孩子们的村庄永远是春天。如果要问小时候最喜欢村庄哪一个季节，那是很难说的。村庄里 60 后的孩子有 9 个，70 后的有 11 个，还有一个 50 年代末期出生的大姐大。1965 年前出生的孩子都是女孩子，共 6 个，70 后里有 3 位女孩子，其他都是男孩子。上学前玩得最多的游戏就是过家家，一年四季不厌其烦地玩，刚开始只是在房前屋后摆设几块石头，圈住一小块地方当作家，女孩子差不多都比男孩子大，所以，男孩子只好乖乖地听各位大姐调度，谁当儿子，谁当丈夫由她们说了算，每次差不多都会把家庭角色、家庭生活过程演绎一遍又一遍，只是角色有所变换而已。到后来就发展到各自偷家里的粮食、油、盐，偷摘菜园的蔬菜去后山树林子生火做饭，搞得热气腾腾，最后当然以被大人发现臭骂一顿收场，有时候孩子王也会被大人揍一顿。白天还玩一种跳房子的游戏，看谁最先完成游戏过程，可以是单个进行比赛，也可以分成几组进行。放牛时还玩捡子游戏，有五子和七子的两种，只是难度不同，我们经常把牛圈在某一片只有两个出口的山林里，然后分成两组看住两个出口，开始玩捡子游戏。不小心玩得入迷了，牛跑出去吃了集体的庄稼，回家后大人必揍一顿来教训我们。爬树比赛一般是男孩子的竞技游戏，练习久了，采摘水果时就可以充分展示谁的水平高了。有月亮的晚上在院坝玩捉羊、捉迷藏、丢手绢等集体游戏，输了的还要唱歌，输的次数多了，都不知道还有什么歌可以唱，只好自己即兴创作编唱。玩累了，三五一堆躺在地上，看群星闪烁，浅吟低唱，夜深不归，往往是大人们催促好几次才极不情愿地回家睡觉。这些游戏教会了我们合作与竞争，也教会了我们秩序与服从，成败皆英雄，在思维成长的同时也强壮了身体。

上学前，并不是任何时候都是游戏，多数时候是做家务。差不多家家的孩子都有家务活要干，一般都是刮洋芋皮、放牛、砍柴、割牛草、打猪草或者带弟弟妹妹玩。女孩子 8 岁左右就开始学煮饭，做针线活，洗衣服。男孩子 8 岁左右学砍柴、放牛、挑水。8 岁以后无论男孩女孩都会学种地、饲养等，认识植物，照顾动物。孩子们满山满坡采摘的野菜部分解决了家里缺少蔬菜的困境，采摘最多的是野生韭菜、芹菜、百合和鱼腥草，春天还可以上山掰水竹笋，这些野生韭菜、芹菜是不是我们不知道的村庄前辈离开时留下来的，无从证实。山上的野生果实也是孩子们的最爱，上山放牛、打柴或找山货时，常常与野生果实不期而遇。一年四季都有各种各样的泡（栽秧泡、打谷泡、乌泡、三月泡）和老哇（乌鸦）酸可以采来吃，酸甜可口，春季还有茅芊、莿苔和金银花露，夏天的莿苔味道已不可口了，但有野生的桃、枇杷可以偶遇，秋天的野果最丰富，八月瓜、各种类型的葡萄、牛奶奶、羊奶奶、羊桃（猕猴桃）、救兵粮几乎山山有，冬天只有救兵粮最常见，也有少许羊桃，被冰雪冷冻过的救兵粮味道更佳。

大人在农闲时间常说常新的故事也是孩子们的最爱。故事经常重复千百篇，但每次讲的都有一丁点不一样，每个人说的也有点区别，慢慢地，孩子们自己也开始讲故事，并且每次都进行改编和创造。上小学后，学校老师讲的故事也被我们带进村庄，但对村庄文化影响很小，时间不长就没多少人记得了。最怕的就是晚上听大人讲鬼故事，讲到最深处，孩子们就都依偎在大人的胸前了，从此不敢离开大人半步，晚上睡觉也要躲藏在大人怀里。大人们有时候会把村庄附近比较危险的地方编入鬼故事中，比如天坑、陡峭的山等。现在想来是为了防止小伙伴们去危险的地方，可时间久了，对那些地方真的开始有了恐惧感，于是一些胆小的大人也不敢单独去那些地方了。村庄一些需要保护的地方和物件也会纳入故事中讲给孩子们听。岁月冲淡了记忆，现在还记得比较完整的故事有三个：一个是诸葛亮的故事，另一个是哪吒的故事，还有一个就是白娘子的故事。最遗憾的是关于七仙女与董郎的故事，大人开讲时我睡着了。长大后，看了书中和电影里的那三个故事，心中有点小失落，情节设计远不如儿时的村庄故事精彩。

蜀国丞相诸葛亮的坟墓在何处一直是个谜，至今无人知道。诸葛亮精明过人，深知人心险恶，因此他知道自己大限快到之时，他就把他的厨师和两个埋葬他的人叫到床前，告诉他们等他归西后葬在何处，要求他们保守秘密并给他们一百两银子。这三个人都是十分忠于诸葛亮的仆人，忠厚老实，忠心耿耿。哥仨伤心过后，开始齐心协力料理诸葛亮的后事，厨师在家做饭，另两个上山埋葬诸葛亮。负责埋葬诸葛亮的两个家伙商量，说一百两银子三个人不好分配，干脆我们两个分配，把厨子给做掉。哪知厨师也在心中嘀咕一百两银子三个人不好分配，干脆一个人独吞算啦，于是他就把饭菜下毒。埋葬诸葛亮的那两个仆人回到家就把厨师杀了，然后开始喝酒吃饭，中毒而亡。诸葛亮知道后人会不断地探寻他葬在何处，于是他生前造了不少的假坟，其中一座就是专门对付明朝军师刘伯温的。刘伯温找到这座坟墓并请人挖开，想在坟墓里面找到兵书之类的东西，但他只发现一块石碑，上面刻着两行字：前朝军师诸葛亮，后朝军师刘伯温，我知是你，你知是谁？吓得刘伯温赶快关闭墓穴，再也不敢造次。诸葛亮为何如此神通广大，是因为他不仅前知五百年而且也后知五百年，前后相加就知道一千年的事情。诸葛亮年轻时躬耕陇亩，隐居隆中，有一天晚上做了一个梦，梦中出现一个青胡子老头对他说："小伙子你为什么把我脚上的皮弄掉一块，痛死我了。"诸葛亮一梦惊醒，吓出一身冷汗，检讨近期有无做错事情。诸葛亮悟性极高，他想极有可能是白天犁地时不小心伤着了地头那棵古树，等天明走到地头，拨开古树下的泥土，发现犁铧铲坏了树根的皮，于是诸葛亮就把树皮缝合好重新盖上泥土。是夜，青胡子老头托梦给诸葛亮，说他心好，为了感谢他，青胡子老头告诉他，经常来他家酒坊打酒的白胡子老头口里有颗仙丹，叫诸葛亮想法把仙丹吃掉，然后就会知道五百年的事情。但是诸葛亮并不知道白胡子老头家住何处，于是他就心生一计，精心制作了一根拐杖，此拐杖里面镂空并装满石灰，底部钻上细眼，然后他就把这根拐杖送给来他家沽酒的白胡子老头，白胡子老头非常高兴，一路拄着拐杖回到住处，他并没有注意到拐杖在地上留下的石灰印迹。诸葛亮顺着石灰印迹一路寻来，最后来到森林的最深处，发现拐杖就在一棵大树下，酒壶空空地悬挂在树上，酒已被白胡子老头喝干，树上一只大鹏鸟正在睡觉。诸葛亮终于明白原来白胡子老头是一只大鹏鸟，修炼成仙了。大鹏鸟打盹头低下时仙丹就会从嘴里吐出来由口涎包裹一直下垂到离地面很近的距离，头抬起时仙丹就又顺着口涎回到嘴里，如此反复。诸葛亮瞅准时机，仙丹再次垂向地面时，他张口吞下了这颗仙丹。仙丹无法再回到大鹏鸟口中，大鹏鸟立马醒转化身为白胡子老头。定神一看是酒坊的年轻人，白胡子老头知道一切已晚，他追问诸葛亮是谁让他这么做的。诸葛亮如实说了是谁，气得白胡子老头大骂，对青胡子老头恨之入骨。白胡子老头转念一想，干脆一不做二不休，他告诉诸葛亮，那古树上面有一碗水，喝了就会知道五百年的事情。于是诸葛亮回到家，搭上梯子，爬上树梢，发现树的顶部果然有一碗水，他俯下身子一饮而尽。从此，诸葛亮经天纬地，无所不知，成了高人，每自比管仲、乐毅，尽管时人莫之许，他依然如是。

村庄关于许仙与白娘子的故事也与电影场景设计很不一样。许仙一家人住在杭州西湖附近，在许仙小时候的某一个元宵傍晚，他们一家人来到西湖游园，快要走到断桥之时，许仙被断桥旁边卖汤圆的吆喝声吸引住，他拉着父母的手嚷着一定要去买汤圆吃，父母只好顺着他来到一个老头的元宵摊前，只见那老头一个劲地在吆喝“卖汤圆啦卖汤圆啦，大的一文钱三个，小的三文钱一个”。游人感觉这老头好奇怪，其他摊主都是大的三文钱一个，小的一文钱三个。于是大家纷纷抢买他的大汤圆，感觉很赚啊，买他大汤圆的游人个个心里乐开了花。可是许仙他要吃这个老头卖的小汤圆，父母给他做工作，他哭闹着不依，非吃小汤圆不可，父母只好给他买了三个小汤圆。吃完小汤圆，许仙一家人走上断桥，刚到桥的中间，许仙胃里翻江倒海，疼痛难忍，身子扑在桥栏杆上哇的一口呕吐了出来，刚吃下的小汤圆全部倒进了西湖。三个小汤圆慢慢沉入湖底，此时在断桥下面修炼的白蛇白素贞（白娘子）发现了这三个小汤圆，惊喜万分，一口全部吃掉了汤圆，白娘子吃了汤圆后功力大大提升，提前了五百年得正果修成人形。什么原因，原来许仙吃的小汤圆是仙丹，普通凡人是没有办法消化仙丹的，所以许仙的胃受不了，只好呕吐出来。许仙无意中帮了白娘子的大忙，所以她要找到许仙并嫁给他来报恩。其实元宵节晚上来西湖游园的人们并不知道，那个疯疯癫癫胡乱卖汤圆的老头是八仙中爱开玩笑的吕洞宾。当时吕洞宾正好经过杭州，见西湖游人如织，他突然想去凑个热闹，倒报价格卖汤圆，与凡人开个玩笑，由他们占尽便宜，喜乐人间。

关于哪吒的故事更是与官方版本相去甚远，但讲得有点邪乎，不过佛法无边，救世济人。相传有一姓查的富裕人家，非常善良，世代修桥补路，接贫济穷，是虔诚的佛教信徒。查家有一英俊年少公子决心在家乡一条奔腾咆哮的河流上架设一座桥梁方便过往行人。桥建了三次都被洪水冲走，建桥耗去查家大量家财，但桥仍然没有建成，为此查家少年忧心不已。观音菩萨知道了此事，决定帮助少年把桥建成并帮助他发家致富，于是观音变身为一美丽少女来到建桥工地，说谁要是用铜钱掷着她，她就嫁给他，工地上的工人纷纷用铜钱扔向这个美丽少女，但无一人能够掷着。观音专等查家公子来掷，但查公子丝毫不动心，一心在寻思建桥的事情。此时，太乙真人从上空看见此情景，于是他变身一美少年来到现场，他用法力轻易掷着了观音，观音大为惊讶，定睛一看才发现是太乙真人在使坏，于是观音抽身逃跑，隐身在路边一棵棕树下边，太乙真人也一下钻入棕树蔸底下，修桥的人们凡眼是看不见的，只见棕树摇晃不停，觉得太神奇。观音从此有了身孕，但神仙是不可以生孩子的，除非下凡，于是观音来到长江源头通天河，剖腹取出胚胎，放入河中随水漂流而下，胚胎一路漂过，冲进了洞庭湖里。托塔天王李靖的妻子此时正好在湖边洗衣服，胚胎漂到了她身边，她以为是个红萝卜，就拿起来咬了一小口，感觉味道特别甜，她就全部吃进了肚里，于是怀上了孩子，这一怀就是三年六个月。终于临盆生产了，生下了一个红球，家人不知所措，赶快通知托塔天王李靖，李天王也觉得甚是奇怪，于是用宝剑向这个红球砍去，奇迹发生了，红球慢慢张开，成了一朵美丽的莲花，然后从莲花中跳出一个有三头六臂的小男孩。这时，太乙真人飘然而至来到李天王府上向天王贺喜，并给小孩赐名哪吒，帮助恢复人身，还赠送风火轮、乾坤圈、混天绫、火尖枪等宝物。原来，太乙真人才是哪吒的父亲，观音才是哪吒的母亲。长大后，我找到了一本《恩施中草药》书籍，查寻了关于棕树一科的解释中有这么一条，据传棕树的根可以避孕。不知道编辑此书的人是否受到这个神话故事的启迪。

上学后，村庄的边界扩大了，村庄的核心在模糊，其他村庄和学校的文化随着我们这些学生进入村庄，还有电影、电视和广播也在慢慢地改变我们的村庄。我们村庄在1975年至1978年间，总共放了三部电影，一部是样板戏《沙家浜》，另外两部是《苦菜花》和《渡江侦察记》。2000年以后，家家都有了电视。

节日的村庄

村庄最隆重的节日就是春节，也是孩子们最盼望的节日。我村庄有句谚语叫“牛盼端阳娃盼年”，意思是说春耕是牛最累的时候，端午节以后牛就可以好好休息；春节是孩子们最快乐的时候，可以有许多好吃的东西，有新衣服可穿，还有许多只在年节发生的活动吸引着孩子们。

一般情况下，每家都会养一头猪，叫年猪，年头喂到年尾。也有个别家庭由于某种原因没有喂养的，家里条件好的也有喂两头的，喂两头猪的家庭一般在年中会卖掉一头。等到膘肥体壮，冬月或腊月的某一天就会请屠夫来宰杀，具体日子都会请懂得阴阳八卦的看（选）一个好日子，养猪的这家还会在村里请几个人当帮手，每家邀请一个到两个代表来参加吃泡汤，热闹一番。还要给屠夫工钱，送些猪肠子，屠夫还要代收屠宰税。刚宰杀的猪肉要用盐腌制一下，然后慢慢用柴火把猪肉熏干成为腊肉，熏肉用的都是上好的柴火，一般都是干的硬木，特别是香棍子、油茶树、狗骨头树、青钢木最好，熏出来的肉味香可口。过年时就会把腊肉吃掉一部分，猪头、猪蹄是必须吃的。

过年的时间分段很明显，年的准备有家人的分工协作和村庄的共同努力两部分，动员的力量包括男女老少全体。进入腊月，淡淡的年味就来了，家里的女主人开始筹备过年的食品和礼物。一般会选择一个大晴天蒸炒米，炒米是用糯米制作，先用甑子把米蒸熟，然后用晒席（楠竹编制）晒到半干状态，晾晒过程中用山茶油拌合以防黏连，山茶油是经过特殊制作过的，里面还有蜂蜡，然后拌上黄豆粉放在碓窝（石头做成）里舂（多次冲压做成扁形），家里困难一些的就用玉米粉替代黄豆粉，再用筛子（楠竹编制）筛除黄豆粉，放太阳底下彻底晾干水分，用陶瓷类坛子储藏以备过年。制作炒米过程中，孩子们眼巴巴地守着第一过程，盼望大人在糯米蒸熟后给他们一点点，大人也会满足小孩的期望，但不会给太多，一是担心糯性食品损坏孩子的肠胃，二是东西实在太少，无法充分满足孩子的期盼。孩子们也没什么不高兴，拿到这一点点糯米饭后就欢天喜地消失在村庄里了。腊月二十以后，年味渐浓，所有的铺盖（被子）彻底清洗一次，房前屋后清理得十分干净，堆满在山上打的干柴和干树篼。择一个良辰吉日打扬尘，就是把室内彻彻底底清扫一次，主要是除去楼上和房梁上的扬尘，打扫之前要用香火敬灶王菩萨，打扫结束后需用少许扬尘举行一个仪式向灶王菩萨交代（汇报沟通之意）一下，保佑来年用火安全。不管穷富，家家都会去赶集，条件相对好点的家庭打（采购）的年货会丰盛一些，烟、酒档次高一些，给全家老小都添置新衣服，家里条件困难的也会通过卖点土特产想办法买点过年必需的东西，如海带、木耳、白菜等，酒水可能就只好打（买）几斤散装白酒，新衣服可能就不会全家人人都有，一般都会给大孩子买新的，小的就穿大孩子的旧衣服，或者大孩子只有新上衣，小孩子就只有新裤子。我们家就是这样的情况。

过年的禁忌很多。整个腊月开始忌口，大人不允许打骂小孩，家庭不允许吵架，邻里不能有纠纷，小孩不允许讲脏话，不允许骂人等，所有的人不允许说不吉利的语言，比如不能说鬼、背什（倒霉）之类的话。

家家都会杀鸡，杀鸡一定要在土地菩萨那里去进行，然后拔几根鸡冠上的毛沾上鸡血粘在土地屋的石板上，杀鸡一般在腊月二十九日之前完成，但绝对不能在腊月二十八日杀生，可能是“八”与“爸”谐音的缘故，不能犯忌。推（做）豆腐、做粉粑粑一般在腊月二十五日、二十六日进行，没有严格要求，因为豆腐做成灰豆腐需要几天时间。推（做）豆腐、做粉粑粑、做炒米都有可能家与家之间需要互相帮工，往往都是错开时间进行。

年三十之前最隆重的一件事就是打糍粑了。糍粑是用糯米做成，成品呈扁圆形或圆形，一般五个一摞。我的村庄一般分成两组才能完成，由各家自愿组合，两组可能同时在一天进行，多数情况下是前后两天错开进行，这样可以提高家什（器具）的使用效率。打糍粑这天很辛苦，各家都早早地起床开始准备，糯米一般都各自在自家用甑子蒸熟，家里糯米少的还会掺一些玉米粉。如何开工是约定俗成的程序，提前就已经分好了工，粑槽、粑锤、压糍粑的板、桌子清洗都具体到人，力气大的年轻人负责打糍粑，年长者负责压糍粑，小孩子负责传递糍粑和踩压板，妇女一般负责蒸糯米，有的人家在这天也同时推（做）豆腐。

腊月二十九日这天就已感觉年已到了自家门口，年味浓得扑面，家家户户都在为明天的团年做准备，犹如一场大考刚做完试卷，交卷前再仔细检查一下。这天，有的家里没准备好的，还会忙着杀鸡、推（做）豆腐之类，也有上山去砍柴的，也有下地干活栽洋芋的，也有犁土的，也有去维修通往村外道路的，还有去自家祖坟清除杂草的。我记忆中更能增加年味的还是家里男主人带着一群孩子去山上烧刨刨炭（用一些小树枝制作木炭），这种炭火在我村庄主要是用来过年烤糍粑的，看着村庄四周不时从不同的山坳或山垭里冒出一股股浓烟就知道肯定是哪家正在烧炭。不过，这一天的活一般都干得很悠闲，晚上早早地就休息了。

年三十是绝对的家人团聚，所以才有俗语“麻雀都有个三十夜”之说，那一天确实没有麻雀出现。不知道民间俗语中对于人生概括的那句“三十而立”是否受到腊月三十这天的启发，这一天是总结过去开启未来的一天，个体生命中的年三十也是如此，开启人生的下半程，立志立家立业。过年时，就算大家庭一起团年，围桌吃年夜饭，但小家庭仍然会准备年饭和进行祭祀。三十日这天的早餐多数人家可能是打油茶汤，烧烤糍粑吃，但最隆重的打油茶汤还是要等到大年初一进行。年三十这天一般不吃午饭，把肚子（胃）留着团年海吃。家里能做事的人都知道该做什么和先做什么，不需要安排和特别提醒，相当默契。女主人一般做比较精细的活，炸酥肉、炸油豆腐，有的家庭还炸油粑粑，女孩子一般当帮手学艺。男主人一般做一些需要力量的活和进行祭祀，有可能先是帮女主人把腊猪蹄、腊猪头烧好清洗好，把木耳、海带等清洗干净，把家里水缸的水装满，然后带上斧头上山去砍一个很大的杂木树蔸蔸（树的根部）扛回家除夕夜烧火迎接新年。猪头先是整个放在锅里炖熟，然后家里主事的男性会用一个很大的盘子装上，带上香和纸（简称香纸，祭祀用品）去土地屋、猪圈和水井边祭祀一番，对土地菩萨、水井和猪圈表示感谢，我们小孩子也知道这是很严肃的事情，跟着大人去学，自觉停止嬉闹，很认真地协助大人完成祭祀。还会带上刀头（一块煮熟的肉）、酒水、香纸去祖坟处祭祀并接各位祖先过年，小孩子一般会跟着去。祭祖坟回来，差不多年夜饭已做好，这时会用大盘子或筛子端上主要的菜肴、酒水、香纸去土地屋、猪圈、水井祭祀，然后摆在堂屋神龛前祭祀祖先，并分别给各位祖先烧纸钱，给神龛上香，燃放鞭炮，然后关上所有的门，一家人围着饭桌准备吃年夜饭。吃之前，还要先请各位祖先入座，给每个碗里倒一点酒，放上筷子，心里默念。祭祀用过的酒水撤下不让小孩子饮用，大人说小孩子喝了记忆力不好，然后全家围桌而坐，把筷子放在各自的碗上心中默请一下祖先就可以开吃了。年长者一般坐上席或坐靠火塘这边，猪蹄的叉子部位是不让小孩子吃的，吃了会打光棍的，鸡爪也不能吃，吃了写不好字，女孩子还会做不好针线活，大年三十吃饭也不能泡汤，不然来年请人帮工会遇上雨天，啃过的骨头会给狗一些，另外一些给猪吃。

年夜饭各家开吃的时间不一。有的在中午就开始了，有的更早，可能与土家人的赶年习俗有一定关系，一般都是在下午两点左右吃年夜饭。大概是叫年夜饭的原因吧，大人说吃的时间越长越好，所以，大人会要求小孩慢慢吃，喝酒的人吃的时间很长。吃年夜饭时，我家是我公公（爷爷）吃的时间最久，我婆婆（奶奶）会在中途给他把菜重新加热。小孩子是最先放下碗筷离开饭桌的，然后各家的大人会给自家小孩们一个碗，装上一点米饭和肉让他们去给果树喂年饭，然后大人继续喝酒吃饭。村里的小孩子会聚集在一起，自家果树吃自家的年饭不能混淆，但给果树喂饭由村庄孩子们一起完成。给果树喂饭，先是能爬树的孩子爬上树，然后用刀给树干开一个小口，把饭和肉放一点点在果树的小口里面，接着树下的孩子开始提问，树下问“结不结（来年是否结果实）?”树上答“肯结（喜欢结果实）!”树下问“甜不甜?”树上答“清甜（特别甜）!”……就这样一问一答把孩子们对果树的希望和要求表达出来，不同的果树，孩子们的问题会有所不同。整个过程，人与树展开对话，融为一体，神圣而庄严。村庄的果木主要有桃、梨、核桃、李子、枇杷。给果树喂完年饭，大人也差不多吃完年饭，于是开始收拾碗筷，烧水让孩子们洗澡，不洗澡的至少要洗脚，并且洗至膝盖，因为有句俗语叫“三十夜客膝（膝盖）洗得好”，就是说来年好运不断。大人也会在这天给自己洗个澡迎接新年的到来，村庄的女性会提前梳头，把头发整理好，大年初一是不让梳头的，如果违反了，做饭招待客人时头发会掉进菜里面。饭后还会把房屋清扫一次，因为大年初一不允许打扫卫生，如果违反了，来年风大会吹坏庄稼。做完这些，火塘里会升起熊熊大火，上午的杂木树蔸蔸正好派上用场，杂木的烟少，火力温和而持久。年三十晚上（除夕）的火一直是熊熊燃烧直到天明，天亮后会选取其中没有燃尽的一块木头放置一边等到正月十五再用来燃烧做饭。村庄里的一部分人会度过一个不眠之夜，年三十通宵不睡叫熬年，大多数人会在宵夜后休息。成年男子会聚在某一家或数家玩纸牌（上大人），输赢几根香烟用来活跃气氛，小孩子们则到处串门玩耍，然后回到自己家里宵夜加餐，妇女则在自己家里烤火聊天或做针线活，静静地等待新年来到。

转钟时分（深夜 12 点），家家户户都会放鞭炮迎接新的一年的到来，从此时此刻起就进入新的一年了。新年做的第一件事就是打开堂屋的大门，开门纳福，男主人在神龛前上香，香炉里烧纸钱，红红的香火映照着男主人的脸庞，一脸庄重观照内心的虔诚，对新的一年满怀希望。然后，每家都会去水井挑一担水倒进自己家的水缸，从屋外抱一捆柴放在灶屋，对新的一年寄予美好希望。转钟过后，不愿意熬通宵的人这个时候都会上床休息了，要坐到天明的人会继续玩牌和喝酒。小孩子这个时候一般都会睡觉，大人会把新年要穿的漂亮衣服放在孩子枕头边，一般都会是新衣服，也有困难买不起的，但也会穿上清洗得干净整洁的衣服，属于自己衣服中最好的。我们家兄弟姊妹四个有好几年都没有新衣服过年，特别羡慕那些穿新衣服的小伙伴，心中多少有点不高兴，但也无可奈何，大人的眼中也有一丝愧疚并略感不安。

大年初一的早餐每家都是油茶汤、糍粑。香飘飘的油茶汤各家丰简程度不一，条件相对好一点的家里油茶汤添加的东西丰富一些，可能还有油粑粑、核桃仁、花生米、炸粉条等，但一般家里都会有炒米、油豆腐、葱、姜、蒜。糍粑、粉粑粑放在粑粑架上用刨刨炭烘烤，糯香慢慢外溢，然后裹上土蜂糖，又香又甜的最高境界就是这样了。做好早餐后依然是要端着这些食品去水井、猪圈、土地菩萨、神龛处祭祀一番才能开吃。

大年初一吃完早餐，村庄的小孩开始沸腾起来，拿着口袋，结成一群给家家户户拜年，小孩都会说一些吉祥的话，如恭喜发财、身体健康，大人也会祝愿小孩子们孝顺听话、聪明能干，然后主人家会端出瓜子、核桃、水果糖等给每个小孩的口袋里装上，家里富裕的还有柑橘等水果给小孩子们，小孩子们象征性地坐下不到十分钟，然后告辞去下一家继续拜年，一直拜完村庄所有的人家，然后提着一口袋零食高高兴兴地回家向大人报告自己的成绩，喜悦写在他们稚嫩的脸上。

大年初一这天，如果日子好，适合出行，就开始走亲戚，延伸家的边界。成了家的会带上猪肘子、糍粑、白酒去岳父母家拜年，也会把孩子带上。如果孩子长大了，也有可能让孩子独自去外公外婆家拜年。没有成家的，找了对象的小伙子也要带上差不多的礼物去给未来的岳父母拜年。村里有女儿出嫁了的人家会在这天静静地等待女儿、女婿和外孙来拜年，已经放了人家（有对象）的女孩翘首期盼未婚夫快点来到。如果这天日子不适合出行，会在年节范围内另外选择好日子拜年，剩下无年可拜的成年人也会选择一个好日子出行，以示一年顺利吉祥。初一这天，无事可做的大人有可能组织一帮人，吆喝几条猎狗上山赶仗（围猎），也有房前屋后植树的，也有修理农具的。下午，有女儿出嫁了的或有女儿已定亲待嫁的人家开始热闹起来，因为这家的女儿、女婿、外孙或准女婿拜年来了，见面有说不完的话，村庄里的孩子也有了新的朋友。我家新年就很热闹，因为我有三个姑姑都嫁人了，另外还有一个叔伯的姑姑，春节期间我家里的被子不够用，每年过年前都会向被子有多余的人家借被子，晚上，每间房子的地上都铺上被子用来睡觉，其乐融融。拜年的客人一般都会住上三五天不等，女婿会帮忙干一些较重的体力活，如砍柴等，有手艺的女婿也会用手艺帮助岳父母，如编织箩筐、修理石磨等。

春节期间，村庄有时会请七仙女。请七仙女的活动只能在春节和农历七月的月半节进行，其他时间都是不可以的，玉皇大帝的女儿也不会下凡间来。据民间传说，玉皇大帝有七个女儿，其中第五个女儿是哑巴，所以，请七仙女时，有时会请到第五个仙女下凡，仙女不会唱歌和说话，这样就只好通过一定仪式送她回到天宫。请七仙女的道具比较简单，需要三炷香和一些纸钱，还需要一个洗衣的小木盆和一个洗衣棒。七仙女人选的条件比较高，人品要好，基本上是当地的道德模范才行，不然七仙女灵魂不会附体，无法入定，一般是女性，但也有一些男性可以胜任。一般是在晚上进行，在某一家比较宽敞的堂屋里，周围站满了看热闹的人，气氛神秘又严肃，每个人脸上都写着敬畏，准备让七仙女附身的妇女或男子头上蒙着头巾，任何人都看不见七仙女的脸庞，由人扶着站在横在洗衣盆上的洗衣棒上面，道师先生点着香火在七仙女面前比划，口中念念有词，在道师引导下，慢慢地，七仙女入定，然后由人牵着从洗衣棒上走下来，开始在堂屋顺时针方向转圈行走，由于蒙着头巾看不见，第一圈由道师先生牵着走一遍，然后就一直这样转圈行走，一边走一边歌唱，如果是男性装扮七仙女，唱腔也会是女声。这时人们可以向七仙女发问，发问的语气要恭敬，态度要诚恳，如果心不诚，态度不恭，七仙女不会答话，当然多数人也不敢开这样的玩笑，怕得罪七仙女。但也有个别胆子大的，带着调侃的语气向七仙女求话，这时七仙女会保持沉默，让问话之人也有点害怕，然后再无人敢这样，其他在场的人也会谴责此人对神的不敬。一般主要是问自己是一棵什么样的花树，人与树是相连的，不知道生命之树一说是否与此有关。由于小时候看过请七仙女，我看电影《阿凡达》时就很有感觉，在电影院看了三次，其中一次是3D的。有求之人向七仙女虔诚地报上他的大名和出生年月日时，七仙女就会用歌谣给他唱出来，如果他身体不太好，七仙女还会说这棵树有虫、生病了或倾斜了之类的话，这时发问之人就需要请七仙女帮忙除虫治病和扶正，燃烧一些香和纸，七仙女就会同意。但七仙女也有不同意的时候，说明神仙也无能为力，但也不会告诉发问之人最后会出现什么结果，因为天机不可泄露。如果有夫妇长期没有生育，也会找七仙女求子，七仙女有时会帮忙治病，恢复受孕能力，但有时候也会告诉求子的人，说他或她是一棵映山红花树，只开花不结果，那就是命中注定无后。请七仙女结束时，依然由人牵着七仙女走上木盆上的洗衣棒上站着，然后由道师念经送走七仙女，还要说些感激的话，最后七仙女附身的人就会慢慢苏醒过来。这事情确实神奇，因为七仙女附身的人在现实生活中是不会唱歌的人，但七仙女附体后却能出口成歌，苏醒过来后一切皆忘，也不知道发生了什么事情。经七仙女帮助过的病人来年真的病情好转，没有生育的夫妇也会怀上宝宝。

不到正月十五，年是不会结束的。村庄的人们在这段日子里做事也是很懒散的，主要还是在家休闲、串门聊天、走亲访友、养精蓄锐、迎接春耕。正月十五是元宵节，开启村庄的送年活动，中国靠近城市的村庄可能要闹元宵，串村联寨，扩大村庄的边界，而我们的村庄只是静悄悄地送年，远不如年三十热闹，但神圣性丝毫不减，依然要祭神祭祖，因为是送年，所以神仙也要回去，祖先也要回去，所以，祭祀的时候会给神仙和祖先烧纸钱。村庄有谚语“三十夜的火，十五日的灯”，所以，元宵这晚以灯为主，每间房间都燃上灯，通常情况下，到凌晨时灯就吹灭，有的人家会一直燃到天明。从此，人们进入生产状态，一年之计在于春，满怀希望，全身心拥抱忙碌的春天。

春节就是如此这般联结村落社会和建立亲和力十足的邻里亲情网络。参加工作后，年越过越淡。一些不好的风气开始渗入村庄，传统的礼序从语言和行为上开始退却。农耕文明的春节在工商文明主导的时代如何延续下去，更好地服务于当下的人类生活，这是一个大课题，目前的民俗论文、课题和节日实践并没有较好地回答这个问题。

除了隆重的春节以外，我的村庄还过一些其他节日，记忆中没有劳动节、儿童节之类，一般会过清明、端午、中秋、重阳这几个节日。清明节主要是祭祀祖先，这天会去祖坟边清除杂草，然后挂清，就是用一根木棍把白色的清明纸串起来挂在坟头上。村庄刚出嫁不到两年的女儿会接回来与娘家人一起过清明，娘家人会用上好的饭菜款待，第二天娘家人送她回婆家。村庄定亲待嫁的姑娘也会被未来的婆家接过去过清明节，一般都是未婚夫来接，通常住一天，也有住上好几天的，然后由未婚夫送回娘家。端午节的主题是粽子，端午到来的前几天，村庄的人们就会上山采摘粽粑叶，清洗干净以备节日之用，粽粑叶要用火加温一下，然后用于捆扎粽子，一片粽粑叶就自然成为一串粽子。找了姑娘（有未婚妻）的村庄青年男子会拿着礼物去给未来的岳父母拜端午，定亲待嫁的村庄姑娘也会在这天迎来她的未婚夫给她的父母拜端午。中秋节、重阳节与全国其他的村庄过节礼仪差别较小。中秋主要是全家人聚在一起欢庆，月圆之夜全家人一起赏月，给孩子们讲些与月亮有关的故事，意义从团圆升华到团结。重阳是对父母长辈的尊重，是一次孝道文化的呈现，分了家的子女这天会接自己的父母到自己家吃饭喝酒或送礼物给父母。

哭嫁的村庄

“男大当婚女大当嫁”，我的村庄青年男女也不例外。村庄男青年娶媳妇我见过一次，是我村庄的曾家大哥，属于50后，那个时候我还没上小学，记忆很模糊了。60后中女孩子都比我大，男孩子中我与另外一男孩子是同年，村中最大的。后来从初中开始就离开村庄上学，所以对村里娶媳妇的过程没有机会观察和感受，但对女孩子如何出嫁记忆较深，村庄里的姐姐和孃孃远嫁离开村庄都发生在我十多岁的时候。

村庄里的女孩子从很小的时候就会向母亲和村庄其他成年女性学习做

饭和针线活，特别心灵手巧的女孩在 6 岁左右就会做饭了，8 岁左右就会缝补衣服，10 岁以后开始学哭新姑娘（哭嫁）。一般情况下，女孩长到 15 岁左右，就会有媒婆上门提亲。由于村庄环境闭塞，只要哪家有女孩到一定年龄没有定亲，如果有不是亲戚的人到这家串门，其他人家就会猜测可能是媒婆来了，而这家人会极力否认，神秘得让人猜不透。是真的也会隐瞒一段时间，正儿八经地辟谣来否认此事，不知道是不是属于隐私保护范围。最后如果打算结下这门亲，女方的家长会带着女孩去对方家考察一番，然后再与族内相关人员沟通商量，意见达成一致就正式决定下来。

说媒这件事情也是斗智的过程。有些人能说会道成为专门的媒婆，很有经验。如果哪家到了年龄的男孩子看上谁家的姑娘，就会去请这些成功率高的媒婆帮忙，没有具体对象的男孩子也会请媒婆帮忙介绍对象，有女孩子的家庭如果女孩子到了十八九岁还没有人来提亲时也会请媒婆帮忙介绍对象。媒婆第一次上门提亲一般都是空着手来，探一下口风，如果女方家有想进一步了解的意愿就会再来，女方家庭会在媒婆下次来之前这段时间悄悄打听男方家庭和男方本人的基本情况，包括家庭成员、家庭收入、族内人员、其他社会关系，对未来婆婆的情况尤其重视，担心自己女儿嫁过去以后受到不公正待遇，还有就是男方的长相、能力、性格、孝道等。媒婆和男方家庭也会进行公关，对女方有可能打听的人员提前沟通，请他们多多美言几句，女方也会想办法排除这些干扰因素，尽量打听到真实情况。媒婆再来时还是会空手来，游说女方同意这门亲事，会说一大堆男方的好处，希望以此打动女方家庭，有时也会私下做女孩子的工作。女方家庭这边也会把自己打听到的一些不好的消息和担忧的事情提出来与媒婆沟通，比如说未来的婆婆会苛刻媳妇、公婆会偏心、姑子太厉害、家里太困难、居住条件差、地方不好、男方身体的毛病、性格问题、不勤奋等，媒婆也会把这些信息告诉男方家庭，看他们如何解释和应对，以让女方家庭放心。这样一来二去，媒婆还会把男孩子带到女方家让女方的父母和族人考量一番，观察说话是否得体、表达问题是否清楚、为人是否谦虚，女方这边还会有意无意地问男孩子一些问题，观察他如何回答，故意在他面前做一些活动，看他如何处理，吃饭喝酒时还会观察他的礼仪应对能力等。这个时候，女方可以偷偷地观察男方，男方是很难有机会看到女方的，如果女孩子不愿意，她的父母一般也会尊重女儿意见，坚决地回信说女儿还小，暂时不急着放人家（定亲）的客套话，媒婆这时还会努力去争取几次，无力回天了就去向男方家说明情况。如果媒婆感觉女方家庭有意向同意这门亲事，就会让男方准备礼品送到女方家，礼品一般包括腊肉、面条、酒水之类，女方家会继续调查男方的情况，听取亲朋的意见，女孩子还会在父母和媒婆的陪同下由男方邀请去男方家考察一番，这时男孩子才有机会与女孩子说话交流。这段时间里，男方家也会请媒婆继续去游说女方并送礼给女方家。如果最后女方家同意了这门亲事就会收下全部的礼品，如果还是不同意这门亲事，女方就会原封不动地退还男方全部礼品。

亲事决定下来后，双方父母就会正式见面。就算双方父母原来认识，这个礼仪也是必须履行的，一般都是男方的父母带着礼物主动上门拜访女方父母，从此以后就彼此称呼亲家。中国俗语“不开亲是两家，开亲就是一家”，所以，亲家亲家，亲如一家。媒婆这时就会催促男方家请高人选择吉日，制成喜帖送女方家，女方家收到喜帖后也会请高人推算这个日子是否合适，如果女方家觉得这个日子不好，就会另外选择一个吉日送回男方家，最后是男女双方家意见一致后，就会在吉日这一天举行一个仪式向外宣布这两家人的孩子正式定亲了，这个仪式叫过继（定亲）。过继这天，男方家带着丰厚的礼品，由几个人挑着，请一个主事的，在媒婆参与下，由男孩子领着队伍送到女方家，这次礼物除了食物外，主要是给女孩子的东西——衣服、布匹、鞋子、手表等，从此，男女双方开始走亲戚。

走亲戚主要是男方走女方。在走亲戚过程中，男女双方相互了解，不断地增进感情，待到瓜熟蒂落之时就会组成家庭。当然在交往过程中也有可能觉得不合适悔婚的情况发生。如果是女方不愿意交往了，原来男方送的东西要全部退还男方；如果是男方不同意交往了，一般情况是女方不用退还男方所送礼物。俗语叫“男不要女，东西不取；女不要男，东西退完”。每年春节男方都会给女方父母拜年，腊猪蹄、糍粑、酒是必须要有的，同时也会给女朋友带礼物，男方会在女方家住上好几天，帮助女方家干活，培养与女方家庭成员的感情。拜年回去时，女方会赠送男方礼物，一般是一双女方自己做的布鞋，也有送两双的，包括一双棉鞋。女孩子为了给男朋友做鞋，一般在春天就开始了，自己去集市上选择面料，自己刮棕（剥棕衣），打布壳子，依鞋样设计鞋子，然后用捣烂的魔芋粘贴鞋底，晚上就在煤油灯下纳线，鞋底和鞋面做好后就上线合二为一。做鞋需要鞋样，但要拿到男方的鞋样也是一个有趣的过程，女方会主动问男方穿多大的鞋子，男方一般不会说，以示关心女方，不希望给女方增加麻烦，一费时间，二费精力，三费钱财，但女方会想方设法知道男方的鞋样，有的会向男方的父母和亲戚打听，但都不会告诉女方，在女方的公关下，也会有个别亲戚私下悄悄告诉女方，以解女方之围。讨要鞋样的过程是一个考验男方爱心和考验女方智慧的双测活动，厉害的女孩子一般目测一下男方的那双脚，就能剪出一双鞋样来，有的女孩子会趁男方睡觉时让弟弟或妹妹把未来姐夫的鞋子“偷”出来比照着剪鞋样，然后再悄无声息地还回去，当然男子也可能是假装睡着，帮助未来的妻子完成这一关。我村庄的女孩子多不认字但都有一本书用来保存大小不一的鞋样，把这些鞋样夹在书页之间，其中就有未来丈夫的鞋样，一般都是两双鞋样，一双单鞋，一双棉鞋。女方做鞋这个过程充满着对男朋友的思念和深情，对女孩来说是满满的幸福，男方穿着女朋友做的鞋精神焕发，想着自己的心上人，干活特别有劲，同样是满满的幸福。清明节到来时，男孩子会亲自来接女孩子去他家过清明节，女孩子会带上她自己给未来公婆做的鞋子和其他礼物，在男方家住上几日，回家的时候男方父母会送给女孩子红包和衣服，男孩子会依依不舍地送女孩子到她自己家门口方止。端午节到来之前，女孩子会提前赶集为心上人挑选衬衣、裤子、凉鞋、草帽，买这些礼物的钱都是女孩子一年四季上山找的山货换的钱，山货主要有金银花、五倍子、青藤，有时也卖些土特产。准备好这些礼物后，痴情的女孩子就数着天数盼端阳，静静地等着心上人来拜端午。男方拜端午，粽子是必需的，一般还有烟、酒、肉等，回去的时候，女孩子就会把衬衣、裤子、凉鞋、草帽放在男孩子的行李箱里面，有时候也会放两双女孩自己做的绣花鞋垫。除了节日走亲戚外，双方父母的生日也是男女双方交往的时间，女方父母的生日这天男方会来祝寿，男方父母的生日这天，女方也会去祝寿。这样寒来暑往，感情渐浓，爱情修成正果。

在男女正式结婚前，还有一个重大的仪式需要举行，这个仪式称作放炮火。放炮火与过继之间至少相隔一年以上的时间，也就是说这两个仪式不能在同一年举行。放炮火比过继隆重，男方给女方家送的礼物比过继送的要多很多，女方会收到好几套衣服，也会收到许多布匹，还有烟、酒、肉等。放炮火之前男方会派人与媒婆一道征求女方家意见，有的女方父母不希望女儿出嫁太早，希望女儿多为娘家劳动一些时间，会说女儿还小，不懂事，需要再教育一些时间等原因来延期。放炮火之后一般再给女方父母拜一次年和端午就可以迎娶新娘了，但中间还有一道程序叫讨庚和发庚，就是放炮火之后，会请人写一个红喜帖送到女方家，里面写有男孩子的生辰八字，向女方家讨要女孩子的生辰八字，这叫讨庚。如果女方家同意，就会把女孩的生辰八字也用红喜帖形式告诉对方，这叫发庚。如果想让女儿晚些出嫁，也会找理由往后推迟。男方家讨到女孩的生辰八字后就会请八字先生（算命先生）把男女双方的八字排一排（运算），推算出一个佳期迎娶新娘，然后把男女双方的生辰八字和佳期用红喜帖形式派人送到女方家，这个仪式叫发庚。女方家收到庚帖后也会找算命先生重新推算一次，如果认为这个佳期很好就会正式通知男方家；如果认为不好，需要改变日期，也会把改变的日期告诉男方家，然后两家重新商量，最后两家达成一致决定一个日子作为婚期。

婚期定下来后，男女双方家庭开始为结婚准备钱物，男方家叫接新姑娘（娶媳妇），女方家叫打发新姑娘（嫁女）。一般情况下，男方家会送一个礼品清单到女方家。女方家如果满意，男方家就按这个清单准备；如果不满意，女方家可以修改。有时候女方家也会提前主动向男方家提出具体要求，衣服多少套，肉多少斤，酒多少斤，炮火（鞭炮）多少封等。男方在购买女孩需要的衣服、首饰之类物品时有可能请女孩出面自己挑选。

女孩在出嫁前半年左右，她就可以不参加生产队和家里的劳动了，可以自由地休息，在家里准备自己出嫁需要的一些东西。主要是做许多布鞋，男女双方家庭的近亲都要有一双新娘子做的布鞋，当然对方在接受新娘子送的布鞋的同时也会给新娘子一个红包。在家休息这段时间，女孩子还会邀请同村的一些女伴到家里来一起聊天，讲只有她们知道的事情和故事，一起帮忙做鞋子，还会学哭嫁，熟悉一下歌词，同时也会根据这个女孩出嫁之日需要应对的情境共同创作一些歌词。哭嫁是女孩子必须学的技能，一般 10 岁左右就开始学习了。在村庄的夜晚，一群女孩围坐在某一户人家的火塘边，开始向长辈学习哭嫁；在月朗星稀的夜晚，村庄的女孩子会聚集在户外院坝里练习哭嫁。出嫁是女孩一生中高兴的事情，也是人生另一程的起点，即将离开熟悉的村庄和亲人，从此独自面对陌生的环境，开启新的生活，长歌当哭感恩父母亲朋。

嫁女是女方家很隆重的喜事。佳期确定后，提前半年左右就要通知亲朋好友，一些至亲的亲戚会在这半年时间内准备充分的礼物。女孩的外婆家会有许多人在出嫁之日来走人家（贺喜），包括外公外婆、舅舅舅娘、姨爹姨娘、表兄弟姐妹等，会带来给女孩的礼物，被子、脸盆、热水瓶等女孩成立新家所需的东西。女孩父亲这边的亲戚包括伯伯、伯母、叔叔、婶婶、姑姑、姑父、哥哥、嫂子、姐姐、姐夫等同样会送许多类似的礼物。女孩自己的父母在女孩定亲之日就开始筹备女儿嫁妆了，自己家如果有上好树木，就会早早地砍伐晾干，主要是楠木、杉木、泡桐、猴栗木、青冈木等，这些树木一般是在女孩出生那年种下的，如果自家没有这样的树木就会购买以做准备。在出嫁前一年，女方家会请手艺精湛的木匠为女孩打一整套实木嫁妆并用油漆刷亮，一般主色调为红色以示喜庆，包括箱子好几口、柜子一到两口、桌子一到两张、梳妆台、洗脸架，一张桌子配备四条长板凳，还会为女孩自己定做一条在婆家的专用小板凳，还有洗脸盆、洗脚盆、洗衣盆、洗衣棒、水桶等。女方父母还会在箱子、柜子里面装上粮食、新衣服、布匹、瓜子、糖果等，为桌子配上碗、筷子、调羹、盘子、碟子、酒杯等。

女方家在女孩出嫁之日的前三天就开始热闹了，一些至亲好友就已来到。女孩出嫁的前两天，男方家会派一队人马送来许多礼物，主要是女孩的衣服、配饰，还有酒、肉、菜、米、烟、炮火（鞭炮）等，肉一般都会送上宰杀的一头猪，酒会送上一百斤左右，烟会送上许多条，这个过程叫盖礼。盖礼队伍有一个总负责的，叫做押礼的。这个负责人会用一个礼盘呈上礼单，女方家按礼单接收礼物，盖礼的队伍当天返回男方家，并把女方家的一些要求带回男方家，男方家会按女方家的要求进行补充。出嫁日的前一天是女方家的正日子，真正的大喜日子，所有的宾客都会在这一天到来，以等待第二天送新姑娘出门（去婆家）。整个村庄的人都聚集在这一家帮忙，招待客人，附近村庄的家庭也会有代表来贺喜。由于客人多，村庄其他家庭也会把房子清扫干净，供客人来休息，整个村庄都热闹起来，欢庆起来，天上飞鸟、圈中家禽也能感受到喜庆的氛围而与往日不一样，真的是山水含笑人欢腾。这天下午，迎亲队伍来到，队伍包括高亲客（负责人）、媒婆、迎接新娘子的姑娘（礼宾小姐）和抬嫁妆的青年男子。迎亲队伍快要到达女方家时，点燃炮火（鞭炮），用这种方式告之女方家，女方家会马上点燃一串鞭炮进行欢迎。迎亲队伍到女方家后，高亲客首先要敬（祭祀）女方家的祖先，给神龛上香，燃烧纸钱并向祖先牌位作揖或磕头。然后就是抬嫁妆的青年男子把嫁妆进行整理和捆扎，最能显示捆扎水平的就是把碗、筷子、调羹、盘子、碟子、酒杯很艺术地绑在桌面上，既要造型精美又要第二天能经受住路途的颠簸。

新姑娘这天就一直在自己闺房，由她的女性伙伴陪同，一般都是未婚女孩，男性禁入，包括她的父亲也不例外。无特殊情况，新姑娘不出来与大家见面，吃饭也在闺房。到了晚上就开始不吃饭，要一直坚持到男方家才能吃饭。但是，深夜时，她的姊妹或亲人会悄悄把饭送到闺房，哄劝她吃点，告诉她明天路途那么长需要保持好的精力，新姑娘会在众人劝说下吃点东西。晚上，姐妹们会陪同新姑娘一起哭嫁，哭十姊妹，一起聊天，中途也可能休息一下。晚上的哭嫁也有可能哭一部分人，这部分人带有一定娱乐性，比如大队书记、表叔、表哥、邻村的有钱人等，主要是考量这些人的机智，看他们如何应对新姑娘的哭嫁，最后只好以给新姑娘红包收场。天亮前，会有专职梳妆人员为新娘梳洗化妆盘头，换上大红的新娘装，除了鞋子以外全部都是新的。天亮之时，新姑娘又开始哭嫁，这次主要哭自己的父母、祖父母、外祖父母、姑姑、姨、叔叔、伯伯、婶婶、伯母、舅舅、舅娘、哥哥等。每哭到一人，会马上有人通知这人到场。如果是女性，就会进入新姑娘的闺房，陪同她一起哭嫁；如果是男性，就会站在闺房外边劝说女孩子不要哭了，到了婆家要听话，孝敬公婆，亲近邻里，夫唱妇随，家庭和睦等，还会根据自己的身份说一些祝愿的话，然后就会给新姑娘一个红包。村庄里会哭嫁的女性都会陪同女孩哭一阵子，亦歌亦哭讲述她们的友谊，诉说以后的思念。知道会被新姑娘哭到的女性提前就准备好了手帕，哭嫁时好拭泪。被哭到的男性在与新姑娘对答时，多数也会泪流满面。早晨的哭嫁还有一个人就是媒婆，新姑娘哭媒婆时不能说感谢之类的话语，只能对媒婆进行痛骂，骂得越厉害对媒婆就越好，当然不能骂媒婆的祖先，只能骂媒婆自己。如，“一只猪腿十二斤，拿回去与你儿女争；一只猪腿十二两，拿回去与你儿女抢”，“干豆开花双对双，背什媒人烂牙腔；泡桐开花绿莹莹，背什媒人瞎眼睛”等。媒婆这个时候也会对新姑娘进行祝愿，说一些吉祥幸福之类的话语。长哭当歌，喜极而泣，哭嫁歌是也。

新姑娘要一直哭到启程吉时快到时，然后在众人的劝说下才止住哭声，负责梳妆的人会补妆。迎亲和送亲的队伍在哭嫁之时已悄然用过早餐，堂屋这时开始祭祀祖先，吉时到时，香火缭绕，鞭炮声声，新姑娘会在她的姊妹搀扶下走出闺房，脚是千万不能挨到门槛的，在跨越堂屋到阶檐的门槛时，会有人为新姑娘撑着红红的油纸伞，会从油纸伞的上方向房子外面扔出火把，新姑娘的哥哥或弟弟会在阶檐这个地方背起她，一直背到猪圈这个位置，那里早已准备好凳子，让新姑娘坐下，给她换上新鞋子，然后在迎接新娘子的姑娘带领下开始出发，送亲的队伍走到新姑娘的后面，最后是抬嫁妆的队伍。出门三五里地界，抬嫁妆的队伍会在路途中超越迎亲和送亲的队伍，他们要适当早于新娘到达男方家里，这时会有专人在新娘到达前把嫁妆摆设规范，尤其是新房，特别是床上用品要摆放规范有序。抬嫁妆的队伍在路途中也会小小地“为难”一下新姑娘，讨要瓜子、香烟之类的东西，新姑娘也会满足他们的要求，并亲自送到每个人的手上。她这一去就是一个全新的生活世界，带着美好，带着希望。

村庄的在与不在

1978 年，我的村庄开始悄然发生变化。劳动不再以队为单位组织，开始把队分成两个组来安排生产，继而以家庭为单位进行生产劳动，发展到后来的集体土地实行家庭联产承包，生产队的集体财产平分给各位社员。昔日的热闹景象不再，村庄人之间的接触不再频繁，联系不再紧密，各自在自家的土地上挥汗如雨、辛勤劳作。家长们多了一份欣喜，年轻人陡增了一份寂寞，少了交往的乐趣。此起彼伏的山歌渐渐退出村庄生活，人们出行更加自由，每家的粮食开始有了富余，青年开始到附近煤矿挖煤赚钱，极个别有关系有能力的去了县城烟厂打工。这种景象被费孝通先生总结为“离土不离乡”。1992 年春天，邓小平同志发表南方谈话再一次解放生产力。1993 年始，村庄的人们开始外出远行谋生，到远离故土之外的东部地区打工赚钱，离土也离乡，部分青年过年都不返乡，有的在外地安家落户，通婚半径和结婚方式发生了变化。1997 年，村庄通电结束煤油点灯时代，电视走进人们生活，村庄话语权发生改变，人机交流取代火塘夜话，不老故事尘封，山歌余音寂于山林，哭嫁失去传人，祭祀变得匆忙而简单，人人心系春晚，节日文化远去，年味一年比一年淡。工作后，无数次回老家过年，儿时伙伴已很难聚齐，碰上面的也是少了许多话语，讲的是与村庄无关的各自不同的故事，短暂相聚小酌，而后各自奔波天涯。孩子们忙于假期作业，吃的是集市购买的水果，讲的是书上的故事，唱的是教材里的歌……山亦在，树亦粗，夜莺依然在唱，清泉依然流淌，可少了些许繁华，多了几许荒凉。

人民公社时，我的村庄一共有 11 户人家，3 户姓龚，1 户姓周，7 户姓曾。住在满家坨的有6户人家。我母亲去世后，我父亲带着我们兄弟姐妹四个与公公婆婆（爷爷奶奶）合成了一个家，我们家8口人，还有一个七孃待嫁。另外5户都姓曾。曾家大伯家也是8口人，包括曾家大伯夫妇、二儿、幺儿、二女、四女、五女、幺女。曾家大伯的大儿结婚后分家立户另成一家，包括夫妇和一双儿女共4人。另外3户人家居住在我家与曾家大伯家、曾家大伯长子家的前面。依山形呈前低后高排列布局，前排的房屋前不远处就是稻田了。曾家大伯的父母与他的小兄弟组成一家，3口人。曾家大伯的二兄弟夫妇与四个子女组成一家，6人。还有一家就是队长家，队长与曾家大伯是同族兄弟，五服之内，队长夫妇和四个子女组成一家，6人。另有两户人家居住在兴隆坳，其中一户只有一个人，贫协主席，终身未找到媳妇。另一户6人，户主与我公公同庚，我叫他姨公，他的妻子与我婆婆同庚，我叫她姨婆，他们与4个女儿一起生活。靠近学堂坪的地方叫什么名字我想不起来了，这里居住两户龚姓人家，都是我的太祖辈。一户只有2口人，我的五太婆和他的儿子（我的黑公，因为他长相黑，所以就这样称呼），另一户只有1人，是我的另一个太婆，在我很小的时候，我这个太婆就被居住在旧司乡螺丝塘村的幺公（她的侄儿）接到他家居住。还有一户周姓社员，不住在我的村庄，住在岩（ai）口这个自然村，但是我们这个村的社员，养育一对儿女，共4人，周姓这家与曾家大伯的二兄弟是亲戚，周家户主是他的岳父。细细算来，我的村庄20世纪70年代有49人，我的大姑、二姑和曾家大姑、四姑已在70年代之前外嫁其他村庄。1978年国家实行家庭联产承包责任制，分田到户，这个时候，我的七孃、曾家八孃、曾家二姐、曾家四姐已经出嫁，没有资格参加田地分配，周家回到岩（ai）口生产队参与田地分配，最后参与土地分配的就只有40人。

土地承包到户后，贫协主席因身体不好，没几年就去世了。我五太婆在刚分田到户不久的1978年的下半年就去世了，活了80多岁，他的儿子黑公独自生活了几年，后来去了乡政府的养老院。姨公姨婆家的几个孃孃相继出嫁，姨公去世，姨婆随幺孃去了女婿家安度晚年。最后这3户的田土再次分配给生活在这个村庄的其他几户人家。细细算来，村庄就只有6户32人。后又有新的生命诞生，也有女孩远嫁，更有男孩去村庄以外安家落户。进入21世纪，我的村庄发生巨变，陆续已有3户人家全部迁往县城附近居住，现已80多岁的曾家大伯家只有他一个人在村庄居住了，我们龚家只有我父亲一人在村庄留守，曾家大伯长子家只有曾家大伯的儿子和儿媳在村庄居住，也是一对年过六旬的夫妇。

1983年冬，我的父亲砍伐了我家最老的一棵需三人合抱的核桃树，村庄开始步入暮年。现村庄已经衰老，人去房空，带走了故事，带走了山歌，带走了哭嫁，房前屋后枯叶遍地，果树无人打理，洪水冲垮田坎，荒草封闭道路，桃树枯亡，梨花零落，蛙鸣不再唱响，牛铃不再叮当，鸡鸣犬吠声衰，炊烟缭绕已远，昔日美景不再。2014年夏天，我领着我的妻儿回到我的村庄与父亲团聚，路是依然亲切而艰难，野生的韭菜依然含笑生长，仅存的几株果树悄然挂果，房前的新竹沁出淡淡清香，水井的清泉汩汩漫出任性流淌，废弃的猪圈空空荡荡，老去的岩桑树长出木耳，菜园里杂草漫天丛生……阳光普照，清风徐来，老父依然乐观。不久的将来，村庄将沉睡，静静地等待东方风来；不久的将来，村庄将苏醒，张开双臂迎接村民归来。我和村庄有个约定，满家穿越村庄历史，兴隆指向村庄未来。

儿时伙伴梦里依稀，一梦醒来都市茫然…… 回不去的村庄，忘不了的甘泉水，还有山上的老玉米……走不出的村庄记忆。

附：村庄大事记略

（一）我公公（爷爷），民国时村里第一个甲长。地辖现在的行政村、大堰塘行政村的一个村民小组，旧司镇的半边山组和王家湾组。

（二）我父亲和曾家二满（叔），村里第一批去大麻阳寨读私塾，1949年后去旧司乡黄土坝上小学，辍学，未毕业，后分别成为村里的保管和会计。我父亲还是村里第一个瓦匠。

（三）曾家幺满，村庄第一个进入初中，辍学，未毕业。村庄第一个因打工客死福建。

（四）我自己，村里第一个初中毕业生，第一个高中毕业生，第一个考上大学，第一个公务员，第一个博士，第一个大学老师，第一个英国留学生，第一个离婚男。

（五）我大弟，村里第一个离开村庄当上门女婿的人。

（六）曾家老学，与我同庚，村里第一个产业工人，就职于来凤烟厂。

（七）曾家幺孃（姑），村里第一个女学生，后辍学，初中未毕业。

（八）曾家侄女，村里第一个女高中生，高考落榜。

（九）曾家老富，村里第一个因丧妻再娶的男子。

（十）曾家大伯，村里第一个木匠。

（十一）曾家老明，村里第一个因挖煤患矽肺病而英年早逝，44 岁终。

（十二）曾家老五，村庄第一个拥有汽车（轻型皮卡）的人。

（十三）村里第一个到访的外国人，Hans，德国朋友，人类学家，现伦敦政治经济学院教授。

（2015 年 7 月写于伦敦）

佛度婆婆

婆婆（奶奶）告诉我，她生于辛酉年四月二十五日，那年竹子开花，大旱之年，饥荒遍地。长大后知道那一年是公元1921年（民国十年），改变中国命运的一年，那一天是公历6月1日，永远纯真的一天。

婆婆出生在纺车溪向家，名辛英，父母早亡，留下她与舅公（婆婆弟弟）相依为命，靠族人和左邻右舍接济，孤苦度日。婆婆11岁那年来到我们家做童养媳，16岁与我公公拜堂成亲，从此公公是婆婆心中的全部。婆婆一生辛劳，勤俭持家，任劳任怨，婆婆的名字成了她一生最好的注释。

婆婆与公公生育了九个孩子，大伯和二姑不到一岁就夭折了，我父亲排行三，四满（叔）、八满、九满均在1959年至1961年的三年困难时期饿死，大孃（姑，排行五）、卯孃（排行六）和七孃靠女性的坚忍熬过了那三年困难时期，长大成人继而成家。

婆婆年轻时候是如何度过那些艰难岁月的，很少听婆婆说起，但隔壁曾家太姑婆偶尔会讲述一些片段给我们听，从这些零星的记忆中能感知那个年代生活的艰辛和婆婆的努力。由于长年累月的生活艰辛和食不果腹，婆婆在50岁的时候牙齿全部脱落，以后就一直用牙床吃饭，更加影响身体健康。

我第一次知道婆婆是在我弟弟鱼出生后，婆婆带着几个孃孃（姑姑）来看望我母亲和弟弟鱼，但那次的记忆比较模糊，因为相处时间太短。真正很清楚地记得婆婆是在我们迁回老家居住以后，我母亲去世的前一年，我不小心把家里的煤油灯打翻了，煤油全部泼洒在地上，我知道母亲会打我，马上躲在婆婆家里，后来我母亲把我姐姐狠狠地打了一顿，姐姐说煤油灯是我打翻的，但母亲仍然打我姐姐，为此，我婆婆与我母亲吵了一架，数落我母亲不应该打孩子。事隔数月之后，以我母亲主动与婆婆和解而归于平静。母亲去世那年，姐姐 8 岁，我 6 岁，两个弟弟一个 4 岁，一个不到两岁，婆婆从此辛劳数倍于以往，永无宁日，真的是累弯了腰，一直把我们养育成人。

1972 年春天，母亲告别了艰辛的岁月，结束了苦难人生，带走了浓浓的母爱，也让一位而立之年的年轻小伙子失去了爱人。婆婆小心谨慎地接下了母亲扔下的这副重担，疲惫前行，精心抚育着她的四个孙子。

此篇小文是绝对说不尽道不完婆婆的辛苦和劳累的。母亲去世后，家里很长一段时间阴沉沉的，晚上，不到两岁的小弟鱼由婆婆带着睡觉，经常半夜饿醒哭闹着要吃奶，哭的时间太长了，婆婆只好把她自己干瘪的乳头给我弟弟鱼吸吮，由于没有奶水，吸一阵子哭一阵子，这样反复多次，哭累了，然后慢慢入睡。白天，弟弟鱼就由 8 岁的姐姐来照顾，饿了没有办法，姐姐就把小弟放在摇篮里摇，希望他能睡着，姐姐使劲地摇，弟弟就拼命地哭喊要妈妈。我记得有一次，姐姐在房间摇弟弟，哭了太长时间，姐姐也失去了信心，放弃摇弟弟，她就跑出屋子到阶檐坐在我旁边，感觉姐姐眼含泪花也快哭了，神奇的是这时小弟停止了哭喊，亲热地叫着妈妈，感觉我母亲来到了摇篮边正安抚她的幺儿，不一会儿，弟弟就入睡了，一直到大人从地头回来吃午饭时才醒来。那一个上午，因为害怕，我和姐姐都不敢进屋去看弟弟。

婆婆对小弟鱼给予特别的疼爱，虽不是母子但胜过母子。小弟因为有婆婆护着，也养成了一些不好的习惯，有一次他拿了我东西，不还给我也不承认，我要收拾他，但婆婆坚决不允许，我只好等婆婆上山干活去了才有机会要回我的东西。有一年秋天，在地头割苕藤，由于太阳太大，弟弟鱼要求先回家，我要求他挑一小担苕藤回去，他不愿意这样干，我只好强迫他，最后我动手打了他，感觉有必要帮助他迈过这道坎，培养毅力，增强克服困难和抗挫折的能力，最后他流着眼泪回家也没有挑这一小担苕藤。姐姐当时就抱怨我，说我不应该打弟弟，他空手回家没有什么关系的。回到家里，婆婆又数落我一顿，千万遍地嘱咐我，以后要保护弟弟，不能伤害弟弟。从此，我没有再打过弟弟，但也没有特别地爱护过弟弟，至今回想过往仍内疚不已。小弟在初中二年级时英语成绩下降，失去信心，找了个理由从困难面前折返，从此放弃学业而混江湖。

婆婆对她的四个孙子都是一样的爱护和培养，只是小弟太小，有必要特别一点，因此小弟懂事后对婆婆是特别地孝顺。记忆中婆婆打过一次孙子。那是一个晚上，不知道什么原因，小弟鱼让婆婆特别生气，婆婆就找了一个小树条揍小弟，但小弟特别蛮横，最后还抢夺婆婆手中的树条，最后是以婆婆放弃揍他收场，没有让弟弟认识到自己的错误。我是长孙，两个弟弟还小的时候，婆婆走亲戚都会让我同行，路途中婆婆会给我讲很多做人的道理，当然有些道理婆婆会在不同场合不同时间多次告诫我们。7岁那年，婆婆带我去大孃家，大孃家在漫水乡龟塘村，小地名叫茅坡，整个寨子都姓瞿，我的瞿家姑父告诉我，民国时的湘西巨匪瞿伯阶与他们寨子的瞿姓是一支人。茅坡这个地方距离我家有点远，婆婆带着我走走停停用了将近一天的时间，快要到大孃家的时候，婆婆要求我用溪水洗去脸上的汗水，把手洗干净，她自己也是这样，洗脸洗手。婆婆告诉我，在别人家做客，要给别人一个好印象，因此，在大孃家的几天里，我谨记婆婆教诲，处处小心谨慎，最后还是与表妹打了一架，然后回到自己的家。弟弟慢慢长大后，婆婆走亲戚就不再带着我了，而是带两个弟弟走亲戚，并且婆婆还告诉我，我现在是学生了，不能分心，要少走亲戚，好好上学，为家里人争口气。因婆婆的告诫，我一直到高中毕业，除了家里大人安排我代表家里走人家，我坚持不去亲戚家游玩，也很少到邻居家串门，守住信念，为家里人争口气，好好念书。

我上学后，由于很少去亲戚家，很羡慕姐姐和弟弟能够随着婆婆到处走亲戚。但婆婆赶集会带着我，我还会帮婆婆扛东西。记得某年春季，婆婆去上寨赶集，她还背着我采摘的山货——金银花，说是卖了给我买新衣服，因此我与婆婆一起去集市。爸爸作为小队的保管员正在上寨的绿水区公所学习，婆婆找到他，希望他给钱买苕秧，爸爸说他没钱，最后用我卖金银花的钱买了600株苕秧，才使我家的自留地不被荒废，可我的新衣服就没了。婆婆用剩下的一点零钱买了些补衣服的针线，最后买了三个油粑粑，婆婆吃一个，我吃两个。这是我人生中第一次吃到的美味，又香又可口，遗憾的就是离吃饱还差太多，每每回忆这事都口水直冒在嘴里打转。婆婆常常在左邻右舍面前表扬我，说我不乱用钱，知道顾家，体谅大人。我听到婆婆表扬我，心里也是高兴无比，希望自己做得更好，更多地帮助婆婆和家里。重庆黔江马喇湖的莫德生到胡家坪林场做副业，他借住在我家，我那时上小学，晚上他经常把他上初中的儿子写给他的信拿出来给我看，他对他儿子的成绩很骄傲，尤其是化学特别好，不知道他儿子后来是否考上了大学。年底，结了账的莫大叔准备回家过年，走时他送给我一元钱，我用这一元钱到村供销点为婆婆买了几扣补衣服的线，这件事更加让婆婆坚信我是一个节约顾家的人。

我小时候身体不是很好，春天容易感冒，头痛实在停不下来时，婆婆会带着我去新乐乡大坝卫生院打针，肌肉注射青霉素，一般都是选择注射屁股。医院最有名的医生叫杨志榜，至今还记得他有一个红鼻子，病人主要是由他来问诊。有一年春天，婆婆陪我在大坝卫生院打了三天针，那时家家都比较困难，我与婆婆投宿了两家亲戚以减轻家里的负担，现在还能回忆起借宿的一亲戚家的困难程度，那家亲戚是我的姑婆家，她家的所有小孩都是赤脚，穿着破烂衣服且明显不合体，裤脚悬在膝盖处，衣袖袖口在手肘处。老天自有厚报，姑婆的孙子考上了中南财经政法大学，毕业后考上了清华大学研究生。另一亲戚也是我的姑婆，家里条件要好些，儿孙满堂，这个姑婆与自己的两个儿子分开过日子，在她家住了一晚上，六十多岁的老人仍然是自己养活自己。我后来初中还与这个姑婆的外孙同学，一起进入高中，遗憾的是我这个同学后来心思不在学习上，高考落榜回家务农。令人高兴的是我同学的两个孩子读书很努力，一个考上华中师范大学，一个考上复旦大学。肌肉注射，我的半边屁股红肿，疼痛延伸至大腿，走不动路，因此直到第四天我才与婆婆一起回到自己的家，途中婆婆还背了我一段路程。

这么说吧，我小时候的事情，成长过程中的快乐与烦恼 90%都有婆婆参与，每一寸进步的取得，每一点快乐的收获都与婆婆的辛劳付出不无关联。婆婆犹如家中的灯火，没有她，我们会黑暗一片。无论多远多晚多累，我都要回家，因为有盏灯指引着我，穿越黑暗穿越寒冷，走向光明和温暖。大弟肾炎，浑身浮肿，婆婆陪他在大坝卫生院住院治疗将近一个月。姐姐学洗衣做饭、学缝补衣服纳鞋、学哭嫁，也是婆婆慢慢教会的；我初中不小心踩断了同学的腿，婆婆背着米面鸡蛋，拿着钱去我同学家赔礼道歉。小学时，我用粉笔在小队贫协主席的门上写了一条标语，结果贫协主席愤怒异常要打我，我婆婆替我向贫协主席道歉并用水清洗干净他的房门。这个贫协主席是当时生产队外出走得最远的人，他参加了 1970 年开始的葛洲坝一期工程建设，当年来凤县派出 1200 多名民兵参加会战，1973 年 1 月，完成工程任务后返回来凤县，因此，牛气冲天。初中住校家中没有大米，是婆婆背着苞谷去舅婆家换她家的大米供我上学。姐姐出嫁后，孩子出生时，第一个来到我姐姐身边的娘家人是我婆婆……

婆婆生病一直都没有住过院，躺在床上痛苦呻吟，要是几天仍然起不了床，爸爸会去找赤脚医生来家给婆婆看病、打针和开药。有一年夏天，婆婆参加生产队集体劳动，由于视力下降，在地名叫癞子坨的地方，婆婆从路上摔下田坎，腰椎受伤，生产队长和我父亲用担架把我婆婆抬到大坝卫生院进行治疗，这是我婆婆唯一一次住院，不知道我婆婆在医院的日子是谁照顾她，我至今也不清楚，心中非常感激照顾我婆婆的人。

小时候，我们姊妹兄弟四个与婆婆在一起的时间最长。婆婆走亲戚一定会带上我们其中的一个，我们也会很高兴，可以看见与村庄不一样的风景，见到一些不认识但与我们又有关联的人，更为重要的是能吃到许多美味的食物，还不用劳动，就是时间只有短暂的两三天，每年次数也很少。白天，婆婆除了要参加生产队的集体劳动，还要洗全家人的衣服，一日三餐也多是婆婆来做，起得最早睡得最晚的人就是婆婆。姐姐长大后，姐姐与婆婆共同承担家务，姐姐出嫁后，历史又回到原点。晚上，公公因为白天上山干活很累，喝酒后就会较早地睡觉了，父亲一般都会去串门，他在家坐不住，更愿意去与生产队的哥们天南海北侃大山，这个时候就只有婆婆陪着我们聊天，讲一些她重复好多遍的故事。随着年龄渐长，我们也会问一些家里过去的事情，每当这个时候，婆婆都会告诉我们太婆如何会持家和团结一家人，公公如何能干，是一个了不起的人，要我们向公公学习，婆婆还会告诉我们，爸爸失去了我们的妈妈，要我们懂事，在家要勤快多做事，上学要刻苦，不让爸爸担心。在婆婆的口中，太婆、公公、我的父亲和母亲都是了不起的人，都是我们需要努力学习的人。长大后，阅读教育学、心理学的书，明白婆婆的良苦用心，精心呵护我们成长。讲着听着的过程中，小弟鱼一般会最先入睡，然后是姐姐、大弟与婆婆开始休息，最后就剩下我一个人坐在火炉边看着将要熄灭的火苗等我父亲回家睡觉，因为我胆小害怕，父亲不回家我不敢睡觉，为了壮胆，有时候我会把两个煤油灯都点上让黑暗的面积变小一点，久等父亲不归，我就会嘴对着窗户用尽力气喊爸爸快点回来，爸爸一般也会答应快了，但仍然不回，婆婆会催促我继续喊爸爸快点回来。我呼喊爸爸的声音打破寂静夜空的情境让隔壁太姑婆多年以后仍不能忘记，时常向我提起那段往事。喊过两三次，这时爸爸才回来，我才敢钻进被窝躲在爸爸身后睡觉。也只有这个时候，婆婆才会放心睡着，养足精神以待明天来临。

小学毕业后到五台乡小坳上初中，开始一个月是走读，由于路途遥远，我天亮就出发。那时上学，中午没有午餐可吃，放学后要饿着肚子走回家吃晚饭。婆婆为了我的早餐费尽心思，家里没有闹钟，只能是凭鸡鸣判断时间，婆婆天未亮就起床，为了让我饿得慢些，给我煎荞面饼子，煎好后坐等天开亮口，见东方破晓，婆婆就叫我起床，看我吃荞面饼子，然后把剩下的包好让我带在路上吃。我出发向学校奔去之时，婆婆开始准备全家的早餐。那一个月，家里的荞面被我吃光，那一个月，婆婆更加消瘦和疲惫。后来我转学去新乐乡大坝上初中，中途有一段时间住校，由于尿床感觉羞愧，不想上学但又不敢回家，于是向卯孃家走去，真是老天不让我逃学，当我翻越学校背后的山头正要走向山的另一面时，我与婆婆迎面碰见，婆婆刚从她女儿卯孃家离开准备回家。我只好撒谎说没有柴火了，我去卯孃家找点煮饭的柴，婆婆说不用去了，要我赶快回学校上课，柴火的事情交给她去办，婆婆还把卯孃给她的两升大米给了我，让我好好学习，婆婆当天去了纺车溪的木匠舅公家，在那里要了一大捆柴火背到我读书的学校，婆婆一直没有到校园找我，婆婆一直在学校厨房后面的路上等我，我也不知道婆婆在等我，直到放学时，我的一个表弟（大坝姑婆的孙子）向代祥看见我婆婆在那里等我，他来通知我时我才知道。等我走到时，只见一堆柴火在地上，婆婆已经走在回家的路上，我只能望见婆婆模糊的背影，渐行渐远，慢慢地消失在暮色中。我一直没有明白婆婆为什么不与我打个招呼就走了，长大后慢慢明白了婆婆的想法，婆婆由于牙齿全部脱落，嘴唇往内凹凸，她是担心同学取笑我有一个长得很丑的婆婆，所以不来学校。我们家有许多棵酸梨子树，吃不完就会烂掉，我婆婆每年都会把这些酸梨子用稻草保鲜储藏，然后用背篓背着酸梨子去附近学校和公路边销售，但我上学的学校婆婆从来不去，等我离开那个学校去更远的学校上学以后婆婆才会到这个学校卖酸梨子。一个人独处时，时常想起婆婆的无私忘我和为他人着想的美德，婆婆是我心中最美的女人。

只要不是因为上学要起早床，婆婆一般会让我们睡到自然醒来。寒暑假，我有时也会睡过头，醒来时家里空无一人，灶台上的饭菜还是热的。平时，只要看见我坐在我家阶檐上的石磨上看书，婆婆不会叫我做任何事情，其实有时候我看的书与课本无关，是小说一类的书籍，但婆婆不认字。随着自己一天天长大，对婆婆的辛苦劳累更加明白，开始主动为婆婆分忧，承担家务，扫地挑水砍柴尽量多干。高中毕业时，我从学校扛回我的一包没有洗的衣服，想到婆婆辛苦，我准备自己来洗衣服，婆婆在旁边说："祥娃，婆婆年纪大了，眼睛也不好了，你怕婆婆洗不干净了。"我当时眼泪夺眶而出，但不能让婆婆知道，从那以后，我的衣服仍然交给婆婆帮忙洗，一直到婆婆去世。

我至今还记得两件特别辛苦和考验我意志力的事情，也正是这些艰辛日常磨炼我的体肤和浸润我的心灵，才会让我是现在的我，幸福的我。生产队夏天薅草（给玉米地除草）采取的是平均分配地块，不论男女，工分也一样。婆婆体力不够，整个暑假我都会帮婆婆薅草，尽管这样，我们还是最后完成任务的。有时候第一天的任务还没做完，第二天的任务又来了。烈日炎炎，在玉米林里挥汗如雨，膀子被玉米叶蹭过后，火辣辣地痛，最后脱皮换成古铜色，此时，玉米叶无奈我何。有几次我们比曾家姨婆（因与婆婆同庚，相认为姊妹）先完成任务，婆婆又动员我去帮曾家姨婆，快接近正午，晒得几欲昏厥。回到家里，婆婆坐在阶檐上纳凉，我用保温瓶（热水瓶）去旁边山洞里为婆婆提一瓶凉悠悠的山泉水回来，尽管有点害怕洞妖，但想到婆婆口渴也只有拼了。后来分田到户，刚开始的两年，除了责任田，还到处开荒，人们被饥荒坑苦了，我家也一样，满山都种上庄稼，人更加辛苦，但不会挨饿了。

还有一件事就是打米。我们整个五大队（南马山村）打米都在大队所在地一队（组），我家打米的事情主要都是婆婆和姐姐完成的，我参加过许多次，用背篓背着稻谷往返，有时候打米机器坏了，背着回来下次再去，或者选择去更远的地方四大队的大堰塘那个地方，有时候也去新乐的黑洞塘打米。不管去哪个地方打米，都是一次艰难的跋涉，回来的路上又饿又渴，还要负重前行，汗水奔流，无数次想扔掉背上的负重轻装回家而不能，到家已是浑身软成烂泥。等到下次打米到来，又随婆婆行走在蜿蜒的山路上。

进入高中后，学习任务开始加重，寒暑假为家里做的事情有点少，只是偶尔挑水，不再干山上的农活。进入大学后，基本上没有为家里做事情，多数时候是去同学家聚会去了。1990 年我大学毕业参加工作，每个月 110 元工资，春节放假回家，我只有 200 元钱带回家，给父亲 100 元，公公婆婆各 20 元。大年三十团年，我陪公公饮酒，公公告诉我，婆婆眼睛不太好，他不放心，婆婆去哪里他就会跟着去哪里。过完春节回单位上班时，我带着两个弟弟出发，求人帮两个弟弟在州麻纺厂找了一份临时工作。离开家时，婆婆和公公目送我们远去，看着婆婆不舍的眼神，我叫小弟鱼返回专门给婆婆唠叨两句。两个月后，再次回家已成永诀，此生无缘再见公公和婆婆。听村里人说，婆婆先告别凡尘，然后是公公追随而去，公公换上干净整洁的衣服，躺在婆婆的身边慢慢离开了我们。辛苦节俭一生的婆婆离开时仍然穿着补丁连着补丁的衣服，洗得灰白少补丁的衣服放在箱子里，我给婆婆的20元钱放在枕头边。婆婆放心不下的就是我们姊妹兄弟四个，姐姐出嫁，两个弟弟跟着我去了恩施，婆婆此生再无牵挂。婆婆来到龚家时，公公是她心中的一切；婆婆离开时，婆婆成了公公心中的一切。生死两相依，从此无分离。

每当心情低沉，意志消退，前进路上困难重重之时，我就会想起公公婆婆。无数次梦回故乡曾家界的满家坨，迎接我的都是公公和婆婆。我烤着柴火，看着公公婆婆为我做饭，闻着饭香之时就会一梦醒来，心中怅然，望着眼前的黑暗静待黎明。

（2015年9月于伦敦）

爷爷的三万天

我老家那个地方把爷爷叫公公，奶奶叫婆婆，没有其他称谓。上小学后从课本上才知道公公可以叫爷爷，婆婆可以叫奶奶。公公出生的那个时代是大清王朝，我的公公生于光绪三十四年，农历戊申年八月初四，也就是公历1908年8月30日。十年前的1898年戊戌变法，一场完全有可能使中国走上现代化道路的两全其美的政治改革被慈禧太后按下停止键。十年后的1908年，清廷批准《宪法大纲》，大纲规定，皇权神圣不可侵犯，皇统永远世袭，可是为时已晚，病入膏肓，家国南边起义星火已成燎原之势。当年无断臂之勇，必有王朝陨落挽歌，《宪法大纲》颁布2个月后，光绪皇帝和慈禧太后先后驾崩，洪水滔天事与他们都没有关系了，百姓更加苦难深重。这一年与中国有关的世界大事不少，影响最深远的可能是美国国会通过庚款办学提案，但于我家最重要的事情就是我爷爷降临龚家。

据家谱记载，我的祖上居住在武陵源，后经历代迁徙到达湘西花垣县某地，也可能是重庆酉阳县某地，因为我的祖上不识字，靠口耳相传，后凭记忆请识字的某先生写下这些文字，究竟从何处迁入来凤，只能存疑待考。我查询过武陵源一说，可能是重庆（川东）某个地方，也可能是湖南湘西某个地方，如桃花源一样神秘，千家峒一样难寻。我的祖辈某公（待考）率领族人经湖南省龙山县迁徙到湖北省来凤县，早期居住在安抚司的洞塘坝，因龚氏族人较早到此落户，地名就叫龚家坝。某公生二子，其中一子宏贵公，在当地娶妻张氏，生二子，长子昌发、次子昌礼，后不知何故，再次迁徙至五台三房沟一带短暂安定下来，虽然居住时间不长，但龚家湾这个地名，现三房沟年长者还记得。

由于生存艰难，部分人返回湘西，一部分族人继续逃难迁往其他地方。昌发公生于1848年，卒于1921年，享年73岁，昌发公娶妻柳氏（生于1857年，卒于1931年），生华兴、华清、华科三子。华兴公生于1881

年，娶妻朱氏，生一子三女，子友林，女巳秀、癸秀；华清公生于1890年，娶妻朱氏，生一子三女，子友和公生于1923年，终生未娶，三女分别嫁入新乐大坝田家、漫水洗车栗树坡杨家和漫水塘；华科公生于1902年，娶妻王氏，生一子友海，友海公生于1925年。

昌礼公生卒年限不详，娶来凤县下塘坝踏坝湖周氏为妻，生一子华彝，后不知何故，昌礼公独自一人迁徙贵州。华彝公生于1875年，逝去年代不详，娶来凤百福司老岩孔村大河堰唐氏（生于1876年，卒于1957年）为妻，生一女三子，女儿生于1901年，嫁重庆酉阳赵锅底张家，卒于1979年，长子友贵（生于1906年），次子友富，友富公就是我的爷爷。

大约在辛亥革命后不久，我的太公华彝独自一人去贵州找寻他的父亲，从此音信杳无，留下太婆一个人独自抚养三儿一女。按当下的组织语言述说，太婆是一位极具责任感的传统女性，无比坚强坚忍，她带着我的姑婆（爷爷的姐）、大公（爷爷的哥）、公公（爷爷）、幺公（爷爷的弟）踏上西行寻亲的路进入重庆酉阳县，沿途靠帮人（打短工）和乞讨度日，到处打听太公去了什么地方，一心要找回她命中注定的那个男人。到了重庆酉阳县兴隆（小地名为现车田乡清明坝的赵锅底）这个地方，日子实在艰难，太婆含泪把自己的女儿（我的姑婆）送给当地一张姓人家做童养媳，姑婆算是有口饭吃不至常常挨饿，兵荒马乱的岁月带着一个小姑娘到处流浪，人身安全也是个大问题，太婆从此不用担心女儿被抢被劫了。余下太婆母子四人一路逃荒经过重庆酉阳和黔江的许多地方，最后在黔江濯河坝这个地方停了下来，现在这个地方叫濯水古镇，一个风景如画的好地方。濯河坝有一个大地主姓李，家大业大，地主家收留了太婆母子四人，我的太婆就在他家当佣人，大公和公公就为他家放牛。当时的濯河坝地处川东南的交通要冲，是一个驿站，属于官商匪必经之重镇，往来人多，信息灵通，便于打听太公的下落。

最后一批离开五台三房沟的族人来到了我现在的老家五台曾家界，他们发现这里有地可种，远离交通要道，比较安全。在来曾家界居住之前，部分族人还曾在五台大坪的后槽一带短暂居住过。不知道族人是通过什么方式把最新的消息告诉太婆的，大约在1917年，太婆向地主李家辞行，踏上去曾家界的路，路途遥远，跋山涉水，前途也是迷茫一片，未来是什么样心中没底，太婆把6岁的幺公送给了地主李家，太婆心里怀着一分希望，至少她的幺儿不会饿死。然后母子三人背着家里唯一的财产——煮饭用的一副三脚架和一口鼎罐，还有就是地主给的一点路费和粮食，在鸡鸣时分踏着薄薄的晨雾出发了，经重庆黔江马喇湖、湖北来凤大河白岩山，历经数天，终于到达曾家界。

一切百废待兴，从零起步。太婆带着两个儿子与命运抗争，在地名叫满家坨的地方搭起了一个窝棚，俗称千脚屋，算是有了一个挡风避雨的地方。可是土地已经被先来的居民开垦、占有所剩无几，只能在山边地脚找一些零星贫瘠的土地耕种，一年下来土地的收成无法养活一家人，太婆决定带着她的两个儿子继续逃难，寻找活命的地方。

与我家为邻的是曾家，这家户主腿有点瘸，我这辈称呼他瘸子（bai-zi）公公，他是位善良的老人，夫妇一直没有生育，中年后抱养了他叔伯兄弟的长子（曾家大伯）。他劝说我太婆不要离开这个地方，他愿意把他家撂荒的土地送一块给我太婆母子三人，就这样我的家从此开始在此地繁衍生息。

太婆领着大公和公公把这块荒地整理出来以待来年春播。大公和公公在燃烧杂草时防火不当，火势窜出界外，一下子把整座山烧掉了一多半，两兄弟闯下大祸，真是屋漏偏遭连夜雨，不知道此事如何终了。瘸子公公知道此事后，笑呵呵地说："你两兄弟干的好事，这下怎么办呢？这样吧，你两兄弟如果能在一个月之内把所有过火的土地挖出来，我都送给你们。"于是乎，我的公公和他的哥哥（大公）不分昼夜地在山上劳动，白天太婆也会去劳动，两兄弟吃住在山上，困了就睡，醒了就接着挖土，披星戴月，终于在一个月之内整理出这一大片土地，比原来的多出了几倍。瘸子公公惊叹两兄弟的决心和毅力，从此以兄弟相待我的公公和大公。我至今也想象不出年仅 10 来岁的公公和长他 2 岁多的大公是如何完成这项艰巨的任务的，真的是自古英雄出少年。

通过年复一年的艰辛努力，在公公 20 岁左右的时候，龚家已在曾家界牢牢地站稳了脚跟，我公公包揽了龚家族人的大小事务，相当于族长。与我公公年龄不相上下的老人告诉我，我的大公基本上不管事，性情温和，做事是慢性情，家里主要事情由我公公来做主，包括大公娶媳妇成家的事都是我公公操办的。我懂事后，感觉周围村庄的人对我公公都十分地尊敬，大队书记来我们村庄公干都一定会来我们家拜访我的公公，小坐闲聊一会儿。国营胡家坪林场守山员换了一届又一届，不变的是对我公公的尊敬和关照，每年都会给我公公分配护育树苗（砍山）或清除防火线杂草

（砍防火线）的活干，让他挣点酒钱。我不知道我的公公是如何与覃家界覃家，二台坪的王家、潘家和田家，枸皮湾的谭家攀上亲戚关系的，只是上小学的时候感觉许多与我差不多大的学生都长我一辈，与我父亲年龄不相上下的邻村人我都要称呼他（她）们表公（婆、姑婆）或继公（婆）等。现在猜想应该是为了与左邻右舍友好相处的一种生存方式吧。只要龚家媳妇里面某姓与邻村某姓相同，或龚家姑娘外嫁的婆家姓氏与邻村姓氏相同，都会去相认成为亲戚；再就是通过结拜兄弟，成为同盟，只要与邻村大姓中某一个力量型的人成为兄弟，背后的力量就呈几何级数放大；还有就是通过小孩过继（小孩小时候如果经常生病，就会想办法过继成为别人的干儿子干女儿或继儿子以利成长）成为联盟关系的；我这支龚姓族谱记载，龚吴本来同属一姓，龚姓本姓吴，传说是为躲避仇家而改姓龚，从此变成了两姓人，因此村庄方圆数十里的相邻吴姓人家自然与龚家都是以兄弟姐妹相称。此类种种关系进一步延伸至双方的族人和村庄，构成一张相互支援的社会关系网络，扩大了的亲缘族缘，保障了各自生存环境的安全，可以更好地维持生计。

那个时代的中国也是天下纷争，军阀割据，来凤也不可能超然事外，犹如苦难中国的一个缩影。属于大湘西范畴的巨匪向卓安就是这个时代的枭雄，向卓安早年以走村串乡收购“山货”为生，积累了不少与山货无关的知识和经验，成就了他以后的匪业。向卓安生于1890年，22岁开始玩枪，也就是辛亥革命成功后的第二年（1912年），1917年向卓安干了一件“大事”，他率众干掉了到旧司视察工作的来凤县府工作人员和兵丁，夺枪20余支，渐成势力。一山不容二虎，后被旧司锁洞土匪向仁轩击败而逃命到重庆酉阳。1921年东山再起，在重庆酉阳强人田品山的帮助下，一举打败向仁轩，从此坐大来凤，成为湘鄂西远近闻名的土匪头子。向卓安逼走知县，然后自己委任县长数年。1926年左右接受政府招安被改编，当上了保安旅的旅长，势力席卷湖南龙山、重庆酉阳等地。1927年成了“护党救国军”大队长兼宣（恩）、来（凤）、咸（丰）三县联防副指挥。1930年时恩施县（施南府首府）县令都是他委派，不久被川东地方武装甘占元部逐出恩施，后借国民党军八十五师谢彬部力量重振，鼎盛时期达到2000多人枪。后全民抗日战争爆发，国民政府为了后方稳定，于1940年用计捕杀向卓安于恩施，施南府成了向卓安一生的“麦城”。

我公公在1927年加入向卓安的保安旅，成为一名旧式军人。当时向卓安的保安旅已属于体制内的武装力量。我公公在保安旅接受了系统的军事训练，养成的军人习惯一直保持到终老，整洁着装在附近村庄无人超越，站姿坐势与现代军人无二。我公公在 20 世纪 80 年代中期告诉我，他在部队属于优秀的，对枪械掌握精通，射击准确，通过几年努力，成了向卓安的精锐部队手枪排的一员，也就是他的警卫部队。据我公公说，要想成为警卫排的战士是不容易的，除了忠诚勇敢外，军事素质也是部队一流的，他们都能在规定时间内完成拆卸和装配枪械，包括当时所有的枪械都需精通，警卫排每位战士配备质量最优的长短枪各一支，还配备有战马。当然公公也会告诉我一些来凤县志没有记载的关于向卓安的野史，现在还能记得比较清楚的有三件事情：一是向卓安每天都会喝点苞谷酒，但不会喝醉，每天要吃一顿猪肉，并且是手掌大拇指厚的肥肉要吃三片左右。公公偶尔会有机会与他同桌吃饭，与他同桌的亲兵和副官均不敢把筷子伸向菜碗的中间取菜，这个时候他会命令在座的各位放开手脚吃饭，吃饱吃好，不要这么小心谨慎。向卓安的生活习惯深深地影响了我公公，我有记忆的是最困难的年代，家里每个月只有一斤菜油或茶油可食用时，我的父亲都会想尽一切办法保证我公公每十天有一斤白酒可饮用，下酒的菜没有办法保障，有时就是两个干红辣椒凑合。记得有那么一段时间，大概有个把月，家里实在没钱买酒，公公干活没了力气，我父亲也是满面愁容，父亲直到把酒买回家才如释重负。改革开放后家庭经济情况好转就可以放开饮酒了，但我公公依然是差不多每天晚上喝一顿酒，大致在三两左右，从不醉酒。二是向卓安娶了许多老婆，其中有一个老婆姓曾，长得非常美丽，住在他老家螺丝塘的宅子里，向卓安常年在外行伍，由于担心被人抢走，他用滚烫的菜油烫伤了夫人曾氏的脸，使她成了曾麻子，从此不用担心被人抢走。可见，向卓安做事的手段真的毒辣。三是贺龙南昌起义失败后回到湘鄂西，曾经写信给向卓安，希望收编他的部队，向卓安不识字，文书念给他听，他只稍作思考就做出了决定，当场撕毁了信件，没有回信给贺龙，而是选择跟随国民政府。红二、六军团于 1935 年秋长征时，红十八师 3000 余名将士担任牵制国民党军队以掩护主力红军突围长征进行战略转移的任务，在红军主力突围成功后，1935 年 12 月底，红十八师接红二、六军团电令，要求他们相机甩掉敌军，争取与主力会师，红十八师从百福司镇强渡酉水，进入来凤县境，先是在卯洞、漫水一带活动，侦讯得知重庆酉阳兴隆一带有国民党军一个师的重兵把守，只好继续转战来凤，然后经五台小坳一带翻越五台山脉进入旧司新乐，出黄土坝然后右向经腊壁司上革勒车，最后到达宣恩县晓关一带后折返咸丰经朝阳入重庆黔江，历经艰难南行穿越酉阳、秀山，最后于1936年1月在贵州省江口县与长征途中的红二、六军团主力会合，所剩600余人。红十八师在来凤县有过两次恶战，分别发生在卯洞和漫水一带，然后就是误入宣恩晓关受到重创，这三次战斗导致红十八师大量减员。红十八师经过向卓安盘踞的老巢五台、新乐、黄土一带时并没有损失多少，有记载的损失就是当时新乐乡村有一个不务正业的青年抓住了一个红十八师受伤掉队的战士，然后被这个青年折磨致死，1949年后这个青年受到应得的惩罚，为这个红军战士买了一口上等质量的杉木棺材并举行了隆重的葬礼，最后新生的人民政府镇压了这个反革命分子。红十八师是一支模范部队，所经之地秋毫无犯，在经过新乐元堡庄时，百姓害怕，逃进深山躲藏，我的亲公（七姑父的父亲）当时有一双布鞋晾晒在路边，逃跑时没有来得及带走，待十八师走后，亲公发现布鞋已被当兵的拿走，但晾晒布鞋的地方用石头压着一块银元，相当于高价购买了这双布鞋。由于年代久远，记忆不是十分准确，也有可能是红十七师过境赶往胡家沟参加阻击战时所为。客观地讲，如果当时红十八师出黄土坝后不是右向经腊壁司上革勒车，而是左向经大河白岩山沿着咸丰平坝营附近入重庆黔江就不会有后面的遭遇战，损失就不会那么严重。因此可以判断红十八师没有得到当地向导带路，只能根据军用地图顺着驿道转移，无法知道民间小道，当然这只是猜测。1946年，中原突围出来的解放军南下支队李人林部400余人在1947年游击鄂西南时走的依然是这条路，经咸丰到来凤，不过在旧司境内高洞一带走的是山岭而不是山沟，估计是担心有伏击，然后经新街进入黄土坝，由新乐进入五台小坳，然后由来凤漫水一线进入湖南境内，最终与游击江南的中原突围部队张才千部在湖南沅陵县一带会师，走的就是古驿道，因此几乎没有损失。

向卓安当时在他自己的老家旧司螺丝塘修建有豪宅，并派兵驻守保卫，在与螺丝塘互为战略支撑的锁洞盐井凼也建有庄园，驻有兵丁，守住老峡河口，监视绿水方向。锁洞盐井凼的庄园里也住着向卓安的一房夫人，夫人姓贾，美丽异常，当地至今还流传着“贾乖乖的故事”，“乖”在当地方言里有美丽异常的意思。同时，向卓安在从旧司和大河经五台往漫水和百福司方向的驿道上的重要关口纺车溪驻扎一支安全部队，在纺车溪的战略支撑点苦竹溪也建有据点，常年驻兵，把守板土科关口，监视大河方向，一旦有事，纺车溪就成为苦竹溪的战略纵深和支援力量。因此，除了县城外，螺丝塘、盐井凼、纺车溪和苦竹溪都是他经常安营扎寨的地方，我公公因此也经常随军在这些地点驻防。1932 年，在纺车溪驻防地，我公公与我婆婆（奶奶）相识，找到了他一生的伴侣。婆婆是向家人氏，土家族的大姓，按辈分属于向卓安的孙辈，婆婆当时只有 11 岁，由于父母亡故，她与 9 岁的弟弟（舅公）成了孤儿，因此来到龚家当童养媳，16 岁那年与我公公拜堂成亲。

向卓安败亡后，我公公带着长短枪各一支，牵着马匹回到了曾家界。这时，通过购买，家里已有了几十亩的土地，解决了吃饭这件大事，粮食开始有了结余，农忙时节还需要雇工帮忙。家境好转后，太婆时常牵挂她失散多年的女儿（我姑婆）和幺儿（我幺公），相思已入骨。由于向卓安的势力与酉阳那边呈相互借重关系，我的公公比较顺利地找到了他的姐姐，但也只能是我公公每年去探望姐姐一次，并不能保障我姑婆来看望她的母亲（我太婆）。对于一个女性来说，遥远的路途仍然是危险重重的，因此直到中华人民共和国成立后，我姑婆才实现探望母亲的愿望。但寻找我幺公并不顺利，当时兵荒马乱的年月，打听远在重庆黔江濯河坝的事情并不容易，由于户籍制度和人民公社的规定，未经组织允许是出不了公社范围的，依我公公当时的人生境遇，组织是绝对不允许他离开来凤县域的，因此，我太婆 1957 年去世时是心中带着永远的牵挂和伤痛离开人世的。我公公为了完成太婆的遗愿，一直把寻找我幺公作为余生的头等大事装在心里，不放过任何一个可能的机会。我这里略记一二。三年困难时期（1959 年至 1961 年），半边山村庄出现一个从黔江逃难过来的龚姓人氏，此人在半边山免费帮人做事，只求有口饭吃不被饿死，我公公第一时间赶过去相认，发现不是自己的弟弟，此其一。“文化大革命”前期，百福司镇荆竹堡龚家托人捎信过来，说有一对从黔江过来的龚姓父子来湖北寻亲，由于荆竹堡没有这对父子要找的亲戚，因此带信给我们这边龚家看是否有亲戚在重庆那边，我公公匆忙赶到荆竹堡，由于口信晚到，这对父子已于前一天取道酉阳回黔江了，无缘见上，此其二。20 世纪 70 年代前半期，黔江马喇湖来了一帮搞副业的人员在国营胡家坪林场护育树苗（砍山），有一莫姓副业工借住在我家，我公公向他详细描述了当时在濯河坝的情况，委托他帮忙打听我幺公的下落，结果是没有此人，此其三。我上大学期间，在一个寒假的某天晚上，我陪公公饮酒聊天，他向我轻描淡写地讲述了幺公的事情，希望我有能力的时候寻找一下幺公的下落。公公这么淡淡地讲述过去是担心增加我的负担，我为了缓解公公的思念之痛，答应工作后一定找机会去黔江濯河坝打探幺公的情况，那天晚上，公公多喝了一杯酒。

1940年以后，我公公在新乐、五台一带维持地方治安，仍然与向卓安家族有关，向卓安的儿子向田和是当时新乐的保长。1945年前，公公还参加过修建来凤机场的工作，算是为抗日贡献力量。我公公还在大河坝买了几十亩水田，想等多买一些土地后就动员族人搬家去大河坝那个地方。一是大河坝的生存条件要好过曾家界，二是从大河坝那里出发去黔江濯河坝可缩短一天的路程，有更多的机会去寻找我的幺公。抗日战争胜利后，社会动荡不安，土匪越来越多，特别是散匪多（当地叫毛狗强盗）。随着内战不断扩大规模，前线兵源比较紧张，开始抓兵拉夫。我们家有大公和公公两个男丁，按政策必须去一人当兵，上面告诉我公公如果不去当兵就必须当甲长，最后我公公选择当甲长，管辖地域比现在的行政村要大一点，同时还兼任小坳壮警队的队员，驻守新乐上五台的关口岩院坝。在那个动乱年月，我公公力所能及地为乡亲办事保平安，调解邻里纠纷，接济特别困难的左邻右舍。曾家大伯曾告诉我一件事情，在一个赶场（赶集）的日子，有一股土匪在深湾设卡抢劫，赶集的曾家公公抄小路翻山回来报信，我的公公马上组织人马与覃家界的人马一起打跑了这股土匪，帮乡亲们夺回了财物。由于我公公还是小坳壮警队的队员，因此经常住岩院坝。岩院坝是通五台集镇小坳的重要关口，五台地理位置险要，南通重庆酉阳兴隆镇，北接来凤县城，东下是卯洞安抚司，西下是旧司新乐，这里曾是来凤白莲教的总舵所在地。1946年中原突围出来的李人林部游击江南，1947年经过岩院坝关口时，我公公所在的壮警队闻风而逃。我公公在20世纪80年代告诉我，当时壮警队正准备开饭，刚宰杀了一头猪，解放军一到，他们饭没吃上就跑了，待解放军走后，他们的饭菜还原封不动地摆在原地。

我大公成亲后就单独立户分开过日子了，太婆随我公公生活。婆婆告诉我，有一年我太婆生日，公公的一帮朋友前来祝寿，在家里打了三天的纸牌，我想这也许是我公公一生中的巅峰时期，不知道我太婆是如何看待他的儿子的。后来社会越来越乱，在解放前的一两年，我公公干脆把大河那边的田地半送半卖给处理了，因此，解放时，我家只有曾家界的几十亩薄地了，只够一家人勉强吃饭，所以我家的成分是贫农。

1949年11月，解放军进驻来凤县城，新生的人民政权建立，掀起毛主席诗词中所描述的分田分地的热闹景象。五台当时属于旧司公社管辖，因此负责五台地方政权建设相关事宜的上级领导机关设在向卓安的老家螺丝塘，一些重要事项请示汇报都须去螺丝塘。我公公解放前个人拥有两支长枪和一把手枪，其中一支长枪有时也给曾家大伯把玩使用。1950年公公接“湘鄂川黔边防总司令部”通知，要求赶往湖南龙山县八面山一带加入瞿波平部队与解放军决战，公公当时还属于国民政府人员，服从命令是必须的，不服从的后果也是很严重的，他只好带着他的一支长枪和一把手枪赶往湖南，走到龙山县招市那个地方，他感觉心灰意冷，不想继续走下去，决定回家赡养母亲好好尽孝心，于是他把长枪送给了同去的一个朋友，自己带着短枪回到了曾家界。长大后，听隔壁太姑婆（曾家大伯的妻子，姓向，长我婆婆一辈）告诉我，我的大公和公公都是大孝子，对太婆特别孝顺，一家人从来不说重话，太婆和婆婆的关系亲如母女，是当地婆媳关系的典范。太婆1957年去世前病了一年多，大公和公公轮流值夜通宵守在太婆床前，冬天怕太婆受冻，就把太婆移到火塘边睡觉，整夜保持大火不灭，每隔一两个小时帮太婆翻身和喂水，细心照料。闭上眼想想都不容易，大公还要克服家远在螺丝塘的困难，谁说久病无孝子。太婆去世后，葬在兴隆坳我家的老屋场边上，地方是太婆生前自己定下的，后来的人都说是个好地方，我一直在思考为什么选择那个地方，也许是太婆怀着一分期待，期待我幺公归来故里时可以无语相向，静静地守望着那一天出现。

新生的人民政权收缴民间枪支，我公公把他的枪支也交了上去，但是有人向组织反映他还有一支长枪没上交，于是公公就被组织关押在螺丝塘，要他把另外一支长枪上交。公公那个朋友加入瞿波平的新编第十师后从此就没有了消息，因此那支长枪也下落不明，没有办法交枪，等待我公公的命运就是枪毙。我公公被人民政府拘押期间，最忙最累的就是我婆婆，每天往返6个小时给我公公送饭，风雨无阻，还要照顾太婆和三个孩子。附近村庄的人听说公公被关起来了，年老的年少的都去螺丝塘向组织求情，说我公公是好人，绝对不会向政府撒谎，请政府放人。这些求情的人隔三差五就去一趟螺丝塘找政府，去的人多了，去的次数也多了，最终是感动了组织还是查清楚了问题，现在已无法知道了。半年后政府释放了我公公，让他配合政府剿匪，给解放军带路。

剿匪的路充满凶险，随时可能阵亡。公公每次都是走在部队前面，而且没有防身的武器，不知道那段艰难岁月是如何熬过的，公公很少提及。公公只给我讲了一个他认为是很幸运的事件，当时国民党政府大势已去，在我家乡附近，一些股匪和散匪到处流窜作案，因此找到土匪的藏身之所也不是件容易的事情。一次巡山过程中，发现山的深处有炊烟升起，于是解放军包围了这个地方，我公公突然出现在这个土匪面前时，他拔枪对着我公公连连扣动扳机，但是子弹卡壳没有射出枪膛，我公公捡回了一条命。他每向我提及此事时，也是感慨不已，因为那个土匪缴械投降后，那支枪到了解放军手里子弹又不卡壳了。

土改时，曾家界人多地少，从平均地权的政策出发，政府要求部分人员参加其他地方分田分地，龚家的部分族人去了螺丝塘参加土改，大公家也随大溜去了螺丝塘，那里的生存条件要好得多。螺丝塘是我公公的伤心之地，我们家选择留在曾家界，一直固守到今天。

公公以后的日子就是参加劳动，偶尔走一下亲戚。重庆酉阳姑婆的家是他每年必去一次的地方。公公年岁渐老，走不动远路了，在姑婆去世的前两年由我父亲代替公公去看望姑婆。姑婆没有生养后人，那年秋天，姑婆的侄孙子来我家告之姑婆离开人世的消息时，公公久久地保持沉默，当晚滴酒未沾，心情哀痛一直到来年春暖才有笑容。公公毅力特别坚强，夏天干活会坚持到正午一点才回家吃午饭，然后下午 3 点出门一直到天色黑尽收工。我认为一些很是枯燥的农活，公公仍然干得起劲，我家每年的薅秧、割田坎、栽红苕这些农活一直是公公一个人独立完成，其他人不参与。懂事后，我试着努力去学习公公的待人做事之道，感觉至今依然是在起点，只能远远地望见公公的背影。公公在离开我们的前一个冬天，他独自一人慢慢地把我家的荒山杂草全部清除，以待来年种树。人已逝，那山如今已是满目皆翠，树木已成参天之势，独步林中，神清气爽。

我参加工作半年后，1991 年春天，公公离开了我们，走时上衣口袋里还揣着我工作后第一次也是最后一次给他的 20 元钱。公公的离开给我留下太多的遗憾以至终生无法弥补，也给我留下太多的财富以至终生享用不尽。2001 年的夏秋交替之季，我的一位亲戚在恩施州中心医院住院部普外科住院，同病房的一个病人来自黔江濯河坝，他叫李果，很精明的小伙子，我心中想到我太婆是在濯河坝一个姓李的地主家帮佣，于是我向他说起我幺公的事情，问他能否帮忙打听一下，小兄弟很爽快就答应了，我给李果留下我的联系方式，期望能收到关于幺公的消息。

2002年春夏交替之季，我陪同北京的一位记者朋友到武陵山区采风，一路同行的还有在恩施工作的东哥，加上司机一共四人，从恩施出发经宣恩到来凤，从来凤进入湘西龙山，过永顺，经古丈到达吉首，然后折返从花垣进入重庆秀山，经酉阳到达黔江，最后从咸丰返回恩施。在经过黔江濯河坝时，我们停车打探幺公的消息，我只知道李果的名字，不知道他家在什么地方。在濯水派出所的帮助下，找到了李果兄弟的家，他的父亲告诉我李果出院回家后第一时间就把这事告诉他了，他正在四处寻访，并且还去了一趟马喇湖，其间找到一个龚姓人氏，经他判断排除了。当年深秋之季，我收到李果父亲的来信，信中告诉我一个好消息，说找到一龚姓人氏，极有可能是幺公的后人，并且附上这位龚姓人氏的自我陈述。李果父亲建议我找时间过去相认并留下联系电话，我打电话告诉李父，年底前我一定过来，并与这位龚姓人氏电话沟通，初步断定是我的姑姑。在腊月的某天，我与弟弟鱼从恩施出发，经过两次转车到达黔江濯河坝集镇时天已黑尽，然后租车去那位姑姑家，到达时已是晚上九点多。我们租的车是一辆双排座轻型货车，当时也只有这一辆车，仿佛是专门在此等候我们的到来，车沿濯水右岸的高山蜿蜒而上，快到山顶时看见一束手电光柱照向我们的方向，姑姑早已在公路边等候多时，当夜畅谈至凌晨两点仍无睡意，后在姑姑的强迫下才就寝。

留在黔江濯河坝的幺公也是受尽磨难。太婆帮佣的李姓地主是当地的富户，现濯水古镇的老房子有一半是这户地主家留下的遗产。幺公于20世纪70年代初去世，何时成家我已记不太清楚，有一个叔叔终身未娶，也已离开我们多年，只留下儿孙满堂的姑姑静静地等待娘家人的消息。姑姑告诉我们，幺公一直在四处找他的母亲和哥哥，只知道母亲和哥哥去了湖北，但不知道去了湖北什么地方。幺公带着我的叔叔访遍了酉阳靠近湖北的大小乡村，希望找出一点线索来。20世纪60年代幺公和叔叔曾经从酉阳走到来凤百福司、漫水乡村访寻，曾在一龚姓人家驻足等待消息，久等无音而返乡。回家未几年，带着思念、带着失落、带着渴望离开了人世。不知幺公的驻足等待与百福司镇荆竹堡龚家托人捎信过来要公公去认亲那次是否是同一次，如果是同一次，就真是一次天大的缺失，任时光倒流也无法弥补。

2003年大年初一，姑姑与姑父带着他们的孙子来到曾家界，回到梦里寻了千百度的娘家，见到了在老家固守的哥哥——我的父亲。姑姑在曾家界做的第一件事情就是带着从黔江采购的香蜡纸烛去太婆、公公、婆婆坟前焚香烧纸，长跪磕头替幺公圆梦故里，告慰幺公和叔叔的在天之灵，我们终于在一起了。

姑姑与姑父不辞辛劳，用双脚丈量这片早已深入骨髓的热土，到元堡庄、上坝沟与她的姊妹相认，去螺丝塘与龚氏族人相聚，到锁洞看望她的侄女侄儿，因为我而来到恩施，最后满载着迟到的幸福回到濯水宁静的水市乡村。

2003 年“非典”暴发最为严重的时间段，我在北京中央民族大学原干训部楼复习备考即将 5 月举行的母校（民大）博士招生入学考试，后因“非典”推迟到 7 月开考。这期间接到两个温暖我心的电话，一个是外甥女打来的，另一个就是姑姑打来的，两个电话都是告诫我要小心“非典”。姑姑在电话中是千叮咛万嘱咐，言语中能感知我在她心中是多么的重要和特别。完成了所有大事的姑姑身体突感不适，2004 年因癌症追寻祖先而去，此生再无遗憾事。

（2015 年 8 月于伦敦）

求学记

启蒙的小学

我8岁才上学，也就是1973年秋，还是老师当年夏天去我们村庄逐家上门动员才成功。当时达到上学年龄的有7个小孩，曾家九孃（姑）最大（12岁），其次是曾家五姐（11岁），然后是我的姐姐和曾家满孃（10岁），最后是曾家幺孃、曾家老学和我，我们三个同年，曾家老学大我一个月，我比曾家幺孃小一天。老师好说歹说，最后家长们也只同意曾家幺孃、曾家老学和我当年秋季去读书，其他四位女孩一生与学校无缘。

在我7岁那年春天，我与我的学校有过一次相遇。那个时候我们生产队家家户户打米（稻谷脱壳）要去一队（拦马山），一队是大队部所在地，榨油的碾房、打米的机房都在那里，学校就在去一队的路中途（二队）。我跟着村里打米的大部队（由村里的老人和小孩组成）去玩，去时，学校还没有学生，我很好奇地围着那栋石头房子转了一圈。返回时，学校正在上课，经过教室门口，门当时没关，突然到达门口，一下子看见这么多不认识的人，吓得我拔腿就跑，从此对学校心生几分畏惧。

我的幺姑父是小学老师，他当时在第四大队（大堰塘）麻园寨教学点教书。1972年暑假，他因事要找我小学的潘老师，他带着我一起去潘老师家，当时潘老师问我几岁，我自己都不知道，是我幺姑父代答。潘老师说7岁可以来上学了，他接着要我数数，我不知道什么叫数，也不知道如何数。当着潘老师的面，在我幺姑父帮助下，我可以从1数到10，10以上不会。在回家的路上，我的幺姑父一直不停地教我数从1到100的数，数到我家的大门口时，我仍然只会念1到10的数字。我的幺姑父当时是什么心情，我已全忘记。这应该算是我的学前启蒙。

8岁那年的秋天，我与曾家幺孃、曾家老学一起去学校上学。从我们村去学校要先下一座山，然后上一座山，再从此山的另一面横过大约2公里就到了我的小学。我的小学叫南马山村小学，也有叫拦马山村小学的。学校只有一栋石头垒成的瓦房，四间房子，其中三间教室，两大一小，还有一间小房是老师的办公室，房子南头有一个泥土坝子与第二生产队的岩院坝（青石板铺成用于晒粮食）相连，是学生课间的天堂，也是大队召开群众大会的地方。岩院坝的南边就是第二生产队的集体屋，也是石头垒成的瓦房，与我小学的房子差不多大，但高度高一些，墙体里外用石灰粉刷成白色。

报名那天，家里大人给了我们每个人报名费，具体多少记不清楚了，包含书本费和学杂费，不会超过2元钱。没有大人护送，我们三个结伴走到学校，我们把钱交给覃老师，报上自己的名字，老师根据发音给我们每个人登记在册，然后就一路玩耍回到自己的村庄。这也是我小学唯一一次交齐书本学杂费，小学毕业时，我仍然欠学校的学费。从报名当天老师的眼神和问话来看，感觉覃老师特别关心我们三个。一是我们村到学校的道路是最难行走的，也是距离学校最远的生产队。二是我们村最穷，好多年已没有学生上学，我们填补了空白。当时学校只有两个老师，覃老师和潘老师，覃老师是覃家界人（五队），潘老师是潘家院子人（二队），都是民办教师，也是我们大队最有文化的两个人。当时学校只有四个年级，五年级要去四大队的村小就读，那个学校老师多一些，学校也大些，当然也远得多。教室只使用两间大教室，小的一间闲置。每间教室装两个年级，每个老师也负责带两个年级，中途不换人，从一年级带到四年级，当时是这样安排的。

覃老师是我小学的启蒙老师，他当时带一年级和三年级，潘老师带二年级和四年级。每个教室分成四个组，一个年级两个组，我们一年级当时是靠教室门边的两个组，没有课桌，我们是四个人共用一块长木板，木板一头置于窗台上，另一头用石头垫起来。二年级下学期的时候，来了一个姚老师，是从县城来的右派。多了一个老师，那间闲置的小教室也用起来了，格局发生了变化，五年级就在本校就读，不用去四大队的村小就读。这样一年级独立成班使用小教室，二年级与五年级编成一个班，三年级与四年级编成一个班。姚老师吃住就使用老师们的办公间，老师办公改在教室进行。四年级时还来了一个李老师，也是民办老师，他是在姚老师走后来到的，不到一年又离开去了五台乡中心学校教初中，后来顺利转成了公办老师。我上五年级时来了一个周老师，补李老师离开后的空缺，也是民办老师，是我大队第一生产队（周家院子）的人，刚从来凤县第二中学（旧司中学）高中毕业，成了学校文化水平最高的老师，安排他教五年级和二年级，依然是一个教室两个年级合班。

我的第一个书包是我父亲当瓦匠时缝制的一个青色单肩布包，可以斜挎肩上，包的底部一只角破了一个小洞，我的婆婆（奶奶）用线缝上一个补丁。虽然偶有秋霜，但秋天还不太冷，我们三个小伙伴都是赤脚上学，放学后赤脚上山砍柴和放牛。曾家幺孃和曾家老学他们的家庭条件相对比我家好些，曾家幺孃家有姨婆、曾家八孃、曾家九孃三个人参加集体劳动，姨公年纪过60，在家做家务，曾家老学家有他的父母、曾家四姐、曾家五姐四个人参加集体劳动，而我们家只有我的父亲和奶奶参加集体劳动。深秋之时，经常秋雨绵绵，曾家幺孃和曾家老学已经穿上两件衣服和胶鞋（马口胶），而我还得赤脚单衣坚持一段时间到初冬才有鞋可穿。特别是深秋霜起，大地被薄薄的白霜覆盖，赤脚迎着东升朝阳上学，刚开始每踩一脚，霜上都会有一个写意的脚印，继续行走，随着脚掌温度一点点下降，脚印在霜上消失，到学校时，一双脚如红萝卜鲜艳，坐在教室等太阳攀升到一定高度，双脚的皮肤就会恢复本色。上四年级时，潘老师教我们班数学，课堂考试考完后老师就在教室改卷，我们学生多数就站在老师后面看老师阅卷，少数在教室打闹。我是站在老师后面的其中一个，冻得我浑身抖个不停，潘老师身体都感觉到了，发现是我在他身后，他马上不让我看阅卷，命令我赶快跑起来。记得有一年，我上学只有一双我七孃给我做的棉布鞋，下雨和下雪的日子就只能赤脚到学校，然后在教室等脚晾干再穿上，放学后把棉鞋挂书包上，依然赤脚回家。

那个时候虽没有幼儿园进行学前训练，但课堂秩序很好。老师用大约一半时间教我们，然后另一半时间让我们写作业，他要教另一个年级。只有语文和数学两本书，一年级时还发了一支铅笔、一个写字本、一个数学本，第一次的名字都是老师帮忙写上。印象深刻的是语文课本，第一面是毛主席的彩色画像，画像下面是毛主席万岁五个字加一个感叹号，第二面是天安门，也是彩色的，下面是中国共产党万岁七个字加一个感叹号，第三面开始是拼音字母，a、o、e，以此类推。我的第一堂课只学了一个字“主”，老师在黑板上很耐心地教我们笔画的先后顺序，然后要我们用手指在当作课桌的木板上面默划，练习得相当熟练了才让我们在本子上写，轻易不让我们用写字本，因为这个本子要用一个学期，老师必须帮学生控制本子的使用进度和时间安排。“毛主席万岁”五个字我们学了一个星期，“中国共产党万岁”我们也学了一个星期，然后开始学拼音字母。数学是如何开头的，我没有了任何印象。

我们三个人风雨无阻，天天上学，并且经常是到校最早的学生。冬天下大雪或结冰的时候，老师不让我们去上学，担心我们在路上出现危险，但我们仍然坚持去，每次顶着风雪到达学校，老师和同学的眼神让我们感觉自己真的很英雄。只是有一次结冰，路上的冰确实太厚，本村与外界隔绝了好几天，我们三个就没有去上学。一年级时，我们三个集体逃过一次学，老师在放学的时候宣布第二天期中考试，要大家早点到校，回家后，我们告诉家里大人要期中考试，大人又嘱咐了一番，让我们感觉期中考试有点像上战场的感觉，第二天我们三个在上学的路途中停下了，下山后就不再上山，在两山之间收割了的玉米地玩了一天，然后回家。我们还是太嫩了，村庄里的大人从我们的眼神中就看出问题了，只三两句话就让我们坦白了，大人很严肃地警告我们，说以后再发现我们逃学就会狠狠地打我们家伙（揍人）。期末考试前，家里大人一再强调必须参加考试，我们也不敢再犯，有如身后有支督战队，只有硬着头皮上。后来，我与曾家老学在二年级春季学期逃过一次学，那天上学路上雨下得实在太大，我两个都把裤腿挽到膝盖以上，差不多到了大腿根部，虽然戴着大斗笠，但雨水仍然浇湿了上衣的下半部，下到山脚，我两个都不想冒雨继续前行，于是在路的右边找到一个岩凹凹，刚好可以躲雨，里面还有干燥的蕨物质（上年的蕨草）可以垫地上，柔软温暖，躺上面很舒服，曾家幺孃经过时，我两个屏住呼吸以免被发现，然后就在岩凹凹里吹牛等曾家幺孃放学归来，然后一起回家。哪知道曾家幺孃没到放学时间就回来了，我两个只好与曾家幺孃一起回村庄。原来是当天到校的学生很少，无法开课，老师就让同学们都回家了。我们两个嘱咐曾家幺孃千万别说我们两个逃学了，她也同意做到。村里大人们见我们回来这么早，我们就说学校提前放学了，大人们不相信，说我们肯定在路上逃学，又在撒谎，就开始骂我们，曾家幺孃经不住大人们的围攻，就老老实实坦白了，最后她轻松了，我两个就惨了，大人们骂够了又开始取笑我们两个，还不如一个女孩勇敢。从此后，小学阶段不再逃学旷课。但一直想不通人为什么要躲雨，天干旱时人们不是很期盼下雨吗？为什么要躲？太阳也是，人们也喜欢躲，特别是夏天，不过冬天时人们很喜欢晒太阳。但老师又告诉我们，只有经过日晒雨淋才能长成厉害的人，要我们风里来雨里去，不怕风吹雨打。后来初中了，才知道这是比喻，就是要不怕困难的意思，叫磨炼。

一年级上了半学期，我也不知道学了什么，只知道每天吃了早饭要去学校报到，然后玩到下午放学饿着肚子回家。有时候老师家里农活忙，让我们只上半天就放学了。我一年级的同桌是三位同学，因为我们一块木板是四个同学共同使用，这三位同桌还是一家的，比我大一岁的屈德志坐我右边（靠过道），过道的另一边就是三年级使用的木板了，我的左边是他的弟弟屈德全，他的大姐屈祥云坐在屈德全的左边（靠窗），屈祥云的书在下大雨的时候常被飘雨打湿。我们关系很好，家里的上两辈人关系也很好，龚、屈二姓在当地都是小姓，在 1949 年以前，两家人就互相关照。我们家庭条件类似，在生产队都属于最穷的家庭。他们家住覃家界，覃家是大姓，只有两户姓屈。屈德志之前读了一次一年级，他姐姐和弟弟来上学，他就留了一级，与他姐姐和弟弟同班。

期末考试时，我不会写我的名字，我的姓我就比照老师在我书本上的签名画了下来，屈德志帮我写后面两个字，因为我中间的字与他名字最后一个字是一样的，我后面一个字与他姐姐名字中间一个字是一样的，他都会写。考试题目由老师写在黑板上，每个同学发一张白纸答题。除了名字，我全部抄袭我同桌屈德志的答案，他的姐姐和弟弟只抄一部分，因为距离比我远了一点，如果屈德志不让我抄袭的话，我只能考零分。结果，与屈德志一样，我的数学、语文都得了满分 100，他的姐姐和弟弟没有考满分，曾家老学和曾家幺孃都只考了 80 多分。我们那个时候没有取成绩单一说，老师在课堂上宣布一下分数，就算本学期结束了，也没有假期作业，下学期何时开学由老师开学前去村里通知并进行家访。回到村里，大人自然会问我们三个各自考了多少分，然后都说我能读书，其实我心里清楚，曾家老学和曾家幺孃可能比我强，只是他们旁边没有厉害的留级生帮助。我记得班上另一个上了三次一年级的叫王天才的同学语文数学也考了满分。村里最高兴的人是我父亲，我现在都还能感受到他看我的眼神给予我的力量和对我的期盼。人的潜能确实需要他人帮助才能激发出来，从那以后，真的似有神助我一样，一年级下学期开始我就什么都会做了，成了班上的优等生。到如今，我仍然相信是神仙帮助我，但也有人认为是大脑思维突然开窍的原因。二年级时，我与天才同桌，这个时候我就开始帮助天才和德志两位同学了，平时课堂作业时，他们开始抄我的答案了。

小学五年光阴，我的学习成绩总体上一直很好，但在三年级时下降比较厉害，秋季学期期末数学没考及格。覃老师是我的启蒙老师，家里大人告诉我，我要叫覃老师为表公。覃老师一直教我们到三年级，然后他又去教一年级，他脾气超好，从不打骂学生，所以，学生感觉他好欺负，慢慢地在课堂上不遵守纪律了，与前后桌同学搞小动作，覃老师也只是提醒。有一次我们做得太过，影响了正常教学，他也只是把我们几个瞎闹的学生叫到教室前面站了一节课。四年级换成了潘老师，他对学生严厉，我们非常怕他，所以在四年级时，我的成绩又上升了。由此观之，严师出高徒是有道理的。五年级时，由周老师教我们，他刚从来凤旧司中学高中毕业，教学方式与其他老师有些不一样，爱笑，喜欢与我说话，谈论他的高中生活，我心向往之。那个时候开始有的确良、的确卡衣服，当地人把这样的服装叫动动货，一般人家买不起，估计是这样的裤子和衣服穿在身上，风一吹会随风飘动的原因。“上也的，下也的，左手戴的一百一，裆里夹（ga）的一百七”，这是当时社会上流行的顺口溜来描述有钱人的生活，意思是衣服裤子都是的确良和的确卡的面料，左手戴着上海牌手表，出行骑的永久牌自行车。周老师经常穿这些面料的服装，我非常羡慕，做梦都想有这样的高级服装。冬天很冷的时候，教室里面烧火取暖，一般烧两到三堆柴火，同学们围着火堆学习，这时周老师会与我坐在一起，我一边听他讲他高中上学时的故事，一边看他用火烧他开线的裤脚边，然后看这些线融化卷成一团。

小学毕业时，我们年级只有 16 个人。升学考试是绿水公社教育站命题，全公社统一考试，我考了全公社第 16 名，我们班有一个叫周水香的考得比我还好，应该是前十名。周老师在我们毕业后就辞去了民办老师的工作，可惜没有坚持到最后，有时候意志力真的决定命运。不过那个时候民办教师待遇确实低，养不了家，实行家庭联产承包责任制，分田到户后，覃老师也是因为待遇低退出了民办教师队伍而回家种地去了。

毕业聚餐改由潘老师组织我们。毕业聚餐需要钱，潘老师帮我们班联系了从大天坑到岩口这一段正在建设公路的石方，我们的任务就是到处找石头，然后靠我们的双手把这些石头运到公路边堆成正方体或长方体，最后建设方测量后付给我们工钱，我们班干了一个星期，然后用这些钱买酒买肉买菜，在潘老师的家里举行毕业聚会。我体质一直较弱，加上工地离我家又远，干完活回家时天快黑了，走在路上，我特别害怕，干了一天就放弃了。聚会之时我没钱交聚餐费就不能参加，我的父亲在聚会当天早上就去给潘老师交了一元钱，我才有机会聚会。覃老师和潘老师参加了聚餐，另外请了大队书记，一共两桌。那一天，我喝了人生的第一口酒，60度，太辛辣，吐了，酒是来凤大曲，由来凤县糖酒厂生产。

我们小学的课间活动项目超简单，就是在教室里外嬉闹和在泥土坝子奔跑。大概在我读三年级时，学校买了一个足球，全校学生都抢这一个球。我有幸抢到一次，赤脚踢了一次，疼死我了，从此不玩足球了。四年级时，学校把泥土坝子东南边的一块土地平整出来，请木匠安装了两个木制篮球架，买了两个篮球，从此开始有篮球比赛进行。我们也有体育课、音乐课、美术课。体育课一般也是做游戏，比如跳房子、抓羊等，也玩摔跤，篮球出现后，开始练习传球投球。美术课好像是从三年级开始开设，没坚持多久就不开了，我印象中老师在黑板上画了一次碗和花。音乐课开设的时间比较长，在那个年代唱的都是革命歌曲。我学的第一首歌曲是《东方红》，第二首是《我爱北京天安门》，第三首是《大海航行靠舵手》，至今我也只能完整吟唱这三首歌曲，后来还学了《三大纪律八项注意》《赤脚医生》《我是公社小社员》等，现在已经唱不全了。那个时候把民间吟唱的山民歌称作黄色小调，是登不了大雅之堂的，只能是在放牛和砍柴时哼唱几句。

我们上课纪律相当好。刚开始学校是吹哨子告知同学和老师上下课时间，后来找在我们大队地盘勘探的湖北省第二地质大队赞助了一小段钢管，用铁丝串起挂在老师办公室的门外，敲击钢管代替了哨声，声音洪亮悠长。上课开始时，老师站在黑板正前方，由高年级班长喊全班起立，然后同学们一起高声唱读毛主席语录“好好学习，天天向上”，下课时也是一样的仪式，但唱读的毛主席语录改为“团结紧张，严肃活泼”。放学时也是秩序井然，在第二生产队的岩院坝站队，放学离校回家的路线有三个方向，一生产队是一个方向，三、四生产队是一个方向，五生产队是一个方向，二生产队分属于这三个方向的都有，所以站队一般排成三队，低年级站前面，队形整理好后，由老师训话，强调在路上不能踩踏庄稼，不能欺负同学等，最后有可能是唱歌或高呼一段毛主席语录，然后列队离开学校。一般情况，只要脱离老师的视线范围，高年级学生就会超越低年级学生，开始狂奔一段路程，在气喘不已中慢下来，最后饿着肚子各自走向自己的家。我们四队刚开始只有 3 个学生，第二年又增加了两个，我的大弟和曾老富，我小学四年级时，又增加了我的小兄弟、曾家大妹、曾家二妹和曾家老明，学生数达到 9 个，从此，我们生产队放学时单独站成一队。

我小学时代处于“文革”后期，政治运动虽然没有社会上激烈，但在教学中和课本上都是有所体现的。语文课本第一页都是毛主席语录，每个学期的内容不一样，老师都要求我们背诵下来，集体活动时如果主持人要求大家背诵，参与集会的同学必须能背诵。三年级时，老师开始教我们写作文，第一篇作文是批判“阶级斗争熄灭”论，老师也没有说如何写，就只说今天下午写作文，毛主席教导我们千万不要忘记阶级斗争，要求 100 字左右，全班都不知道如何写，老师给了我们几张看过的报纸，互相传阅，然后就坐在教室讲台的一侧抽他的旱烟去了，当地叫叶子烟或草烟。我最后在报纸上找到一段关于阶级斗争的话，抄写在作文本上就算完成了作业。印象中小学作文没有写过散文、记叙文，都是写与政治有关的文章，到后来就是写打油诗。在三年级的时候，我们有一个学期没有教材，老师和同学天天盼教材快发下来，但到期末放假也没有等到。数学是如何上课的我忘记了，那个学期语文课一直背诵的是《长阳山歌选》，长大后才知道长阳是湖北省的一个县，歌词内容也是政治性的东西。

在这里有必要说一下姚老师。姚老师是我上小学时唯一的一位公办老师，可惜无缘受教于他。我的大弟、曾家老富就是幸运者，他们在一年级下学期时姚老师就来到他们班上。1975 年春天，姚老师来到我们村小，还带来了他的女儿姚姑娘，姚姑娘插班到我们班上，三年级时她的座位在我的前面，所以我至今还记得她。姚老师的老伴早已去世，他独自一人带着女儿过日子，后来知道他还有一个大女儿已出嫁，她曾带着姚老师的外孙来探望父亲，住了很长时间，我想那段时间姚姑娘应该是最幸福的时候，因为一家人在一起。姚老师自己种菜、自己上山砍柴、自己去潘家院子挑水，生活相当清苦。他曾经去过我的村庄家访，知道我的村庄是最偏远的，上学之路艰难。有时候，他煮面条时，特意多煮一些，然后叫上我的大弟和曾家老富去他的住处（那间小办公室）吃面条，在放学回家的路上，听得我口水直流。当然吃面条的事不可能经常发生，姚老师自己也非常困难。有一次我们班上音乐课，姚老师班上的曾家老富假意要上厕所，跑出来躲在姚老师的柴火里面听我们班唱歌，柴火就堆放在我们班教室的窗户边，在和煦的阳光下，曾家老富在欢歌声中入睡。姚老师发现曾家老富还没回教室，就去厕所和其他可能的地方寻找，最后在柴火里面发现了，他抱起曾家老富放在他的床上，让他继续睡觉。1976年，姚老师带着他的女儿去五台乡中心学校教书。那年的大事实在太多，周恩来、朱德、毛泽东相继去世，然后是“四人帮”垮台，我们学生胸前佩戴了好几次清明纸扎的白花。

我的小学没有现在小学生的课程负担，作业都是在课堂完成，没有家庭作业。从二年级开始，我们都要参加生产劳动，一般是上午劳动，下午上课。学校旁边的两座山都是学校师生开荒种的玉米，在学校房子的四周种有蓖麻，后来还在一块相对独立的土地上进行杂交玉米制种。春季学期最累，因为要清理杂草、挖土，然后播种、除草、施肥、二次除草，工序很多，秋季学期主要是收割玉米，运回教室，各个班开始动用双手给玉米脱粒，晒干后入库。高年级种地技术高的那几个学生暑假还要抽时间回学校给制种玉米扬花。二年级时的劳动比较轻松，一般是清除杂草，给高年级学生当助手，从三年级开始，也参加挖土、播种、施肥、除草劳动。有两年时间，学校五年级学生在农忙时还去各生产队参加劳动，支援生产，一般发生在抢种抢收时节。在我五年级下学期，学校停止种地，把整个土地移交给第二生产队。学校的玉米由高年级学生运输到公路边，然后租车运输到五台粮管所，由其统一收购，杂交玉米种子卖给种子站。有了这些收入，全校学生有好几个学期不用交学费，还有资金平整了教室的地坪，在我三年级时木板变成了课桌，终于有抽屉可以放书包了。教学楼的石头墙体得到保护，内外墙壁都粉刷成白色，教室变得亮堂堂的。

在我进入五年级时，从我们学校毕业的泽发（三队）考上了来凤师范学校，元柏（三队）考上了绿水高中，老师在课堂上兴奋地向同学们宣布这些重大消息。这个消息对我是个激励，五年级时知道了要努力学习，自觉学习从此时形成，心想如果我考上了来凤师范，我也就跳出了农门，可以到我的学校教书。1978年小学毕业，我们班只有不到十个同学取得初中入学资格，后来真正进入初中的人数还要少，年龄大一些的男生，家里要他们参加劳动，还有一个女生已经许了人家也不愿意上初中。进入初中的同学有几位没有坚持下去，中途放弃学业回家了。后来五台乡初中撤销，并入绿水中学，剩下的几位同学在初中撤并过程中也掉了下来回到农村。

悠闲的初中

1978年金秋，我进入五台中心学校初中学习。那个时候小学五年制，初中和高中都还是两年制，后来慢慢变成今天的小学六年，初中和高中各三年。从我的村庄到五台中心学校比较远，我村庄到岩口（三队）这段山间小路需要一个小时左右，杂草齐腰深，在雨天和晚上有露水的日子，我到达岩口时，膝盖以下的裤腿全部湿透，鞋子里面全是水。从岩口到达五台中心学校全部是公路，依次经过芭茅坪、大麻园寨、大堰潭、慈竹坪，然后到达我的学校所在地小坳，这段路约需要两个小时。不过，有时候也从枸皮湾到大麻园寨然后到达公路边，但我很少走这条路线，主要是穿村过寨时，狗太多，追着我狂吠不已，我实在害怕。

报名那天，我早早地起床，然后与曾家幺孃一起到达水香家，三人一起走到学校已是上午10点左右。报名时，登记造册和收取书本学杂费的老师都是一人，后来知道是聂老师。我站在他后面，当他写我的名字时，他还特意转身看了我一眼，一边写我的名字一边说"你就是谁谁谁啊"，好像认识我似的。聂老师说话的赞赏语气一下提振了我的精神，刚才长途跋涉的倦意全消。在他登记下一位同学名字时，他转身叫住我，叫我拿一个他身后放的篮球去操场打球。玩了不到一个小时，然后就与曾家幺孃、水香还有家在同一个方向的其他同学饿着肚子回家。

父亲为了我上初中，专门给我买了一双新解放鞋，也是我们家里第二贵的鞋子，第一贵的是我爷爷的大头帆布鞋子，是我的姑婆（他的姐姐）送给他的礼物。我穿着这双鞋子，每天早上六点左右出发，上午九点左右到学校，黄昏到家，有时伴晚霞有时顶秋雨，这样走读了一个月左右，难以坚持下去，身体挺不住。父亲扛着家里最好的一床被子把我送到学校，让我住校，还帮我买了一盏马灯，方便我晚上学习。学校的学生宿舍就是一间书院，也可能是曾经的文庙，可惜后来学校扩建拆掉了，失去了最古老的建筑，也少了些许清悠和书香。书院的第一层是住校学生做饭的地方，围着墙体的三面打了许多灶台，我与高我一个年级的金佑（五队）共用一个灶台，他长我一辈，我叫他佑满（佑叔），主要是他帮助我，他长我好几岁，体质比我好。下午放学后，我们要去离学校两三公里的山上打柴，当然也可以周末回家取柴火，然后用水桶去学校旁边不远的水井（其实是一个山洞）提水，开始做饭。一般只做早晚饭，中午吃早上剩下的。晚饭后，可以去学校旁边的集市闲逛，也就是一条泥土马路，两边是住户、商铺、五台供销社等，也可以打球，或是围坐在一起吹牛侃大山，也可以去教室看书学习，女生自觉性要高得多，在教室就着煤油灯写作业的，她们是主力。灶台的上方是书院的二楼，是我们男生睡觉的地方，木板的楼面，透气性好，从一楼有一个木楼梯连接，晚上摸黑上下还是比较危险的，一般是两三个同学合成一铺，每个人都只有一床被子，只有这样才能克服困难睡个好觉。做饭的时候，人千万不能待在二楼，不然柴火的烈烟会让你睁不开眼，涕泪直流。

我们初一有两个班，我属于二班，班主任徐老师教我们语文，数学老师是向老师，其他课程记不住了。当时升学考试也只考这两门课程，差不多每天都是上这两门课。班长林春海，本来是县城的人，不知道什么原因，他家被下放到绿水公社五台乡三大队劳动，他是班上个子最高的人，学习成绩很好，高中毕业后考入华中师范大学。学习委员是水香，我是生活委员，负责安排同学们清扫教室，最后由我锁门，早上我还要开门，也就是最晚离开教室还要最早到达教室。我与戴飞同桌，他家乡叫一碗水，一个很有想象力的地名。第一个月上课我经常瞌睡，从家走到学校要 3 个小时左右，实在太累，后来住校就好多了。期中考试只考语文和数学，数学我考了个第一，语文第二，两门相加我得了年级第一名，老师特别高兴，尤其是班主任徐老师，泽发初中就是他教的学生，我与泽发一个大队的，所以从进校开始，学校教我的老师对我的未来就寄予期望，我能从他们的眼神和教育我的语气中感受到力量。无奈我的身体不争气，体质太弱，经常尿床，感觉十分羞耻，虽然从小学一年级下学期开始我就十分热爱读书，但我也只好弃学回家。在期中考试过后的一个周末回家，我告诉父亲我不去上学了，他给我讲了几箩筐好话，真是从古讲到今，从白讲到黑，求我去上学。但我周一仍然没去学校，而是扛着锄头直接去“修地球”去了。

人一生中，除了家人，总有那么几个人，命中注定是你的贵人。我的幺姑爷（七孃的丈夫）就是我的命中贵人，我们兄弟几个一般叫他唐家姑爷。平时，唐家姑爷来我家，他衣服的上衣口袋总是挂着两支钢笔，这是那个时候有文化的人最时髦的装扮了。我一般都会想办法拿这些笔把玩半天，最后恋恋不舍地还给唐家姑爷。在我没上小学的时候，我就去过他教书的教学点大麻园寨，在那里我还有幸见到我父亲在刚解放时读私塾的先生，老先生独自一人居住在一间茅草房里，无儿无女相伴。我父亲要在五台乡政府所在地参加保管员培训，我胆子小，晚上一个人不敢睡觉，所以，父亲就把我交给姑父代管两天，在他那里住了两个晚上，白天我姑父上课时，我就去老先生家里，坐在火塘边看他抽烟，旱烟管咕咕直叫，烟卷抽得嗞嗞响，飘逸的白色烟雾从他嘴里往外冒，老先生的眼睛时睁时闭，浑然无天无地无我的境界。放学后，姑父挖洋芋，我就帮姑父捡洋芋入筐，劳动过程中他还不忘记给我讲些故事，让我笑起来。晚上尿床，他丝毫没有怪我，只是我自己觉得难受，感觉做错了事。我小学三年级第一学期期末考试，数学成绩只有 50 多分，春季学期的某一天，他来到我家，吃过晚饭后，他问了我许多学习上的问题，问我数学主要是哪些问题我不明白，然后他就给我出了几道考试题，这些题目的内容刚好是我不会做的题型，心中实在恼火，有点后悔告诉他我的真实情况。最后在摇曳的煤油灯下，我翻书也只做对了一半，不过唐家姑爷很是高兴，很耐心地给我讲解题型，一直到我听明白，然后再用类似题型检验我是否真的明白。最后他送我一支新钢笔，还附带一瓶墨水作为奖品，鼓励我努力学习，不要辜负爷爷、奶奶和父亲对我的期望。这支笔我一直用到小学毕业，可惜没有保存下来。后来，我姑父还去王家湾教学点教书，我上初中时，他调入旧司公社新乐乡中心学校教书。

就在我辍学的第一天，不知道什么原因姑父来到我家。黄昏时，我扛着锄头从地头到家时，姑父在我家正与爷爷拉家常。晚饭后，我如实述说我不想上学的原因，最后父亲给我两条路选择，一是继续去五台中心学校读书，二是去唐家姑爷家，到新乐乡中心学校上初中。就这样，我跟随姑父来到新乐乡中心学校，吃住在姑父家里，父亲去五台中心学校取我的被子直接送到唐家姑爷家。姑父家兄弟四个，住房十分紧张，七嬢就在她的床头用两块木板给我支一张床，晚上可以唤我起床上厕所，免我尿床苦恼。七嬢家距离学校有 4 公里的路程，都是平路，不用上下坡。但七嬢家的家务事比我自己家要繁重，平时放学后砍柴去沙园黑山一带，偶尔也去较远的红口，那里山势陡峭，刚开始我空手都不敢快步行走，一年以后也能呼啸着上山下山，周末砍柴要去更远的大河公社伍家沟，很远的地方，对我来说，体力使用到了极限。非常感谢同班同学唐老大的帮助，他体壮力大，经常帮我把柴砍好，我只管扛着回家，扛不动时他还返回来接我一程。也正因为这繁重的劳动，锻炼了我的耐力和坚强，使我更加能够感受家里大人的劳苦艰辛，成了我努力学习的一个力量源。同时我还得想办法找空闲时间学习，这就使我学会了如何分配时间，一切都在掌控之中。

新乐中心学校规模与五台中心学校差不多，但他们师资力量强些，开设了英语课。我一去就赶上学校的期中考试，比五台中心学校晚了一周，英语我考了零分，创下我求学生涯的新纪录。不过等到初一年级结束，我英语在全年级第一。尽管这样，我还是留了一级，继续上初一，主要是等体质强壮起来不再尿床。我在七孃家住了一年半，学校要求初中生住校学习，我又一次开始胆战心惊地住在学校，继续尿床，没能坚持多久就回家了，不想去学校读书。这一次我父亲特别生气，他用木棍子赶我去学校，我不去学校他就真的要揍我，我背着书包流着眼泪走上去学校的路。父子连心，我的父亲对我还是放心不下，怕我像母亲一样走极端，安排我的两个弟弟不去上学，在后面跟踪我，最后我的两个弟弟被我的行为惊呆了。我在林区的防火线正中烧掉了我的书包和课本，然后三兄弟在防火线上玩到天黑才回家。第二天是我的爷爷哄着我陪我去学校，重新给我买书包和书本，晚上与我一起住在学校，我上课时他就给我做饭，最后看我情绪稳定了才回家继续种地。我给家里增添这么多麻烦，家里大人操太多心，我内心也有一种负罪感，最后在初二上学期期中考试以后，我就不住学校了，坚持住在家里，又一次开始长途跋涉的漫漫求学路。每天清晨从山上的云端深处走到学校，傍晚回到云端的大山深处。追阳关伴风雨，饥饿与疲劳、恐惧与胡思一路如影随形。这次的上学路线全部是羊肠小道，单程需两个小时，翻过我家房子后面的大山，然后一直下到山脚，顺着山脚右行十分钟就到了新乐中心学校，有超过一半的路程是在森林里行走，虽有几分害怕，但总比住校受尿床的折磨要好。放学回家的路真的是艰难，90%全是爬坡，又饿又渴又害怕，特别是冬天，天色渐渐暗下来，心中想快步行走而腿不给力，还要穿越两片坟地，好几次由于老师拖堂而在路途中天就黑了下来。初二第一学期旧司公社统一考试，我数学考了第一名，新乐小学王校长在大会上表扬了我，评上了“三好”学生，取成绩单回家，村里覃书记正好在我家，他认真地看了我的成绩单，给予我相当多的赞美。胡家坪林场守山员张大伯经常住我家，他认为我将来肯定有出息，他的话让我的家人很高兴，对我也是一个鼓励。寒假期间，张大伯安排我为林场挖窝子，来年雨水季节植树用，一个窝子四分钱，我每天完成100

个，他说我挖的窝子不用检查，质量绝对没问题，数量我自己报数，充分相信我，我确实也做到了。来年雨水季节植树，质量和数量都没问题。人与人之间的信任是多么的重要，可惜这种活不是很多，那个年代挣钱的机会很少。

在新乐中心学校上完初二就算初中毕业了，也没有升学考试，下一步去哪里，学校没有说，我们也不知道。快到秋季入学的时候，唐家姑爷来到我家，到我家时天已黑尽，他来通知我第二天去旧司中学参加考试。第二天，我与唐家姑爷一起下山，他去新乐小学，新乐中心学校初中部撤消，学校名称相应变更。我与同班同学昌发一起去旧司中学赶考，昌发也是我的亲戚，他的外婆是我的姑婆。当我们到达时，同考场的其他同学已坐在考场安静地等待试卷，我找到我的座位，但已被一个与我同名同姓的同学坐上了。监考老师没有办法，只好重新给我支一张课桌，坐在最后面考试。考试科目简单，只考语文和数学，考完后，大家都在旧司中学的操场等待结果，这次考试是旧司教育站负责组织的，具体负责人是向老师，后来我才知道向老师是我婆婆（奶奶）的叔伯兄弟，我应该称他为舅公。这次考试的目的是撤并乡（也叫小乡，现在叫管理区）一级的初中，整个旧司公社（大乡）只设一个初级中学，初中由两年制改为三年制，原来旧司中学的初二学生上初三，我们小乡初中的初二选拔上来的继续上初二，与旧司中学的初一学生并班，相当于我们是插班生。从这一年开始，国家规定初中、高中均由两年变成三年。下午五点，考试结果终于出来了，我和昌发都考上了，可惜那个与我同名同姓的兄弟落榜了，他后来成了理发师，初中期间，他曾免费给我理发一次，他开玩笑说自己给自己理发不用收钱。

旧司中学也叫来凤县第二中学，简称来凤二中。学校距离我家路途遥远，父亲扛着我住校所需的行李一直把我送到学校宿舍，看我安顿好了，他才打道回府，我心中担心父亲天黑前能否赶回家。

学生宿舍是一间大教室，我们班所有男生都住在这间教室，分上下铺居住。这次住校不用自己生火做饭了，但需要自己带粮食，需要每个月向学校总务科缴纳 4 元 5 角钱菜钱就可以了，自己在学校买一个土陶的钵并记住上面的编号，把每餐自己要吃的粮食大米、玉米或其他杂粮等淘洗干净加上合适的水放在学校伙房指定的地方，然后学校用蒸气统一蒸熟，吃饭时间去拿自己的饭排队打菜，一个月吃一次肉，平时的菜是白菜、萝卜、南瓜之类的蔬菜，食用油太少，谈不上可口。有两条河流在学校旁边汇合，那个时候我们直接用河水淘米和煮饭，河水清澈见底，饮用安全。最担心的就是天下大雨，河水泥沙俱下，混浊的河水淘米，泥沙饭确实难以下咽。星期六上半天课就放假，方便同学们回家取粮食，我每个周末都要回家带粮食，初二那年家里大米不够吃，我还要带部分玉米粉、土豆之类掺混。后来我的婆婆（奶奶）找我的舅婆（婆婆的弟媳）商量，用我们家的 100 斤玉米交换他们家的 100 斤大米，让我可以完全吃上大米。其实我婆婆的娘家也很困难，但从来没有忘记我婆婆这边的困难。长大后听别人说起一件事，就是我的舅公向老师曾经来过我家动员他的堂姐也就是我的婆婆让我的七孃去上学，他还为我七孃买好了练习本和铅笔，可是我婆婆担心我七孃上学去了，家里的牛没有人帮忙放。最后，我舅公也只能一声叹息，无功而返。

进入旧司中学学习，才让我真正感到是在学习，上午四节课，下午两节课，晚上还要在教室自习，时间上紧凑，行动上紧张。课程一下子多了物理、化学、历史、地理、生理卫生五门课。原来的学习处于半玩状态，现在要适应一种全新的方式。电力基本上有保障，一周有大约两个晚上停电，然后我们就两张桌子拼在一起共用一盏煤油灯学习。初二年级时我与代祥同桌，他也是从小乡初中选拔上来的，重读初二，学习认真刻苦用功，为人厚道忠诚，初中毕业后去恩施高中上学。初三年级时与殿州同桌，他是我们班年龄最小的，他相当聪明，就是学习不认真，上课总是干扰我，但上高中后就像变了一个人，开始认真学习，成绩一直优秀，后考入华中师范大学。

我上初中的三个学校都有劳动课，但劳动内容不一样。在五台学校上学时间不长，不到两个月，只参加一次劳动课，翻过大坳林场所在地去一座大山的山脚名叫小溪沟的地方给学校扛木板，我力量小，只能扛一块木板，但也让我通体湿透，累得散架。在新乐学校的劳动课，记忆深刻的有两次。一次与五台学校的劳动课类似，去纺车溪给学校扛木板和木头，修建学校的礼堂，可能是体力增长了的原因，轻松了许多。另一次是捡茶籽，就是在生产队已经采摘过的油茶林里找寻没有采摘到的茶籽，一共 3 天时间，规定有具体任务，我干了一天就放弃了，我确实发现不了什么地方有茶籽。旧司中学的劳动课比较固定，每周一次，一般安排在下午进行，由劳动委员带队，一般就是打扫校园卫生，但也种了一块地，主要是种南瓜、辣椒和萝卜等。

我体质仍然较弱，还是经常尿床，又不好意思晾晒被子，坚持了一段时间，我又一次逃学回家。走到家的后山，不敢继续向前，就躺在路边一块大石板上睡觉。我未上小学之前，唐家姑爷曾把他的钢笔藏在这块石板下面，让我去寻找，找到后也不送给我，很是折磨人……胡思乱想中渐渐入梦。睡意中感觉有人在我旁边，睁眼发现是唐家姑爷。事情就是这么巧，这次逃学第一天他又来到我家，他把我带回家，我婆婆给我和他做饭吃，饭后他去了我的小学，原因是新乐小学教材不够，他是来问询我的小学有无多余教材可以支援一下，事后他就直接回新乐小学了。我很害怕父亲揍我，在父亲还没有回家之前，我就躲藏起来了，在邻居家的猪圈楼上住了一晚上，又冷又饿。天亮后回家找吃的，只有我婆婆一人在家，也不知道父亲去了什么地方，婆婆要求我别在外面躲藏，就在家里睡觉，莫让大人担心。晚上，父亲回来了，什么话也没说，安静地吃完晚饭。饭后，他递给我一封信，说是班主任写给我的，让我自己好好考虑，读不读书由我自己决定，他不再强迫我。信写得比较长，有足足 5 页信笺纸，原来我父亲这天去了我的学校。信中内容从家里到家外，从过去写到未来，班主任对我的家庭很了解，难为她能安静听我父亲述说。我阅后为之动容，想来想去还是上学吧，身体也许慢慢会好的，为了自己为了家，坚持吧！晚上睡觉躺在父亲的身后我暗下决心，流着泪慢慢入梦。

天亮，我主动告诉父亲，我继续上学，保证不再逃学。父亲的喜悦从他看我的眼神里流露出来，他把家里仅有的 30 元给了我，我坚持只要 5 元，因为家里每个月给我 5 元钱，4 元 5 角交学校总务科，剩下 5 角用来买纸和笔。父亲坚持要给我，看父亲的眼神和语气，我要是再拒绝父亲，他会泪流满面，我赶快接受并装进自己的衣服口袋。这笔巨款让我很有负担，主要是担心丢失。我依然是每个月 5 元开支，一直坚持按月用完这笔钱才向家里要钱。那个时候刚分田到户不长时间，家里粮食够吃了，但现金仍然短缺，就算粮食有节余也卖不了钱，国家仍然管控粮价，实行的是票证制，不种地的多数人吃饭是粮油店低价供应。快上初三那一年夏天，父亲看我赤脚在碎石公路上行走很痛苦，给了我 3 元钱让我买双凉鞋，我用 2 元 5 角买了双凉鞋度过夏秋两季，剩下的 5 角退还给了父亲，我知道家里的艰难程度。赤脚在碎石上行走确实不是一般的难受，特别是每年刚开始把鞋脱掉那一个月，都是慢慢下脚踩着碎石，不小心踩着锋利的碎石，由于钻心地疼，身体会不由自主地下蹲。因此，上学路上，特别讨厌走碎石公路，喜欢尘土飞扬的泥巴公路和山间人行小道。

到学校后，班主任李老师也是我的语文老师把我叫到教室外面，问询了我一节课的话，我如实回答，但自始至终也没有见她提起我父亲找过她的事情，我也不敢主动感谢她写给我的信。这件事情就到此为止了，然后就是全身心投入学习，继续与尿床为伍直到高中一年级。我工作多年以后，与唐家姑爷喝酒，聊起往年旧事，他才告诉我那封信是他模仿我班主任的语气写给我的。原来那天我父亲没有去旧司中学，而是去了新乐小学找我姑父，请他帮忙出主意，他和我父亲就这样制造了一个让我命运改变的美丽谎言，那顿酒我比平时喝得多，严重超量，但没有醉，不知酒浓但知恩重。

初中二年级，我们相当于有个副班主任，因为班主任老师的先生张老师教我们物理课，平时他也管我们班的纪律。他曾经让我在物理课上出丑一次，他正讲解物质的特性，我正酣然入睡，他突然点我的名，点了两次，同桌才叫醒我，我茫然起立，张老师盯着我看，同学们也望着我，我看黑板上写有水这个字，我立马回答，水是透明的。同学们开始笑，我以为错了，又答水是无色无味的，课堂哄堂大笑，张老师微笑，叫我坐下。课后，同学告诉我老师什么问题也没提，你瞎回答一通太好笑了。从此，我在张老师课堂上不敢睡觉。英语开始是汪老师教的，他在新乐中心学校也教过我英语，初三的时候改由麦老师教我们，麦老师那个时候一个人，没有女朋友，经常与我们男生一起玩，当时气功热开始了，他也练习这门绝活，我们有时叫他发功，然后敲打他鼓起来的肚皮。后来班主任一家调进县城，语文老师变成了龚老师，也是我们的新班主任，他爱喝酒，有时候趁着酒意喜欢收拾班上比较调皮的学生，据说学校汪校长都警告过他，要他少喝酒。他还喜欢叫力量比较大的学生去他家帮忙种地，我们班长天庆个子高力量大，首当其冲，学校有几个高中生他原来教过，每次参加劳动都有这几个同学。因为同姓的缘故，我是他家常客，帮他家种地，体力虽然不够，但也尽力为之。他修房子的时候，我与另一个同学把一根柱子（木头）从岩缝窝扛到他家，用了一整天时间。从师母那里知道，我父亲与师母曾在黄土坝同学，师母说我父亲读书用功，功课好，后来不知道为何不上了。回家找父亲求证这事，他说忘记了，我也无法知道父亲学习情况了，不管如何，这件事还是让我很高兴。龚老师对学生很用心，有时候晚上没有电，他会燃起煤油灯，把同学们聚集在教室那台脚踏风琴边，他一边弹琴一边领唱《送战友》歌曲，同学们跟着唱，一遍又一遍地，歌声在教室回荡，飘出窗外在校园的夜空唱响。

物理课后来由沈老师教我们，他喜欢把粉笔揣在他的衣服口袋里，沈老师也喜欢与我们在一起，他当时有个漂亮女朋友，我们喜欢问他这事，他有时有点疲于应付我们的好奇心。化学老师姓向，上课激情满怀，课讲得精彩，我们男生认为他上课时喜欢看我们班的一个女生，感觉他是不是喜欢这个女生呢，因为没有后来的故事发生，成了我们男生的一厢情愿，胡乱猜测罢了。但这件事情一直为我们男生津津乐道，初中同学聚会时，经常谈起此事，拿来开这个女生的玩笑。女生态度豁达，她说自己都不知道有此事，如听西洋故事，往事已如烟。数学老师是一位老教师，性格温和，讲课很慢，我不喜欢上课慢，没有记住老师的名字。生理卫生课由汪校长亲自上，他也曾经带过我们数学，班上同学有点小怕他。其实我们男生最怕的还是后来的校长徐老师，冬天天还没有亮，学校起床钟声已响，大家没有动静，但他在寝室外面哨声一响，我们有如战斗命令下达，分分钟搞定起床，然后参加沿学校至五里牌公路的晨跑，老师也一起跑。汪老师上生理卫生课时我们都很安静，其实同学们最感兴趣的是倒数第二章，介绍人的生殖系统，书上有图示，我们男生拿到教材首先就自学了这章，但还是盼望老师讲一讲。因为听高年级和往届生讲，这一章老师都是叫同学们自己看书，不在课堂上讲。领导自有领导的范，汪老师开了先例，他搬来一尊半人高的石膏像，归并了几章的内容，从头讲到脚，讲到消化系统时，老师把石膏像的头拧下，取出石膏像内空里面的心肝宝贝展示给同学们看，继续往下讲，女生把头低下，不看黑板和石膏像了，假装看书写字，男生也是红脸正视，其实老师也是红着脸严肃地讲完这一节课的。那个年代刚从“文革”时期走过来，许多科学的东西不能科学对待，许多正常的事情不能正常去做，男女生不讲话，个别要讲也是偷偷地交流，所以，老师利用这种情况编排座位，尽量把男女生编成同桌，这样课堂秩序容易维持。不知道流行歌曲《同桌的你》是否与此有关。

从旧司中学到旧司街（集市）还有一段距离，中途有一栋两间房子的破烂瓦房，开了一家包面馆子，店主姓文，我们叫他文诺（老头），他是近亲结婚，几个孩子都有点智障。我们男生喜欢下自习后去文诺店里吃一碗包面，虽然一碗只要两角钱，但已经是奢侈品了，不是天天吃得起的。

吃不起没关系，看着别的同学吃，然后听文诺吹牛、八卦和算命，到学校快熄灯时才踏着泥泞小道回寝室继续别的话题。

在旧司中学读书期间，我曾经受伤过一次。临近初三秋季学期期末考试的一个周末，我没有回家而是待在学校，在去旧司街上的路上，我捡到五角钱，拿着这五角钱，我与同学国平在文诺的餐馆各吃了一碗包面，然后两个人步行走到大河公社所在地，十余公里路程，天色黑尽但我们身无分文，在夜色中往回返。中途我们拦停了一辆客车，悄悄爬上车顶的货架，司机停下没发现有人上车就继续前行，快到旧司集镇时，我们从扶梯下来，由于车速太快，我摔破了头，失忆了两分钟，国平比我灵活，他下车很顺利，然后过来叫醒我，扶着我回到学校，当夜无话。第二天昌发从家回到学校，他才带着我去旧司卫生院上药和包扎伤口，并用他的生活费支付了我的药费。那个期末我头上扎着绷带上考场，是全县联考，体验了一次轻伤不下火线的感觉。

初中毕业那年暑期，同学三五成群结伴互访，算是给友谊增添一道彩虹而更加绚丽。记忆中，我在旧司中学的两年时间里，去过很多同学家里，当然还会尿床。我去过班长杨天庆家里，在端午时节去章林家过节，与向子华一起去李老五家，在他家小河边钓鱼。艾林家去过多次，因为他的大嫂娘家是元宝庄唐家的缘故，同学加表叔代恒家直到高中毕业才去，凡胜和向云家周末经过，记忆有点模糊。向子华家里我去过许多次，在新乐学校上学时就去过，给七嬢家打柴时也经常去他家附近叫黑山的地方偷砍树木。周末回家取粮食，星期天必去昌发家吃午饭，然后一起去学校。向子华、昌发和代祥三位同学在中考结束后翻山越岭到过我家，估计三位同学可能到现在还没去过第二次。中考录取通知书是邮寄到我家的，其实邮件只能到达村供销点（一队），由供销点承包人覃表公代收，我去那里取回。作为农村的孩子，特别想上中专学校，那个年代上了中专就由国家安排工作，上高中前途仍然是个未知数，如果高考落榜就只能回农村种田。所以，我的填报志愿全部是中专学校，首选来凤师范学校，其次恩施卫校、恩施农校等，最后还是接到来凤县第一中学的录取通知书。上面的解释是高分都必须上高中，中专只取分数线居中的同学，后来发现事实并非如此，上来凤师范的考生也有比我分数高的人，比我分数低的居多数，就是没有我。

细细数来，我初中上了3所学校，读了五年，初一初二年级念了两次，我同班的同学部分上了四年，部分只上 3 年。其实也很好的，正如著名画家黄永玉千年之际在岳麓书院演讲所说，好处就是同班同学多啊。初中同学感情真挚，那个年代确实纯真纯美，心无杂念，对很多事情似懂非懂，同学感情经岁月历练而更加超然，在内心闪闪发光。

寒窗的高中

1983 年初中毕业，我被来凤县一中录取，进入高中阶段学习。

家里为我准备了一床新被子，父亲背着我的行李，早早地送我到乡政府所在地绿水上寨集镇赶从卯洞（百福司）到县城的班车。父亲本想送我上车，但来了一趟班车，车门口都挤满了人，车没有停下载客直接开走了，没办法，父亲只好叮嘱我几句后，就赶回家去了，不然天黑前到不了家。在等车的过程中，偶遇了几位去来凤一中的同学，我们从上午一直等到晚上，中途过去好几趟班车，但都没有停下，车上也确实装不了更多的人。我的内心开始恐慌，今天如果赶不上班车，也回不了家，不知道如何是好。最后一趟班车来了，天已黑尽，这位司机真的是一位大好人，他把车停了下来，动员车上的人用力往里挤一下，他说必须带上这几个学生，天色太晚了，他们也回不了家，一定要挤上车去学校。他把我们的行李绑在车顶货架上，然后在门口把我们几个学生使劲往里推，最后总算关上了车门。车一路颠簸了一个小时左右总算到了东方红旅社对面的来凤县长途汽车站。司机大声嚷嚷学生别走，等其他旅客下车后，他又叫我们上车，把我们一直送到学校大门口，他才回公司交车回家。在高中三年，我有幸曾再次搭乘过一次这位司机的班车，但一直不知道他的名字，也不知道他是否被政府表彰为劳动模范，我一直记得他，希望他一切都好。

校园里没有路灯，同学们都已就寝，我们只有就着街道透过来的光亮向校园深处进发，好在有个高二年级的卯洞同学，他叫郭咏红，非常热心帮助我们新生找住宿，他点燃火柴照亮墙壁上的分班表，快用光一盒火柴才各自找到自己的班集体，他还帮我们找到宿舍才回到他自己的寝室，不知道这位学长现在在何处工作。在早先报到同学的指引下，摸黑找到一个空床位，饿着肚子安然入睡。

我分在 834 班，是班上进校分数最高的一位。我们这个班分数普遍不高，我的分数在全校新生中也只排名第 38 位，学校把高分集中在 833 班，初中同学章林就分在833班，另两个班831和832与我的班差不多，只是831班的中考英语成绩普遍偏低，外语改学俄语。当时老师从升学率考虑，高分都要求读理科，中间分数的上文科，我们这个班就是作为文科班准备的。不过学校从各班均衡考虑，每个班都有300分以上的学生，831班和832班300分以上的同学比我们班也多不了几个。

我的座位在靠近窗户的第四组倒数第二桌，同桌是谁真的很难想起来，也许是田朝辉，也许是陆家敏，田朝辉的可能性要大一些，但我前面一桌的同学我记得很清楚是韩维政和王光树，他两个后来在高二分科时都去了理科班833班。我们834班班主任是肖老师，教我们化学，戴着一副深度近视眼镜，同学们私下都叫他肖摩尔。他是一位非常敬业的老师，管得很细。班长是吴敏，三胡人，很称职的一位班长。我被肖老师指定为学习委员，负责收发同学们的作业本，“官”只做了一学期就被肖老师撤职了。撤职的原因很简单，春季学期开学时，学校停电三天，肖老师依然要求我们按时起床，可是由于没电，基本上是摸黑起床，然后去学校旁边的公路上跑步晨练。我希望多睡一会儿，要求肖老师让我们这三天不跑步，按时上课就行，肖老师坚决不同意。我说有其他班就没有要求去跑步，他非常不高兴我与他争论，最后仍然要求我们按时起床跑步。我有两天没有按时起床去跑步，用行动抗议肖老师的严格要求。他对我的行为非常生气，在班上宣布撤销我的学习委员，希望用此办法让我回到正轨上来。更严厉的惩罚还在后头，高一上学期期末考试，我考得比较好，全年级第三名，按照学校规定我可以拿到一等奖学金30元人民币，我对这笔巨款也是满满的期待。学校在古老的书院礼堂召开春季学期开学动员大会，会上宣布各年级奖学金获奖学生名单并颁奖，在宣读高一年级获奖名单时，我当时就晕眩了，大脑一片空白，一等奖是前三名，里面没有我，二等奖仍然没有我，三等奖最后一名是我。我木讷着身体和脑袋上台领回5元奖学金，僵尸般回到原位坐下，旁边的邦启同学为我鸣不平，他嘀咕了一句：“要是我，当场撕掉这5元钱。”我呆呆地看着初中同学林春海作为学生代表上台表决心，他此时已是高三年级，然后是教授831班、832班语文的张老师作学习张海迪的主题演讲，最后孟校长在大会上点名批评我不起早床。我心中当时的委屈无法形容，感觉压力大到了极限。

为这件事情，我星期天在床上躺了一整天，也没有想出好的办法来解决。那个时候，学校每个月收取9元的生活费和30斤大米，发给学生一版规定了年月日的饭菜票，过期就作废，一个月吃三顿肉。家里太穷困，每个月给我 20 元到 25 元不等，有时也会只给我 16 元或 17 元，当时市场上米价在每斤 2 角到 2 角 5 分左右波动，我的 20 元钱交学校 9 元，买米用掉 6 元，剩余的钱就用来买学习用品和衣服，所以高中三年很少有新衣服可穿，家在城里的同学有时会送我一两件旧衣服。当时我认识一位我幺姑父的好朋友叫向代银，是一位军人，在部队当连长，后转业到来凤县食品厂当厂长，我去过他家，他送我 100 张白纸接济我，这 100 张白纸我用了好几个学期，在以后的岁月里他还做过县劳动就业局局长，遗憾的是他已不在人间。工作后，我知道这个厂也曾有过辉煌的历史。1959 年，来凤县商业局副食公司在飞机乡建糖酒厂，主要用榨汁后的甘蔗酿酒。1978 年后，糖酒厂专事酿酒，所产“来凤大曲”质量较好，就是我小学毕业会餐时喝的那种酒。1982 年，糖酒厂与糕点厂合并，成立来凤县食品厂。因此，我心中早已将即将到手的 30 元奖学金列入生活费中，最终由于自己的一次鲁莽行为而成为泡影，叫我怎能不心伤，心中默想班主任老师开会前为什么不告诉我结果，让我在会上遭此突然打击，校长做此决定前为什么不来问询一下我，了解真实情况。我从此有点自甘堕落，开始与老师作对，课堂上不是搞小动作就是睡觉，高一结束我的学习成绩下降到全年级 30 名左右，数学代数学得相当不满意，后来自学了一个暑假也没有真正补上。

高二分科时，我在上文科还是上理科犹豫多次，加上理科 833 班的班主任多次动员我，让我确实心动。但我最终还是选择了文科，继续做 834 班的学生，我想至少不会与肖老师发生直接关系了。经过暑期调整，此事让我坚定了公平公正之心，同时也让我下定决心不去理会老师的要求，只要是学校和老师的要求不合理，一般情况下我都会带头抵制，心中也暗自激励自己一定要把学习搞上去，你们可以不喜欢我，但我自己一定要努力学习，绝不成为老师教育下一届的反面典型。我感觉自己有点“疯”了，开始专门与老师作对。现在想来还是那个时候的自己心智出了问题。尽管老师很喜欢我，但只要感觉老师偏向喜欢学习优秀的、城里的或学生父母当官的学生，我都会从行为和心里抵制这样的老师。如今反思自己的高中生活，感觉这件事情影响了我以后的工作和生活，就是不喜欢胡乱的风气，看不惯不正之风，愿意遵守制度而不破坏制度，但有改良制度的勇气，所以做了 13 年公务员，快到不惑之年时辞职上学，成了一名大学老师。10 年的大学教师生涯也让我深深体会到做老师的不易，心中更加感恩栽培我的每一位老师，更加对被我数次刁难过但仍然不离不弃帮助我成长的老师心怀敬意。

高二年级时，语文老师胡老师成了我们的班主任，他是一位开放有新思维的老师，组建班委会时，他主张同学们自己推荐自己，但还是没有学生敢这样做，最后他点名叫学生推荐，我们也只敢推荐同学。天气太热的时候，晚上自习时，他还在班上说，我要是你们班长，我会把你们带到校园草坪纳凉。尽管班主任老师这样鼓励我们，但班长仍然不敢，我们依然规规矩矩在教室挥汗如雨地学习。深冬临近，下自习后我们几个男生悄悄溜出校园去老百姓的菜园偷采白菜，然后把白菜扔过校园围墙，里面同学负责接应，全校熄灯就寝后我们开始用煤油炉煮白菜吃。正当我们在寝室就着煤油炉的火苗交流偷菜心得耐心等待白菜出锅时，胡老师已悄悄在我们背后听得一清二楚，当我们发现老师时真的吓了个半死，灵魂差点出窍。胡老师比我们还兴奋，叫我们赶快吃了睡觉，他说明天如果有行动就叫上他。他这话让我们吃白菜时是什么味道都忘记了，当夜无眠，真的搞不明白班主任要干什么。最后，在一个比较宽松的语境下，单独警告我们这样做的危害性：一是被菜园主人发现后，完全有可能挨打受伤；二是这样的行为不文明，给他人造成伤害；三是影响自己的成长，自律是人生成功的关键。从此，我们不敢再犯，对胡老师也有点怕怕的感觉，真的高深莫测，还是别惹他。可惜他只带了我们一个学期，春节后就由历史老师魏老师接替当我们班主任，胡老师去了鄂西州委党校（现恩施州委党校）教书，但我们的班风在他当班主任时已经形成，一批独立思考的同学成长起来了，给后面的班主任增加了管理难度。

高一的时候，我们的世界历史课是由刚从华中师范学院（现华中师范大学）毕业的祖新老师教我们。他是一位很有个性的老师，同学们如果在校外受到欺侮，只要他知道，他会马上出面撑腰维护，保护学生，真的是历史浸润了他心灵，师生相得，班上学生很喜欢他。他上课从不带书，衣服口袋里揣几根粉笔，上课就是一场演讲，同学们注意力集中，没人睡觉，感觉一节课是如此短暂。可惜祖新老师很快就改行了，少了一位优秀老师，同学们成长过程中也少了标杆。25 年以后，我参加湖北省委统战部组织的课题调查，在来凤县召开的座谈会上再次聆听祖新老师慷慨激昂地陈述上级国家机关应该加大对来凤县这样的民族地区支持力度的一些观点，从古说到今，我个人是非常认同的，也佩服老师史学功底的深厚。祖新老师是汉族干部，但对土家族群众和这块热土充满感情，他从周武王借巴师伐纣、明代东南沿海抗倭、红军的湘鄂西和湘鄂川黔根据地壮大一直讲到抗日时期湖北省政府西迁。他告诉调研组的朋友们，这块土地和人民对历代中央政权的贡献和付出，但现在仍然贫困，上级政府需要加大力度用心用情帮助发展等。后来我又与祖新老师小聚过几次，与他谈起来凤的文化底蕴问题，他从历史的角度，引经据典让我豁然开朗，个人认为来凤县的旅游文化建设应该有祖新老师这样的专家参谋才好。历史老师魏老师上课很认真，但风格与祖新老师不一样，忠实于课本，声音洪亮，满教室都是他的声音，语调语速都不快，这种情况下我特别容易睡觉，所以魏老师对我也很恼火，虽然他也很喜欢我。

尽管我有时故意为难老师，但老师总是宽容的，对我这样的学生一直很爱护。有的老师只比我长几岁，但他们用如父辈的胸怀来化解我的搞怪，并始终如一帮我成长，使我心中的坚冰慢慢融化。胡老师调走以后，徐老师短暂教我们一段时间，然后就是李老师教我们，一直到高中毕业。徐老师对学生很严肃，不苟言笑，与学生保持一定距离，上课效率很高，干脆利落，从不拖堂，我很喜欢。李老师脾气温和，上课认真，对学生公平，耐心细致培养学生情感，感觉离高考还远，不用急，同学们认真学就OK，超级好的一位老师。高二下学期的一个阴雨天，薄雾笼罩来凤大地，虽有小雨但很温暖，那天下午三节语文课，我看见李老师双手抱着讲义和练习册缓慢地从前门走进教室，我立马悄悄从教室后门开溜，但还是被他发现，他快步走出教室，在我快要走出校门前，他拦住了我，双手抱在胸前看着我。我只好说下午3节语文课太长了，我不想上，想出去玩一会儿。他说明年就高考了，不要浪费时间，要抓紧学习，要求我回到教室去。双方僵持了一小会儿，我急了，只好向李老师保证，我说明年高考我语文保证考95分。他微笑着看了我一会儿，然后问我是否当真，我说没问题。他接着手一挥，洒脱地说："好，你去玩吧！"然后他就快步走入教室上课去了。等到安静下来，我独自一人走出校园时，失去了方向，很后悔向李老师夸下海口，内心开始着急。不管才是管的最高境界，无为而治在此时达到极致。去什么地方玩呢，返回校园，向同学借了一辆自行车，径直骑向佛潭。佛潭也叫仙佛寺，其实寺已毁于"文革"时期，只有东晋年间的摩崖石刻佛像仍然淡定地环视天下苍生。石刻佛像绝壁下面有一个简陋排房，供奉着佛祖、观音各路神仙，排房外面就是悠悠酉水河。我沿着光亮的青石板小径从佛像绝壁的上方下到西水河边的排房处，门口立有一块石碑，上面写有一首回文诗，描写的是佛潭美景，很有想象力的一首诗：

花开菊白桂争妍，
好景宜人留晚天。
霞落潭中波漾影，
纱笼树色月笼烟。

我怀着万分虔诚的心进入排房，祈求菩萨发愿心保佑我高考语文一定要考95分，我在佛像面前徘徊思考良久，直到内心感觉充实，神清气爽了才决定回学校。踏着石梯而上，云开雾散，夕阳晚照，犹如成长进入下一个阶段。晚上自习时特别入定，知识与身体融为一体。真是菩萨保佑，来年高考，120分的语文试卷我考了95分，据说全校最高分是96分。大浪淘沙，许多往事已如烟，唯独这次经历根植在记忆深处，我现在仍然觉得这件事情神奇。后来在高三下学期的时候，我还为难过一次李老师，那次是上午四节语文课，李老师布置作文题目让我们练笔，题目叫“学如逆水行舟”，我玩了三节课，其他同学差不多都写好了，我一个字都没有写，李老师在第四节课时问我为什么还不动笔，我故意说不明白题目是什么意思，李老师很耐心地为我解题，应该从什么地方着笔等，最后他说学习就如逆水中行船，不进则退，我反驳李老师一句，我说我不走水路改走旱路（陆路），他当时非常生气，拂袖而去。生气也就是这节课而已，以后的日子，李老师依然耐心地教我知识，仿佛从来没有发生不愉快的事情。其实李老师是记住我了的，因为他把这件事情当作一个故事讲给下届同学听，应该是作为另类典型告诫同学们。李老师一直爱护学生，关注学生成长，他恩施师专的同班同学曾经是我的领导，1995年时任恩施州团委副书记，后升职为正，他与书记同学聚会时曾夸赞我，这是书记后来告诉我的。这个消息让不太顺利的我倍觉温暖，虽然书记没有提拔我，但至少从此也没有故意为难我。那段岁月，还要感谢咸丰县团委的杨安文书记、来凤县团委的向文书记和宣恩县团委的陈德义书记等，他们的帮助和善意提醒，让我成熟了一些。我与李老师关系也一直很好，他在武汉外校教书期间，我们在武昌鲁巷龙安酒店不期而遇，他那次是为了宣传他班上的省文科状元而宴请新闻界朋友。后来，他又回来凤一中当校长，他来武汉为来凤一中招聘老师时，我推荐了老家南马山村的一位在华中师范大学求学的寒门学子。

说说我的英语老师吧。我们高一英语老师换了几位，其中一位姓杨还记得，其余记不起来了。高二开始，经历了两位男老师和两位女老师教我们英语，巧合的是两对夫妻。与我交集最多的是李老师和她的先生徐老师，另一对夫妻老师是美女和帅哥，马老师和陈老师。李老师非常敬业，英语教得很棒，对学生也很友善，但是我仍然喜欢在课堂捣乱，她也很有忍耐力，一直努力想把我引向正轨。一次课堂上，我看闲书，李老师终于忍无可忍，她抱起我课桌上堆放的课本和习题册，奋力扔向教室外面，当时窗外正狂风暴雨，坐在前面的两位同学冲进雨中捡回了我的课本，但已浸透了雨水。我冲向讲台，想把李老师的讲义从窗户扔向窗外，没有成功。她当时眼中泪花闪闪地离开教室去校长办公室告状，要求调换班级。校长同意她的要求，换成她的丈夫徐老师教我们英语，我们私下叫他徐teacher。徐老师来了首先测试我们班的英语，然后宣布从高一的英语课本开始上，高一的课本共20课，他一周一课，逐字逐句讲解，然后是背诵课文，接着是默写课文，错一个字母扣一分，错一个标点符号也扣一分，不及格的重新默写。在他的严格要求下，我至今都还能背诵第一课前几句，Karl Marx was born in Germany, and German was his native language. When he was still a young man……最难默写的是第三课 The lost necklace，是法国作家莫泊桑《项链》改编而成的剧本对话，剧中人物容易写错，我记得我错了40个地方，刚好60分。在课堂上，徐老师平等对待每一位同学，他对我要求也是相当的严格，我回答问题时不太肯定，他大声对我吼道："什么可能不可能的，是就是是，不是就是不是。"我赶快肯定地回答他的提问。在他的严管下，加上同桌欧兴红的帮助，我的英语进步很快，欧兴红每周给我出一套试卷，他还帮我改卷，错了的我记在笔记本上，把正确答案背下来。我帮欧兴红历史和地理，周末，我们两个上庆凤山背历史和地理。徐老师的英语教学方法很对我的胃口，高三换老师以后，我基本上依然按照他的方法进行自学，后来高考得了85分，自己非常满意，心想如果徐老师把我们送毕业，考90分以上也不是没有可能的。多年来，我一直记得徐老师李老师夫妇，学生当年为难老师大错特错，在此特向李老师道歉，真诚地说声对不起。

由于奖学金的事，高一下学期放松了对自己的要求，自甘堕落，代数没有熟练掌握，尽管暑假自己重新自学一遍，但仍然感觉问题多多。高二上学期，刘老师教我们解析几何，他上课很特别，速度太快，听课注意力必须高度集中，效率高，每堂课都会布置一张试卷的作业，为了节约时间，有时候他直接用他的衣袖擦黑板，在期中考试前就把解析几何整本书全部讲授了，我很喜欢这种教学方式，但多数同学接受不了。期中数学考试，全年级 200 多名同学只有 3 个人及格，我考了 70 多分。期中以后，刘老师调整了教学方法，放慢了速度，主要是巩固期中以前学的知识，以做题练习为主。遗憾的是他只教了我们一学期，然后就调去外地教书了，由湖南省龙山县的向老师接手教我们。向老师是龙山里耶人，据说向老师是因为计划生育问题，暂时过来教我们，没多久就回龙山去了。然后由展老师教我们数学，展老师只长我们几岁而已，但他对课堂要求严格，他发现我在睡觉，就要求我站着听课，他说他的课堂不允许任何人睡觉，但可以看其他的书，于是我就看小说，他发现后把我的小说扔出教室，并把我赶出教室，他告诉我，他说的其他的书是数学书，并不是杂书，他要求我写检讨，不写检讨就不允许我上数学课。我心里也清楚是指数学书，但我坚持不写检讨，于是就这样僵持着，他在课堂上讲新课和复习，我就在寝室自学和复习，到了期中考试，结果我考了全班第一，然后参加学校奥数选拔赛，我的成绩虽然不是最好，但高于全校许多理科生，属于前 20 名，因为是文科生，学校破例给我一个三等奖，光荣榜的最后一名。展老师专门单独找我谈一次话，非常平等地交流他的想法，我也非常诚恳地认识我的错误，然后他就让我进课堂上课，并拿了一本难度相当大的数学习题集让我在课堂上做，里面有四分之一左右的题目我都解不出来，他有时间的时候也会指导我解题，这种友谊一直持续到高中毕业。由于高一代数没有精通，高考试卷的 20 分值的大题刚好是考代数部分，这个题目我只得了 2 分，满分 120 分与我失之交臂，我只得了 102 分，究其根本原因还是自己太骄傲，要是按老师的要求去学习就没有问题。高考是考平均水平，而我数学后一阶段的学习走偏了，做一些与高考无关的高难习题。此门课程的失利导致我填报志愿时信心不足。展老师后来去武汉某高中教书，我们的师徒关系一直很好。

高中地理老师前后有两位教过我们，湖南省龙山县的文老师地理课讲得很好，与学生距离较近，课堂气氛活跃，我们私下叫他文诺（老头或老汉），他离开我们回龙山以后，我们男生周末还跑到龙山一中去看他，他会叫我们砍馆子（进餐馆）吃包面，让他破费不少。然后就是张老师一直教我们地理，张老师治学严谨，地理知识与人融为一体，可以脱离教材，运用自如地讲课，他上课经常只带地图册，不用翻看教材。张老师平等对待学生，是学生公认度较高的老师之一，他的耐心和脾气超级好。我在张老师的课堂也捣过乱，他当时强忍怒火，叫我从后门先出去，我就从后门走出教室，来到校内鱼塘边的石板上睡觉。他讲课告一段落后，让同学们自习，然后他来到我身边，静静地抽完一支烟，和风细雨地与我交谈，问我遇到什么麻烦了，要我告诉他，他帮我去克服。我当时眼泪都快掉下来了，张老师洞察我的心理活动，洞若观火，从我的眼神中看到了什么，是躲闪还是恐惧？但我还是强忍住，实在没有勇气告诉张老师。他说离高考就只有一两个月了，千万不要分心，集中精力冲刺。我答应张老师我会努力学习的，然后我走在张老师后面，从前门走进教室，从此不再瞎闹。由于高考不理想，考试结束后，第二天胡乱填写了高考志愿，当时志愿分好几档，最后一档是中专学校，第一档里我填写了三所大学，第一志愿中央民族学院，第二志愿武汉大学，第三志愿兰州大学，最后一档的中专学校，我也全部填写，以防高考落榜。高考结束后，约上同学姚国华，专程去了一个同学家，把心中的一个结终于搞清楚，原来是一场误会，同班同学的字迹与我的字太像了，导致我害怕了好几个月。同班同学吴享元用自行车托着我的行李，我们骑骑走走，用了一整天才回到我的老家。回老家后，我成天睡觉休息。分数出来后，光树和维政专程来到我家告诉我分数，听见他们与我婆婆（奶奶）对话，我才从床上爬起来迎接他们。分数结果让我高兴，仍然是第一，这出乎我的意料，但分数与第二名距离已经很近了，平时分数差距要大一些。高考就此结束了，但高考带给同学们的悲喜苦乐并没有终止，尤其对落榜的考生影响更甚。

高中时代，我最怕的课就是政治。政治经济学还比较容易理解，哲学真的让我一头雾水，马克思的辩证唯物主义我至今都没有掌握。刻舟求剑这个成语适用于辩证法哪一条我拿不出肯定答案，面对如这种类似的选择题目，我自信心扫地，高考分数垫底的就是政治，只得了 72 分。政治老师向老师是华中师范大学毕业，对课程非常熟悉，上课非常有激情，板书写得快而整齐，他从高一到高三时断时续教我们的课，中途换过两位老师，但印象最深的还是向老师，他后来改行当律师去了。

我看书很慢，但看一至两遍就能记住七八成，并且能够保持一个月左右，因此，我的历史和地理书最后就只剩下目录，然后把目录用订书机订成一本用来复习，其他部分都被我在课余时间分章节揣衣服口袋里带出校园，去庆凤山、半边城、老虎洞或学校周围的油菜田强记一到两次，然后扔掉。高三时眼睛实在太累，我躺在盛开油菜花的田垄里，闭上双眼，光树帮我大声朗读历史和地理。中国地图册和世界地图册一直保存着，凭图回忆课本知识是一个不错的方法。

高中时代，我也看少量的课外书，高一时从学校图书馆借了一套上下册的《吴越春秋史话》，这套书对我影响较大，激励我努力学习。2007 年出差去北京，在国家图书馆书店发现再版的《吴越春秋史话》，我买了两本收藏。还有就是从《收获》上阅读了路遥的中篇小说《人生》，也小小地激励了我的斗志。当时报纸《参考消息》上连载《七剑下天山》，断断续续看了一些，对那些盖世武功心向往之，记得同班同学吴青山还剪报收藏过。

高中 3 年，很苦很累，也是心智成长完善的 3 年。贫穷是我心中挥之不去的忧愁，伴我漫漫求学路，但也增进了我与家庭每一位成员的感情。高一上学期的时候，每个月的生活费由我姐姐送到学校，一般家里给她 25 元钱，然后求人讲好话搭乘去五台煤矿拉煤的便车进城来学校找我，她给我 22 元，留下 3 元她住店吃饭用，第二天依然想办法求人搭便车回家。姐姐是文盲，不认识字，当年冬天，姐姐出嫁，出嫁的前两天我才放寒假从学校回到家里，她冒着严寒去水井边清洗我带回来的脏衣服和被子。出嫁当天早晨，鞭炮声中，香火缭绕，我看着她由送亲的一个女孩陪着从房屋出来，头上的丝帕有一端不小心散落在姐姐的肩上，目送她随迎亲队伍离开故乡去婆家，我脑海中浮现她在来凤一中给我钱的那双长满茧子的手，还有上山砍柴被刺拉伤的裂口。想到我这双没有经过劳动的手应该是姐姐的才对，她那双手应该是我的才对呀，但我无力改变现实，止不住号啕大哭。3 个孃孃都跑过来安慰我，劝我别哭，孃孃说姐姐会经常回来看我们的。我真的不知道伤心从何处涌来，我奔跑到我家的后山一个人静静地待了一个小时，然后才止住泪水回到家里，但耳鸣中还是姐姐哭嫁的声音。孃孃告诉我，等下喝碗油茶汤后，耳鸣就会消失，事实证明确实如此。

我用一个笔记本的最后两页记录了我高中 3 年的开支，学杂费、书本费、生活费、服装费和路费总共用去 999 元。3 年高中生活添置的新衣服很少，为了节约，我寒暑假徒步往返县城与村庄数次。从我老家步行到县城路途不算太远，县城到绿水乡政府所在地上寨桥头有 21 公里，从上寨到南马山村一队有9公里，然后就是将近4公里的乡村小道延伸到我的村庄。记得有一次从县城出发步行回家，细如游丝的小雨并不如酥，走到中途梅子树天就黑尽，我只好在一个小卖部门口停下来，不敢继续前行了，准备在此等到天亮再出发。小卖部有微弱的灯光从窗户挤了出来稀稀疏疏洒向公路，我胆怯地敲了两下窗户，里面的人开了门，我正准备求店主人给我一条凳子，坐等天明，店主人先开口叫我，你不就是谁吗，这么晚了去哪里？原来是我在新乐上初中时的同学前和。他热情接待我，慢慢我才知道他在梅子树成了家。房间很小，只有两间，一间商店，一间他与家人的睡房，我只好住在商店的柜台上，那夜的觉犹如睡在星河灿烂的天空，但特别温暖。前和现成了三棒鼓的非遗传承人，身怀抛刀绝技，凭此闯荡江湖，养家糊口，真正的靠本事吃饭。他经常参加电视台举办的各类达人秀节目。

还有一次，暑假后上学，我与同班同学世胜在上寨等进城的班车，无奈人太多，每次从卯洞百福司过来的车都直接进城了，一直等到下午七点目送最后一班车绝情而过，我们两个只好徒步进城，我们共同买了一瓶啤酒，以应对九龙盘那段森林密布而无人烟的公路，喝着酒壮着胆闷声通过，到来凤一中校门口接近凌晨2点，没有惊醒门卫，而是直接翻越学校铁栅栏门进入校园。高二的时候，同学运兴教会了我骑自行车，然后借了在县职工卫生学校上学的丁医生的新自行车周末大着胆子骑回家取生活费，第一次比较成功，只是在县城的街道上推着车到学校，行人多，还不会骑车在行人中间穿行。第二次骑车回家让我损失惨重，返校时，在快要到达县城的旗鼓寨到黄茅坪这一段路途中，思绪飞扬到与骑车无关的事情上去了，微风拂面，自行车行进在下坡路段上，突然前方出现两个老人并排行走，距离太近，来不及避让，只好把自行车转向公路右侧的水渠上，自行车与水渠相撞，我从自行车上方头朝下重重地抛向水渠下方的水田里，书包里的老家酸梨子洒满稻田，头上破了一个口子，鲜血流淌在脸上，自行车龙头歪曲变形，折断了两根钢丝，修理自行车用去了4元钱，当月艰难度日，头上的伤口只能慢慢愈合，好在丁医生没有怪罪我，仍然告诉我需要用车的时候就过来拿。这次遇险经历让我明白我不适合从事户外需要集中精力的事情，因此，这么多年，虽然有小车驾驶证，但一直不敢开车。

回想当时那个年代的老师都很有情怀，象牙塔不倒，学校与社会边界清晰，老师天真，学生也天真，社会也高度认同这种天真。老师胸怀理想，引领社会风尚，言行规范，是时代的标杆。师生情深，潜移默化，学习成绩好坏并不影响同学们心情，个个都比较自信，心中有梦。老师的整体地位在社会上很高，社会浓浓地传承着尊师重教的古风。当年来凤行政力量支持力度也很大，以考上大学（包括大专）100 名为基数，每超 1 名奖励 1 万元给学校自主分配，先我们毕业的两届都有超过 120 名的同学考上大学，我们这届也考上 130 名左右，相邻的本省咸丰县、鹤峰县和湖南龙山县的落榜学生复读首选来凤一中。

梦中的大学

1986 年 8 月下旬的一个黄昏，村庄外出的人带信回来，说我的通知书来了，但邮递员贵同志不敢如原来一样放在大队供销点覃表公那里，他担心丢失，直接带回他自己家里了，贵同志坚持亲自交给我家里人。我和我小兄弟鱼带着手电筒赶往邮递员贵同志家里，他的家在第四大队贵家院子。父亲当时正在田里劳作，他坚持不让我去取通知书，担心我摔跤什么的；我不让父亲去，天太黑，我同样担心父亲的安全。兄弟俩赤脚快走，披星戴月从贵同志家拿到通知书回到家里已是子夜，父亲坐在火塘边等我们，借着煤油灯把通知书看了一遍又一遍，我被录取为中央民族学院经济系经济管理专业本科生。

是夜，父亲着急我上学的钱，我着急如何到达北京。我除了去县城上学外，对更远的地方一无所知，心里充满恐惧。通知书上说 9 月 5 日到 7 日报到，时间比较紧迫，我父亲第二天就去找我的唐家姑爷商量怎么办，唐家姑爷说请亲戚过来聚会一下，现在叫整学酒，大家凑份子。他带头给 100 元，然后他还叫我欧家姑爷也要给 100 元，我姐姐家给了我 100 元，在亲戚和村庄邻里的帮助下，我收到 700 多元钱，五台乡政府秘书也来参加贺喜，代表政府送 50 元，大队书记金顺也来祝贺，代表村里送我 20 元。

我父亲请了村庄两个壮男力挑着我家粮食去五台粮管所换取我从农村户口转为商品粮户口的凭证，然后凭通知书和粮管所的凭证去绿水派出所迁移户口。五台乡的党委书记兼乡长田官启是一位转业军人，他听说了我只身一人去北京上学不知道如何出发的情况，主动帮助我，他有一个战友王平在山西平定一个部队服役，当时在中国人民大学上学，正在来凤休假。他联系上他战友王平，请他帮忙把我带到北京，他战友欣然接受。

亲戚朋友邻里相聚热闹一番，我小学同学杨再高（南马山村一队）有一台照相机，我特地请他帮忙照相。第二天早晨，我告别朋友、亲戚和家人，父亲站在房前屋檐下的阶檐边目送我走向远方，村里的曾家幺满（幺叔）作代表把我一直送到绿水乡所在地上寨集镇。我没有行李箱，只好用一包袱包着我的衣服和录取通知书提在我的手上，有点像电影里面的大娘进城。田官启书记已在此等候我，与曾家幺满告别，我跨上田书记的摩托车，向县城方向进发。

王平大哥的家在河水卫生院，因为他的女朋友杨在那里上班，田书记把我送到此处就回五台了，从此刻起我就像王大哥的行李一样伴随他一直到中央民族学院。因为王大哥的原因，我还认识了他女朋友的姐姐杨医生和姐夫盛老师，杨医生在县医院工作，盛老师也是来凤一中的语文老师，他们都是特别善良和友好的人，我一直记得他们。1987 年春节过后去北京上学，在杨医生家吃过晚饭，她要上夜班，她把我带到县医院住院部（半边城）的办公室，晚上就住在值班护士休息的房间，因为第二天 5 点多就要去车站赶开往大庸（张家界）的班车。多年来一直记得这位不知道姓名的护士提供的帮助，希望她一切都好。

在县城买了一个行李箱，自己的几件旧衣服总算有个安身之所，通知书也可以放在相对安全的地方了。那个时候来凤到武汉的长途班车要走两天，中途要在五峰渔洋关或江汉平原的某个地方住宿一晚，我是什么都不懂，一路上全靠王大哥关照，一路同行的还有他的女朋友，以及当年的理科状元姚巍与他的父亲。姚巍考上了北京信息工程学院。到达汉口后，姚巍与他的父亲先行北上了，我在汉口火车站旁边的一个旅馆等待王大哥办完事情后就出发。在汉口的小旅店，房间没有厕所，上厕所时我也不知道需要把门反锁，被清洁阿姨数落了一顿。王大哥的女朋友离开汉口返回来凤的当天我们就搭乘火车北上，由于不太会说普通话，我一般不开口说话，一位在河南师范大学上学的研究生不停地找我聊天，我艰难应付，她在新乡下车时，把看过的一本杂志送给我。车到石家庄，我们换乘火车西行，随王大哥去他的部队所在地山西平定，在他的部队住了两天，在那里第一次感觉到纪律的严肃性和规范的严格执行，还见到了一位参加 1979 年对越自卫反击战的连长余大哥，湖北十堰老乡，我很想知道他的越南作战经历，但他就是不告诉我，应该是纪律要求。离开部队时，王大哥送我一床新的军用棉被。1986 年 9 月 7 日上午，入学报到的最后一天我到达了学校，王大哥一直把我送到新生报到点——7 号楼西头的大槐树下才离去。一个月后的周末他又来看我，与来凤同乡历史系 84 级的春峰一起，随王大哥到中国人民大学参观校园并合影留念，这是我到北京的第一张照片。

经济系 86 级两个班共 78 位同学，我就读的班是经济管理专业，40 名同学，简称 2864 班；另一个班是政治经济学专业，38 名同学，简称 2862 班。我是报到倒数第二名，2862 班的一名广东女孩是最后一个报到的，我正在报到处填写相关资料的时候，那个女孩与她父亲也来报到了。虽然说是两个专业，其实四年绝大多数时间都是合班上课，所开课程区别很小，只是课余以班级为单位开展活动时不在一起。我的宿舍是 7 号楼 512 房，混合宿舍，同班同学 4 位，法律系 2 位，哲学系 1 位，此后换过三次宿舍。我们的第一任班主任是杨老师，彝族小伙，与学生关系很近，教我们跳阿细跳月的舞蹈，经常走访学生宿舍，一起郊游等。我进校的分数比较高，还有体育特长生和预科升上来的，感觉湖北考生上个学还是不容易。班主任指定我为第四组组长，班长少军在我这组，每个组 10 名同学，4 个女生 6 个男生，很整齐。我在组长任内开展了两次活动，一次是游天安门和北海，另外一次是游香山。游香山时，全组的午餐都是我用一个大包背着，自己登山太快，吃午饭时组员找不到我在什么地方，耽误了半个小时。从香山归来的一个早上，早操过后，班主任宣布免去我的组长职务，改由另一名组员担任。后来班主任换成宋老师，在大二下学期的时候班委会改选，在这之前已换过两任班长，都是老师推荐上任，我举手发言要求竞选班长，宋老师先是诧异后是微笑同意我的要求，于是我与另外一位同学上台演讲，然后全班同学投票决定谁当班长，我成了民选的班长，团支书是迎军。一年班长的经历让我知道团队和协作的重要性，通过举办舞会、元旦庆典等活动，能力得到了较大的提高。在大三下学期，再次改选班委会，依然是竞选，我不再参加竞选，志忠当选班长。大学四年期间我还担任了一届学生社团中央民族学院经济学会会长，以学会名义组织了两次讲座，邀请中国政法大学、中国人民大学的老师来演讲，学会还出版了一次会刊《青年与经济》，再就是与学校宣传部、学工处、经济系共同组织改革开放十周年知识竞赛，主要是经济学会做具体工作。在上届会长光云的帮助下，我还以学会名义去邀请过朦胧诗诗人顾城，顾诚的家在军队大院，很不好找，还是在后勤部学习的随州老乡玉琪大哥帮忙下才找到，去了两次都无缘见面，只见到他的太太谢烨，着红色上衣，是个眼含淡淡忧伤的气质美女，他的太太建议我去请北岛，谢烨说北岛的口才比顾城好，最终都未能如愿。

我大学四年真正收获大的可能就是当班长和会长的事情了，学习上基本没有用功，浪费了不少光阴。大学四年里，除了任课老师，我记忆深刻的就是胡老师，她对学生特别好，负责学生的后勤管理，饭菜票和困难补贴发放、学生生病住院等她都管，属于劳动模范一类，待人亲切，对学生公平公正，学生特别喜欢她。

大四年级时，班主任改由另一位老师担任，接触很少，淡出了记忆，这里略过。1997 年我进入组织部门工作，档案管理人员老邓查看了一下我的档案，他告诉我，我曾经是系优秀学生干部。这个时候我才发现宋老师给我评了一个系优秀学生干部，她一直没告诉我，我知道真相后感慨万千。我学生生涯中靠努力学习获得过多次荣誉，但从来没有得过老师给予的优秀共青团员、优秀学生干部这些荣誉，因此决定一定要去北京当面向宋老师致谢，遗憾的是我 2000 年去北京打听如何联系宋老师时，已经没有人知道她在哪里。

在北京上学，老乡关系是最为频繁和重要的关系。从县州省一圈一圈扩散，来凤县与湖南龙山县一衣带水，在中央民族学院的两县学生联系密切，进一步扩展到湘西和张家界，湘鄂西是一家真的不假。与我同年进入中央民族学院的湖北籍同学共 8 名，恩施州 3 名，宜昌 3 名，荆州 1 名，孝感 1 名。我到校后第一个来寝室找我的老乡是 84 级政治经济学专业的小林，建始县人，特立独行的人，个性十分突出，虽经这么多年磨砺仍然保持其本色。小林来找我两次扑空，最后只好留字条叫我去找他，我也是当晚去了三次才见到他，从此我们成了朋友，无话不谈。他那段时间正在图书馆通读《资本论》，主编经济学会《青年与经济》杂志，爱好写作。我拜读过他发表在《青年与经济》上的文章，至今记得是关于中国历史上城市发展的论文，记忆深刻的是文中关于开封、洛阳城市循环的观点。小林毕业时，他把他研读《资本论》的卡片送给我，我一直保存到2000年，后多次搬家导致丢失。经济系85级老乡顺禄和西文结伴来看我，留下联系方式，吩咐有什么困难就去找他们。慢慢地我认识了不少同在中央民族学院学习的老乡，光云、志玺、华树、顺禄、道军、祖明、春峰、伦文、桢华、勇、建华、庆云、佑玲、晓弘，还有研究生大友、诗翠等均一一取得联系，有什么不明白的地方就去请教老乡，少了孤独多了温暖，慢慢融入了这个学校。

在中央民族学院干训部楼，我认识一帮工作后上学的恩施州籍的大哥大姐们。那里成了我免费吃饭的地方，每次只需跑腿去小卖部帮忙打壶酒就可以。先是道槐、董平和顺成三位大哥，每逢他们在宿舍做饭，必想办法通知我去蹭饭，他们毕业后有开龙、庆松两位大哥接力，开龙大哥在中央民族学院上学的两年，我的头发一直是他帮剪的。在那里，我还认识了锦平大哥和陈华大姐，1989年在恩施州汽车运输公司实习时，我在锦平大哥家拿了一套碗筷在公司食堂就餐用，庆松大哥接我去他家喝酒吃饭。上学经过恩施时，在董平大哥家借宿和蹭饭一次。工作后，去咸丰陈华大姐家，与姐夫何毅大哥对饮一次，大醉而归。宣恩的顺成和开龙那里，我是去了无数次醉了无数回，每次幸得高中同学厚勇负责善后，其中一次还去医院输液解酒。1990年中秋节，工作后的第一个中秋节，庆松大哥邀请伦文、顺禄和我去他家把酒赏月，畅聊北京往事。

1986年冬天，湖北省民宗局和湖北省驻京办事处共同举行了在京少数民族学生联谊会，来自北京各高校的少数民族学生齐聚省驻京办，中央民族学院学生是主力。在这次聚会上认识了更多的老乡，当时在中央党校学习的利川市市长张洪伦还发表了热情洋溢的讲话，欢迎同学们毕业后支援家乡建设。1993年秋天，我的好友武汉某高校的茂扬到恩施公干，他拜访已成为州长的张市长时带上我，张州长特地问了我情况，在什么单位工作等，我向他回忆了1986年北京老乡聚会一事，最后他告诉我如果有什么困难尽管去找他，并且告诉我他的联系方式，我当时还是比较吃惊的。因为在这之前我在中央党校同样认识一个恩施州的官员，当时在北京见面很客气，说在恩施有什么事可以去找他，后来毕业回到恩施等分配时给他打了一个电话，结果是态度冷淡。虽然我一直没有找过张州长办事，但有一件事足可以证明他是真心的，是一位平民州长、良心州长。我的朋友正悦是一位才华超群的人，正悦与我一样，都是寒门子弟，无任何背景和关系可利用，由于想实现自己理想，在体制内不仅没有成功，反将自己的事业编制给弄丢了，他找到张州长陈述原委，在张州长过问下才顺利再次入编。在那次聚会上还认识了在中央党校学习的刘家桂，回恩施工作后，去过他任副行长的恩施州建设银行一次，礼节性拜访，在他办公室小坐一会儿，他相当热情地接待我，开门见山给我说，除了州分行，我想去县市任何一个支行都行，他会帮助我调动工作，说银行需要我这样的人，我马上给他说目前没有这个打算，有需要时，我会第一时间找他帮忙。从建设银行出来，感觉整个恩施城都是那么温馨，虽然以后没有再去拜会他，但心中一直记得这位黄金般的老哥。听王平大哥说，刘大哥后来去了宜昌，出任三峡建设银行行长。

来凤一中同届在北京上学的只有三位，二班的刘福州、三班的姚巍和四班的我，我们也经常聚会。高一年级时，教一班和二班语文的张老师在北京师范大学上研究生，我们去他那里做饭吃，他当时住北京联合大学校园内，他亲自下厨，师生情谊浓厚。张老师毕业后，他还托我给他导师带礼物并附书信一封，在尊师方面为我们做出了表率。

慢慢地，我逐渐认识了许多在其他高校上学的老乡，在以后的岁月中成了朋友。1987 年春季学期，认识了北京大学国际政治系的正悦，我们那一届的全州文科状元，视野开阔，脑袋瓜子灵活，那个时候的他爱下围棋，他还教我如何走棋。还有北大中文系的卫和，高我两个年级，也是当年全州的文科状元，我每次去拜访他，他都或坐或躺在床上看书，有时也在研究棋谱，印象中除了这两件事情再无其他事情值得他做。卫和是一位信守承诺的人，知识内化于心，具有古代雅士风范，与东晋贤士有神似之处。有个寒假我没有回家，在中央民族学院留守过年，我用节约下来的路费给家里买了些北京特产，委托他帮忙送到我家，他老家地名叫洗车沟，往返我家需一整天，他在春节前把东西送到我家，还与我公公（爷爷）聊天。多年后，他还向我回忆当年与我公公说话的事情，认为我公公是一位了不起的老人。对外经济贸易大学的守德也是我们那一届的高才生，喜爱看书，特别喜爱古文、文学和哲学，爱思考，是骨子里具有浪漫情怀的人，多愁善感，重情讲义，是一块从事教学或文学研究的好材料，可惜做了外贸工作。

新老更替，岁月轮回，我还结识了一批在我之后来北京求学的老乡，有帮我誊写毕业论文的天凯和王平，工作以后，这两位朋友给了我许多帮助，在恩施找资料就找王平所长，中央民族大学恩施校友聚会也要找王平所长，每次到北京，天凯是必须联系的人，通过他再招集一帮兄弟喝酒畅叙一番。军章现与我在一个系统工作，虽经风雨，但本性犹在，属于硬汉之列。希康毕业后一直深耕宜昌，与我同属一个系统，每次经过宜昌都会见面领略他那带给我快乐的招牌笑容，提振一下自己的精神。自从在利川烟厂见过一面后再无联系的凤坤不知现在何处，更不知这位个性突出的兄弟是否安好。送我《圣经》的兰军兄弟属于武功高深的逍遥派，不知道现在生意如何。为人豪爽的孙立现与我同在一城，隔江相望。多年不联系的孙丽依然重义，一年前有事相求，她出手相帮，问题解决了一半，已很高兴。

通过王大哥的关系，我认识了在卫生部所属的一个杂志社当领导的夏老师，是我们湖北老乡，与王大哥一起去他家吃喝多次，后来我一个人也单独去他家请教，记得有次在北京站下车天还没有亮，我只好徒步找到他家，夏老师热情接待我，等天亮吃了早餐后才让我回学校。毕业那年，在国家科委工作的夏太太帮助我联系工作单位，希望我能在北京实现自己的理想，无奈 1990 年在北京就业十分艰难，最终未能如愿。在清华大学校园的一次老乡聚会上，我认识了来凤老乡黎老师，他是北京某高校的武装部长，我去过他家好几次，1989 年春夏之季，他专程开车到中央民族学院找到我，嘱咐我在校园好好学习，不让我上街瞎转悠。那个时间段，专门到学校找我并当面叮嘱我好好学习的还有王大哥的战友玉琪大哥，他当时在总后培训学习。我还跟随小林去到在国家发改委工作的老乡余大哥家多次，他与我们一样“书生气”十足，工作十多年后再次相遇，一起喝酒叙旧，他仍然不改本色，令我心中充满敬意。

1990 年春季，面临毕业。已经毕业工作的小林强迫我报名参加某国家部委的公务员招录考试，考试费也是他赞助，考前去了三天图书馆勉强把复习资料过了一遍，结果考得 16 名，顺利进入面试，据说当年要招 38 名，后来上面告诉我，这个岗位要求有工作经验的人，也就是说应届生没有了资格。高我一届的光云在轻工业部所属的一个大公司工作，他通过工作半年多来建立的人脉四处求人帮我找工作，后来终于有一个大公司同意接收我，但老总亲自面试时的一个问题关上了此次求职的大门，她说公司解决不了住房问题，问我可否暂时自己解决住房，我如实回答我在北京没有亲戚，自己没有办法解决这个问题，最后老总只好表示遗憾。研究生毕业的大友兄在全国人大常委会工作，他不仅借钱帮我渡过难关，还向湖北省人大民委的老乡写推荐信，我带着他的推荐信去省人大找了两次，都无缘见到那个老乡。

大学4年，经济问题仍然困扰着我，虽然学校每个月发36斤饭票和十几元助学金。为了勤工俭学，在劳动人民文化宫书展上看到一个商机，我去人民出版社找销售部经理，求他把原价9元7角的《政治经济学》词典按书展时的2元批发给我，由于没有本金，与一位同班同学合伙用板车拉回了200套，以每套4元去各大高校、北京市委党校出售，最后各自赚了200元。来凤招待所（大招）的陈大姐到北京出差，我陪她采购洗衣机配件，最后她送我20元。来凤机械厂的一个阿姨在北京开统计方面的会议，我只知道她是我高中同届同学陈的母亲，在湖北省驻京办偶遇相认，她一定要送我20元，从三楼追到一楼，至今仍然记得这位阿姨的慈祥和帮助。有年暑假回家，返校上学时家里没有太多的钱，父亲只给我30元，拿着这30元钱心里七上八下，担心到不了北京，到县城的路只好步行，在上寨与茅坝之间路遇一位骑自行车去宣恩县沙道沟收借款的大叔，他知道我是学生后，一定要载着我到来凤县城，他说出门遇见学生运气好，收款肯定能成功，非常感谢他帮助我，不知道这位大叔收款如何。到达县城借住在同学家一晚，来凤到恩施车费3元6角，在恩施董大哥家客厅借宿一晚，恩施到宜昌车费9元7角，在宜昌财校工作的中央民族学院校友左章热情接待我，免我露宿街头之苦，宜昌到北京火车票学生价13元，在火车上将近30个小时，没有钱买吃的，幸有一个自称是宜昌制药厂供销员的大叔知道我是穷学生，送我手掌大一块巧克力，到达北京站是凌晨1点左右，身上仅有的几元钱是没有办法坐出租车的，只能背着包向学校阔步前进，走到车公庄附近，遇见一位踩三轮车的大爷，知道我去民族学院，他主动要求拉我一段路，最后是他送我到达校门口，然后我目送他原路返回。有一次送同学上火车，身上钱不够，在北京站地铁内向一位戴眼镜斜倚在一柱廊上看报的大哥讨了一元钱坐公交。我的民院校友来凤老乡曹学兵的母亲陈阿姨知道我家里的困难，她把她家里所有的旧衣服全部给我带回老家，平时经过来凤县城吃住就在陈阿姨家。来凤县方世和子明的家也是我落脚的根据地，免费吃住。有一次与子明哥抵足而眠时畅聊太晚，误了第二天去大庸的班车，只好找人改签。通过子明哥单位同事我还认识了国家气象局的两个朋友，经常去她们那里蹭饭，骑她们的自行车，穿过其中一位女孩的运动衣，还借过20元钱，工作十年以后去还钱时被拒收，还请我吃了一顿。

往返家乡与北京的上学路上遇见的人也有个别坏蛋，但好人居多。在某一个暑期，我在湘西大庸火车站（现张家界火车站）下火车转乘到湖南龙山的班车，我的座位号正对车门，但座位被一个需从火车站到大庸市内的帅哥给占了，他说他下车后再让我坐，我也没有别的办法，只能站着。车行过程中司机突然一脚急刹，我站立不稳，身体扑向前方的引擎盖，上面坐着一个抱小孩的女子，万分危急之下，我只好两手撑开向两边寻找支点，以免压着孩子。待站立起来后，赶忙向这位姐姐道歉，一个劲儿地说对不起，她笑着用浓重的乡音（花垣、永顺一带口音）回应说没关系的。慢慢与她聊天，知道她是回娘家，我如实告诉她我是学生，在什么地方上学，家乡在哪等。车进大庸市内汽车站载客，她请我帮她抱一下孩子，她说她下车有点事情，车快离站时，她仍然没回来，我心里正担心她不回来时，她端着一碗热气腾腾的包面来了，原来她是为我买吃的去了，心里的感激无以言表。后来我知道这位姐姐姓黄，是大庸火车站机务段的工人，在天车组开车。快放寒假时，她来信问我何时回家，她可以到火车站接我，我很高兴地告诉她我的火车票时间，由于火车晚点，她去火车站接了三次都没有成功，火车到站已是晚上11点多，我与家在湖南桑植县的数学系87级一位同学同车抵达大庸火车站，夜深无处投宿，我建议他与我一起去找这位姐姐，我们两个费时约半小时找到这位姐姐的家，一长排平房，住了许多户人家，都是机务段的工人。姐姐已哄孩子睡觉了，她起来给我们做饭吃，其实早已做好，丰盛的一桌，加热就可以了。知道我要来，她把被子重新清洗了一次，饭后烧热水给我们洗漱。我与那位桑植同学睡在沁着皂味清香的被窝里面，幸福满满的。姐夫是位火车司机，半夜回家我们都不知道，天亮起床才知道姐夫回家了，担心我们不认识路，姐姐姐夫抱着孩子送我们到达车站，路途中这位姐姐向姐夫嚷着要吃酸的，我还问她为什么想吃酸的东西，姐夫在旁边神秘地微笑，现在想来极有可能是怀孕了。后来联系中断，工作后时常想起这位善良的姐姐，感谢她对我的关照，电话查寻多次均未联系上，再后来企业改制，大庸火车站机务段电话告诉我查无此人。唉，那个时代一去不复返了。

大学4年，没有高中阶段的压力，上课也没有太认真。大一上学期除了英语和数学课外，我经常空手去上课，科学社会主义课的沈老师一次突然袭击改变了我这个习惯，那天上课时，他突然宣布期中考试，并且是开卷考试，我没有带课本，相当于闭卷考试，结果我考了65分，倒数第二名。讲课最精彩的是丁老师，非常激情而又理性的一位教授，讲授国民经济管理，每次课都没有同学缺课，课堂秩序井然。当时社会上就脑体倒挂议论纷纷，拿手术刀的不如拿剃头刀的、搞导弹的不如卖茶蛋的是普遍看法，针对这些牢骚话，他在课堂上谈他自己的看法，问题肯定存在，但问题的解决需要一个过程。他认为社会地位和荣誉无法用金钱计算，导弹专家绝对不会去卖茶蛋，外科医生也不会去理发。不幸的是丁教授在我们大三的时候英年早逝，全班同学都去八宝山向丁老师告别。

（2015年5月于伦敦）

补遗：2016年10月，我来到荆州长江大学工作，见到了高中英语李老师和徐老师一家人，我们还同住一个小区。李老师徐老师一大家人在一个高档的大饭店请我一家人聚餐。师生情深，李老师如母亲一样待我，我2017年调离荆州时，专门去李老师家聊天，叙师生情谊。(2022年9月于秦皇岛)

我的过年

春节，我家乡称作过年，继往开来的意思。年味从腊月一直香到正月十五元宵结束，最隆重的那几天要数年三十、大年初一和元宵节。抽象的程序和仪式基本相同，但具体到每个家庭和每个人，那感觉是各不相同的。

小时候，我能感觉到要过年了是从腊月的一个大晴天开始的，这一天我婆婆（奶奶）蒸炒米，我就知道年要来了。然后婆婆会告诉我，要过年了，小孩子会更听话，不打架，不说不吉利的话和丑话（脏话），大人也不打骂小孩，总之，整个村庄一团和气，祥云笼罩，给我的感觉是神秘而宁静，一切都在静悄悄而有序地进行。各家各户都在不同的时间段杀年猪、蒸炒米、推豆腐、清洗翻晒被褥、赶集置办年货、增添新衣服等，腊月二十后，就会选择日子除扬尘。开始除扬尘时，要用香纸敬火神，然后把整个屋子彻底打扫干净，从竹子铺就的天楼上清除的扬尘堆在火堂里燃烧，不作为灰尘处理，感觉有一种无形的力量在推动大家这样做，很神圣。杀鸡和打糍粑一般会在腊月二十四以后，糍粑打太早不利于保存，容易开裂。杀鸡、杀猪一般不选在腊月二十八，有杀七不杀八之说，这可能是“八”与“爸”谐音的缘故。

年三十那天，我上午一般会跟随父亲上山砍树蔸蔸，两个兄弟有时也跟着去，其实是我父亲帮我完成，然后我就扛着这个树蔸蔸早早地回家了，父亲会继续在山上找一个大的树蔸蔸砍下扛回。我回到家后，就会围着灶台转一圈，婆婆如果在炸酥肉的话，她会给我一个吃，然后不让我多吃，说要先敬菩萨。姐姐当婆婆帮手，学习厨艺。但几个重要的菜和炉子（火锅），都是公公（爷爷）亲自来下厨，我们家数公公的厨艺水平最高，公公平时不做饭，只在过年时做。然后我们三兄弟跟着公公去祭祀，祖坟、水井、土地菩萨、猪圈都要祭到，最后祭祀神龛。整个村庄香火缭绕，时不时鞭炮声响起，神圣的村庄神圣的人。

吃过年夜饭，我们小孩子就会去给果树喂年饭，期盼来年硕果累累。这个时候，大人也可能吩咐我去给牛喂水，添加草料，也有可能安排我把鸡骨头拿去喂猪，把猪骨头拿去喂狗，我会花不少时间看着猪或狗如何慢慢吃完。大人饭后会忙于收拾厨房，打扫卫生，生一炉熊熊燃烧的柴火，上午砍的树蔸蔸此刻派上了用场，然后就呼唤孩子回家洗澡，换干净的衣服或新衣服迎接新年到来。一般情况下，孩子洗过澡后天也渐渐暗下来了，我的两个弟弟还会跑向村子里玩耍。我自从母亲去世后，胆子一直很小，害怕夜晚，就不敢出去了，待在家里，大人在哪里我就在哪里。姐姐和婆婆可能会做针线活打发时间，村庄里爱好纸牌的男人可能聚在某一家玩牌，转钟时分各自回家祭祀，然后宵夜，玩牌的人也可能在某一家集中宵夜，继续玩纸牌，尽兴后回家休息，也可能玩通宵。我是经常没到宵夜时间就睡着了，没有玩伴的好处就是这样。

大年初一，跟着村子里的小伙伴挨家挨户拜年，要说的吉祥话大人已教诲了好几遍。拜年只是形式，目的是讨要瓜子、糖、花生、水果、核桃之类的东西。一般都是女主人向孩子们派送这些，村庄不大，小半天就扫荡彻底，有时碰上某些家庭的女主人正忙，我们小孩子就需要点耐心等女主人空闲了给我们发瓜子和糖等，等不及了的时候就呼啦啦一群离开去别家讨要，不过请放心，最后还会回来的，只是换个时间而已。不过，村庄的每家都希望新年迎接的第一位客人是男孩子，大人们认为这样会给家里带来好运气，因此，家中有女孩子参与拜年讨要瓜子糖果的，大人都会嘱咐她走在队伍的后面，别第一个进门拜年。尽管这样，有时仍然会出现女孩子先进门的情况，如果出现这种情况，主人家会有点不高兴，但也不会责怪小孩，只是认为自己运气不好而已。大人在给小孩派发瓜子糖果时，也会送上许多祝福的话语，根据小孩的具体情况会说不同的吉祥语，如“金榜题名”“双财双喜”“四季发财”之类的话。新年第一天，村庄大人们见面也会互相祝福对方幸福吉祥。

我讨要瓜子这些东西后，一般回家交给我婆婆，我不喜欢吃这些东西，吃了后胃感觉不舒服，然后就在家等我们家的拜年客来。大孃（大姑）家一般是姑父来拜年，卯孃可能是她自己来，还会带上两个表妹，七孃家姑父来的时候居多。这种等待有时候要持续好几天，孃孃（姑姑）和姑父他们不一定在同一天来拜年，按照约定俗成的规矩，只要在正月十五前来都正常，有的人认为整个正月都是过年，不过一般都会在正月初四前来拜年。所以，有的年份，我要期待三四天，这个过程什么感觉，说不清楚，是一种幸福，没错，幸福就是这样。

家里来了客人，我就每天跟着客人转。如果是姑父来拜年，他们会帮忙上山砍柴或下地干活，我会比平时还认真，跟着他们学习，听他们谈论一些大人的事情，从话里想象一下外面的世界。姑父们的活由我公公安排，瞿家姑父没有手艺，安排给他的活需要体力多一些，欧家姑父是岩匠(石匠)，有可能安排他修理石磨或上山找石头重新做一两样石具，如粑槽、猪槽、水缸、碓窝、火炉岩、阶檐岩等，工具他从自己家带来，唐家姑父是小学老师，我公公会安排比较轻松的活让他做，如果是上山砍柴，唐家姑父扛回家的那捆柴就没有另外两个姑父扛的柴大和重。因为我公公只给他捆这么多柴让他扛回家，另外两个姑父也没有什么意见。如果是孃孃（姑姑）来拜年，婆婆会安排她们做事，补衣服、洗衣服、做鞋子、帮厨都有可能，这时我姐姐会在孃孃的帮助下学做这些事情，几个孃孃还会说教我们兄弟几个，要我们听话，要努力读书，为大人争口气之类，每年都是这些话，但年年说年年新，我感觉每年都增添了不少力量。

拜年客一般住上三四天就要回自己家了，这时候我会跟着他们走很长一段路程，恋恋不舍地黏着，然后停下脚步看着他们背影慢慢消失，最后掉头回家，心中有点小失落。拜年有个规矩，拜年客回去的时候，背篓不能空着，也就是主人家要多少装点礼品在背篓里给客人，一般就是几个糍粑或瓜子之类的东西，这个时候，客人多不愿意要这些礼品，要推推攘攘好几个来回，实在推脱不了，客人会假装接受，然后在主人视线范围内将这些回礼放在地上，并告诉主人家，他已把礼品放在地上了，然后空着背篓回家，主人只好无可奈何地捡回这些礼品。不过，如果拜年客中有小孩，主人家给小孩的钱一般都会收下，也会假装拒绝一下，然后就接受。我们家早期的拜年客中有表妹表弟，公公婆婆一般都会打发五角或一块钱，慢慢涨到两块钱、五块钱、十块钱。我工作以后，打发客人的钱由我来提供，这个时候表妹表弟都已长大成人了，有的成家有的嫁人了，不需要打发钱了，只需要给我姐姐的两个小孩打发钱就可以了，我每年都是每个小孩 100 块，一直坚持到他们长大。有好几年，我经济状况略有好转，每年都会给我三个孃孃 100 块钱，大孃如果拜年没来，我父亲会在年后把这 100 块钱给大孃送过去。最近几年没有给几个孃孃钱，心中总觉得有什么没有放下，不过几个孃孃家的经济情况都很不错，她们的子孙都在外面打工赚钱了。

过年时，小孩子要有新衣服穿。我们家就说不清楚，不能保证年年有新衣服过年，要不就只有新上衣，或新裤子，或新鞋子，或者干脆一样新的都没有。我也很是羡慕村庄里有新衣服的伙伴，但又有什么办法呢，久而久之，习惯了不穿新衣服，如果哪天家里大人给我买一件新衣服，我穿着反而不习惯，总感觉有人在注视我，走起路来都不如平时自然，真的特别扭。这种心绪影响我好长时间，第一次结婚时穿着新衣服都不自在了好一会儿，直到再婚后，吃饭穿衣的事情不用我操心了，老婆经常给我买新衣服，心结才彻底消融。

随着年龄渐长，对过年的感受也慢慢不一样了，过年的气氛也在渐变。上高中后，挨家挨户拜年讨要瓜子、核桃的事情我已不参加了，欣赏地看着村庄里的弟弟妹妹们满寨子串门，他们比我们小时候更大胆和勤奋，跑到邻近的村庄去拜年。不过，正月我还是会去村子串门走走，享受的已是大人的待遇，满满满娘们（叔叔婶子们）给我的瓜子核桃比小时候讨要的多得多，聊天的内容也不一样了，问我的一些问题都是打听县城里有些什么新奇事情。正月初一那天，我与两个弟弟还会翻越房子后面的那座大山，在山的另一面半山腰出林界的地方等着我姐姐姐夫带着他们的孩子来拜年。如果初一那天他们没来，我们三兄弟第二天会继续去那个地方等待，直到接到姐姐姐夫一家子，三兄弟还会争着抱外甥。姐姐姐夫一家子拜年回转的时候，我们三兄弟仍然会送至迎接的那个地方，有时还会更远，送到山脚的公路边方止步回家。

上大学后，村庄的年味离我远了许多。寒假回到家里，想为家里做点事也不知道从何处着手，公公婆婆也不让我做，怕我累着了，唯一全程参与的就是敬神祭祖，给公公当帮手，公公会仔细告诉我祭祀的程序和各位祖先的称呼，在往返祖坟的路途中，公公还会向我颂扬祖先们的艰辛创业和优良品德。父亲对我的关怀更是细致，晚上睡觉与父亲抵足而眠，他整个晚上都在用手为我整理被子，怕我的脚露在外面受冻，返校的时候，他背着我的行李一直送我到公路边才安心。为家里分不了忧，我只好在村庄到处转悠，村里的人对我很客气，每到一家小坐，那家的主人会让小孩给我让座，还会真心留我在他们家里喝酒吃饭，然后津津有味地听我讲北京的故事。过年的时候，我也与村庄小孩子们一起玩，但他们对待我的态度让我与他们有点距离，我像村庄的客人，为了不影响他们玩乐的兴致，我旁观一小会儿就知趣地离开，然后回到自己家里闲坐或去山上溜达一圈。

1990年大学毕业参加工作，岁末回家过年，这个年是我与公公婆婆过的最后一个年。父亲当时在生他母亲（我的婆婆）的气，一直在我面前说我婆婆的不对。我在大年三十好言相劝，告诉我父亲，公公婆婆一辈子很辛苦很不容易，人都会慢慢变老，建议我父亲对婆婆孝顺才好。父亲当时没怎么在意我的话语，我不想多说什么，陪公公慢慢饮酒，家里其他人都已吃完下桌，两个弟弟已去了村子找伙伴玩耍。饮酒期间，公公具体说了些什么话，现在仍然理不出个头绪，但有两句话我一直记得的，一句是告诫我的话，家富不如国富，另一句是告诉我他对婆婆的态度，现在想来也是让我在外面安心工作，不用担心家里的事情。他对我说婆婆傻（ha），要我多多体谅婆婆等这些话语，我赶紧说婆婆是对的，我们兄弟几个都是婆婆抚育长大的，对婆婆只有感激之情，但公公仍然自顾自说他的想法。最后公公说，婆婆老了，眼睛不好了，身体状况也下降了，婆婆去哪里他就会去哪里，他不放心，他要陪着婆婆。春节后，我带着两个弟弟回到恩施上班，给两个弟弟在厂里找了一份临时工，离家出发前，公公婆婆一直望着我们三个远离家乡，回望村庄看见婆婆还站在屋檐下，我赶紧叫小弟回去与婆婆多说一下话，叫婆婆放心，我们都会好好做事的。母亲去世时，小弟不到两岁，大弟4岁，姐姐8岁，我6岁，真的是婆婆给了我们兄弟姐妹第二次生命。单位上班一月余，春分前接到家里的电报，公公婆婆双双离世。电报送达州轻纺工业局门卫室，我当时正在舞阳坝街上闲逛，同事友胜看到电报，十万火急，骑着自行车满街寻我，终于在下午一点钟左右我知道这不幸的消息。那个时候那个时间点已没有到来凤的班车了，只能赶第二天早上六点的班车。我找到单位领导请了假，然后去厂里找到小弟，大弟由于受不了这份工作的艰苦已经离岗跑回来凤了。我身无分文，友胜也没有，我找厂里的工友加老乡武贵借了20元钱，然后与小弟在航空路车站旅社住了下来，我们两个住的是车站最便宜的房子，具体多少钱已经忘记，两兄弟猜想了一晚上公公婆婆是不是真的离开我们了，是什么原因呢？那个晚上是人生中最漫长的夜，如果可以，真愿意以此生交换那个晚上快些过去，黎明早些来到。回到家里才知道公公婆婆与我已是阴阳两隔，最后也没有见上一面，我的生命中再添一道缺憾。我在公公婆婆坟前抱头痛哭，留下太多的遗憾堵塞我的胸口，以至于我每当品尝到公公婆婆没有吃过的美食都会觉得索然寡味。每每回忆此情此境内心又空洞无比，泪奔流而心无处安放。

村庄的长辈告诉我，婆婆用农药结束了自己的生命。婆婆一生辛劳，战乱饥寒都坚持下来了，是什么让婆婆绝望到要用生命才能超脱，几次回梦里寻答案。公公从地里劳动归来，发现婆婆已躺在楼板上，公公本想把婆婆抱上床，让婆婆走得安详些，但没有成功。公公只好把被子垫在楼板上，用尽最后一点力量把婆婆挪到被子上。公公最后穿上他最好的衣服，着装比平时更加整洁，犹如参加人生中最隆重的礼仪，把我过年时给他的20元钱放在他的上衣口袋里，特地用扣针撇住以提醒我父亲。公公用农药煎了一个鸡蛋，喝酒吃下这个鸡蛋，安静地躺在婆婆旁边合上双眼，关闭纷繁的凡尘之门，踏上追赶婆婆的终极之旅。为公公婆婆穿寿衣的长辈们还告诉我，公公离开时，仍然如年轻时一样，保持军人的形象。

悲痛渐远，远至灵魂深处。回想除夕那天，公公与我的最后话语，原来是临终交代，是对我的嘱咐和期望，同时隐晦地告诉我他的决心和人生态度。我时刻记住公公的话语，在这个多变的时代，发财的人好多，升官的人更多，但我都裹足不前，因为有爷爷的告诫警醒我。凡人脱俗何其难，我是凡人，但底线必须坚持，底线难免有时弯曲，但绝对不能断裂。1994年我离开厂长位置时，我坚持一定要上级主管部门审计后我才同意辞职，以后的岁月遇见许多好领导，心存感恩，我认真工作以求心安，我依然不越雷池一步，浪得迂腐名声。我这种迂腐的观念伴随如歌的岁月走到今天，过了一年又一年，来到伦敦。真的感谢苍天大地！感谢公公婆婆！感谢父亲母亲！感谢所有帮助我的人！

自从公公婆婆离世后，我依然在村庄过了好几个春节，但年味已大不如从前了。1992年除夕前两天，小弟陪着我去五台信用社还清了历年欠款，一千多一点，具体数目已记不清楚。当年，姐夫帮忙牵线，把他的堂妹志英介绍给我大弟，志英也是命苦之人，她与她老爹相依为命，按照农村的习惯，结婚前需要过继和放炮火两道仪式，由于大弟是去女方家居住，经双方协商，仪式从简，春节期间举行订婚仪式就可以，订婚仪式需现金800元，我只好把我仅有的400元，要回我给我父亲的400元，凑在一起交给我大弟。经唐家姑父与女方家商议，婚期定在1993年3月8日，我代表男方家长承诺提供现金1300元。那年春节有点压力，心中还不知道从何处去筹集1300元。承蒙老天关照，这一年，单位让我离开岗位搞副业，为单位增收，完成任务7000元，剩余归自己。在3月初终于有了这笔巨款，圆我大弟的结婚梦，我当年的月工资也就150元左右。是年春天，我的高中好友广树把他的堂妹介绍给我的小弟，要求是婚后随女方家居住，约定1993年国庆结婚，我又代表男方家长承诺提供现金2500元，直到9月20日左右才凑齐此数，后小弟现金不够，我又赞助200元。两个弟弟成家去了女方家居住，1993年的除夕之夜就只有我和父亲在老家过年了，父亲喜欢简单生活，团年饭只准备了一个炉子（火锅）。饭后聊天，我建议父亲去找个老伴一起过日子，父亲如果有个伴一起生活，我们兄弟几个会更加放心，父亲说看缘分吧。

1994年底，我回到老家过年，父亲已找到老伴，他去了他老伴的村庄过年，我鼓足勇气一个人在村庄过年。为了不让父亲记挂我如何过年，我告诉父亲，我去卯嬢家过年，腊月二十九这天，我翻越老家后面的大山去了卯嬢家，在山脚的一个供销点买了一只手电筒，还准备了两节电池和三颗电筒灯泡备用。年三十下午，我与卯嬢家一起团年，饭前饭后都没有家的归属感，局外人的味道甚浓，于是我向嬢嬢姑父辞行回家，姑父一直把我送到他家的后山顶上方才回转，当时天色已晚，姑父坚持挽留我明天再回，见我态度坚决，他目送我一程距离后，我们在灰暗的暮色中挥手告别。回家的路途万籁俱寂，无路人无飞鸟，行走不到一半的路程，天已黑尽，我拧亮手电，开始攀爬我家后面的大山，回到家中已是晚上九点多，我升起一炉熊熊大火，暖暖地享受这份孤独。

我老家过年有个习俗叫“三十夜的火十五的灯”，因此，这炉火我必须点燃并保持到天亮。在静坐无我之时，村庄的老明推门而进，他在家闲坐无事，到村庄串门，见我家有亮光，故来探望一下，我送他一盒香烟，他与我确实无太多的聊天话语，乃告辞转战村庄其他人户找伙伴去了。实在无趣得很，我给大火加了些柴后，躺在床上心中琢磨着该找个媳妇了。这么多年，为家人，为父亲，为兄弟，我一直都没有敢为自己追求点什么，我也知道希望越大，失望就越大。我现在唯一的希望是有那么一个人能够理解我，她在哪呢？

辞旧迎新，鞭炮声声，遵照旧习，我起床开门纳福，点燃早已准备好的鞭炮。父亲担心我饿饭，他在年三十的上午已把做好的饭菜放在碗柜里，我只要加热就可以了。吃罢早餐，没有美味的油茶汤和糍粑的早餐，我出发了，应该算是逃离，担心继续这样下去让我失掉毅力，会毁了我的。到来凤县城好友光树家混吃混喝一天，光树夫妇特地邀约一美女来玩没有输赢的麻将。正月初二，我到了恩施，买了一件方便面，一直在房间睡觉和阅读，足不出户，窝到正式上班。

从此，我特别怕过年和过节，我不知道去什么地方找什么人共享这自由的光阴。后来依然是回到老家过年，父亲与他的老伴回到我老家村庄居住，过年不再是一个人，但已找不回心中的那个年节。1999 年结婚后，疲于应付自己小家的大事小情，回到村庄过年的机会就很少了。

2007 年腊月，我与 7 岁的儿子尧回老家过年。那年腊月，大雪漫天飞舞，还有冰冻。朋友宝爷的车送我到达五台煤矿这个地方，由于路面结冰不能继续前行，我与尧徒步向村庄进发。儿子很能吃苦，所有的冰雪路都是他自己独立完成，还跟随我去祖坟祭祀。2009 年，磕磕碰碰的婚姻走到尽头，离婚后，年底又一次回老家过年，这次年三十去七孃家团聚，大年初一，姑父陪伴我回到村庄，陪我聊天以解伤心之痛。自此以后，独自一人在武汉过了两个年。其中一个年三十，同事孟清兄害怕我难受，年三十晚上，撇下家人，专门来找我聊天，陪我在中南民族大学南湖边的运动场走了一圈又一圈，直到夜深。我电话中告诉父亲，我过年很好，大城市很热闹的，不用担心。放下电话，用冷水洗了一把脸，另一个我对自己说，伤心已过，别哭别哭，好好享受这份孤独与寂寞。人生中，有些事情以为到了结尾，其实故事才刚刚开始，幸福才发芽。2012 年认识命中注定的她，从此不害怕过年，因为有她，还有儿女，家里有一盏照亮回家之路的灯，有一炉温暖我心的火，无论多晚无论多累，我要回家。家，生生不息。年，过了一年又一年。时间，永远向前。

（2016 年 2 月于伦敦）

夷水往事

（一）

1990年，我大学毕业，朋友们积极帮我找工作。在全国人大工作的大友学长帮我写了一封情真意切的推荐信，借钱给我渡过难关，要我带着此信找省人大的某位前辈求职；覃学姐也为我的工作给省某局的一个副局长写信介绍我；光云老兄更是到处帮我求职，他刚刚工作不到一年，社会关系有限，可以说是使出了浑身解数，最近的说法叫洪荒之力，他推荐我去北京市某厂面试，去中国某物资总公司求职，还请求他的同事杨阿姨给她远在宜昌工作的女儿打电话，请她帮忙给我找工作；小林记者出钱给我报名，强迫我参加国家某部委的公务员考试；王平大哥在恩施州四处帮我求人，希望我能在恩施州州直部门工作，他给我联系了恩施州委党校和鄂西大学；觉非兄在湖北一所大学工作，参加学校的招生工作，工作过程中认识一位学生家长，家长是河北某石油公司老总，觉非兄拜托这位家长接收我去石油公司工作。

省人大的前辈没有见上面，出差去了；省某局的领导看信后不置可否；北京市某厂我自愿放弃了；中国某物资总公司不能解决住宿问题，要求我自己解决；国家某部委的考试考前看了三个晚上复习资料，考了第16名，当年据说要招考38名，面试后再没有下文，也许没有招收这么多人；河北某石油公司老总带着公司负责人事的干部去了我们系里询问我的情况，负责接待的老师没有告诉我，我事后才知道情况，也不知道那个老师无意中如何忽悠掉我的就业机会；宜昌那位大姐告诉我，宜昌的接收函已经发出，我要求晚一周把我的档案发回恩施，可是那个老师态度坚决，要按时发出，不能推迟。我只好带着遗憾带着一丁点留念离开北京，于1990年6月上旬回到恩施等待命运的安排。

我是1990年6月4日左右到的恩施，借住在学长顺禄老师处。他的寝室就在学校门口左侧的两层楼房二楼的某个房间，他对恩施非常自信，因为他的单身宿舍是24小时不闭户，我任何时候去他那里，门都没有上锁，但人经常不在家。高中同学伟斌先我两年毕业，分配在州直机关工作，我也去他那里混饭吃，分散一下接待我的朋友们的经济负担，伟斌兄弟还可以做主安排我住他单位的招待所，我记得在招待所住了好几个晚上，不过都是三四个人住一间房子。有天晚上，我与复旦大学毕业的高才生欧阳和波波住一个房间，这两位兄弟与我一样，也是回到恩施等待分配工作，当天晚上与欧阳兄弟就某一件事情争执起来，最后也没有结局，波波兄弟躺在另一张床上笑眯眯地看着我们俩论战，一言不发，从此，我们三个成了最要好的兄弟。后来，欧阳兄弟当上了州某厂的厂长，但仍然于1994年前后去了宜昌发展，然后去清华念了两年MBA，现仍然在折腾。波波兄弟在州政府上班，索然寡味三年后也考去了南方某省建设银行，任处长多年后仍然离职了，现任南方某省IBM公司老总，工作之余还读了一个华中科技大学的硕士，他每年都会在中秋前寄给我月饼，从恩施到北京再到武汉，我走到哪里，他的月饼就会寄到哪里，是他欲罢不能呢，还是我欲罢不能，真的说不清楚。记得在1994年春季的时候，我在朋友向老弟那里玩，用他单位的公用电话给远在南方的波波打了一个电话聊天，他主动问我情况，我实话告诉他，目前有点小困难。一个星期后，我收到一张5000元的邮政汇款单，是波波汇过来的。我当时立即找了一个公用电话给他回电，非常感谢他的帮助，心中表示歉意，当时聊天说自己困难的时候确实没有要向他借钱的意思，我当时月工资180元左右。心中暗下决心，一定要在一年内还清这笔借款，就是借钱也要还，在1995年劳动节前分两次还清。后来互联网出现，开始有QQ聊天工具出现，他又给我邮寄一台电脑，让我学习新的工作生活方式，以一种全新的视角了解世界。第一次触网就是这台电脑，还帮我提高了英语水平。

回到恩施三天左右，光云兄从北京发来电报，委托恩施军分区的王平大哥转交于我，大意是说宜昌的接收函他已从学校取出来，挂号邮寄到恩施来了，要我想办法把档案改寄宜昌。我拿着宜昌的接收函找到恩施州教委毕业生分配办公室，要求把我的档案改寄宜昌，他们坚决不同意，说我的档案已被州人事局调走。我找到恩施州人事局，改派是不可能的了，两位科长很客气，要我等分配消息，过几天再去问。

在等待的这几天，我去了一趟州委党校，党校人事科长马老师非常热情，他说他刚好要去利川出差两天，他一回来就去州人事局要档案，他告诉我校长们已开会决定让我到党校教书；我还去了一趟鄂西大学（现湖北民族学院），拜访了政史系主任彭教授，彭教授说学校已决定接收我，等人事处去州里提档案，当时鄂西大学的校长姓李，后来去了湖北农学院当领导，研究社会主义市场经济的，因为我学的专业是经济管理，校长刚成立了一个社会主义经济研究室，他自己当主任，我是他研究室的最后一名成员，也是我在恩施的第一个任命文件，文件还把我的名字写错了，后面一个字写成了“强”，这在我们恩施是正常的，祥与强的发音一样，从小学一直错到现在，我无任何意见。但是这两个单位去州人事局拿档案都扑了空，我的档案被州轻纺工业局拿走了，我去州人事局问询，他们建议我去州轻纺工业局了解一下情况，如果不满意，他们再帮我要回档案。我去了州轻纺工业局，政工科的谢科长和李科长都很好，感觉这个单位也不错啊，于是我就不再多想，于6月15日前到州轻工业局报到了，真正地进入社会了。其实我最想去的还是恩施州民委，可能是上民族大学的缘故，我拿着求职简历找到当时的民委有关领导，他们告诉我，他们当年不进人，后来才知道他们已有人选，进了鄂西大学的一个优秀毕业生，还有就是想去州体制改革办公室，因为我比较喜欢这样的工作，找到当时的童主任，他告诉我没有编制。

我们农村出来的孩子要求并不高，只要有工作就很知足，毕竟比种地轻松。在等待分配的过程中，无事的时候在街道上闲逛，还在路边一个盲人摆的地摊上抽了一签，他用手摸着签唱读了一遍，大意是说我快要改变身份了，用了一句“鲤鱼跳龙门”的词来形容，感觉此签还很准确，我确实马上要工作了。后来看到这个算命的盲人，我还赞助过他一次，也就是给了他两元钱。

（二）

我6月14日在州轻纺工业局报到，当年分配到这个单位的还有华中师范大学毕业的友胜兄弟，他是巴东县清太坪人，父母在他上高中时去世，兄弟三人成了孤儿，靠出了嫁的姐姐帮衬才上完大学，两个弟弟最终辍学在家。友胜为人忠厚实在，乐观开朗，经常一脸笑意。分管机关的钟局长专门给我们两个开了一个小会，讲了单位的一些基本情况和工作要求，并告诉我俩，根据州里统一安排，新进的毕业生都要下基层锻炼一年，然后给我们一个星期假期，让我们回家一趟。

从老家回到单位第二天，一把手夏局长亲自把我们送到州麻棉纺织厂，要求吃住都在厂里，法人代表王厂长想让我们在厂企管办上班，但夏局长不同意，坚持要我们去车间劳动。就这样，友胜在清花车间保全工段当机修工，我在前纺车间保全工段当机修工。当年去厂里锻炼的还有中南民族学院（现中南民族大学）毕业的德强，他分配在州经济协作办工作，他比我和友胜轻松，他的单位领导没有具体指示，因此他在厂劳资科做办事员。我们三个住在一间集体宿舍，铁架子床，比学校的学生宿舍要差不少。我使用的被子还是伴我大学四年的那床军用棉被，就是当年王平大哥从他山西部队给我找的那床新棉被，毕业前夕，小林的兄长李大哥去北京给单位买车，他当时是建始县茨泉宾馆经理，我请李大哥帮忙用他单位的新车带回我的被子，然后他找机会带到州轻纺工业局给我，我一直使用到1999年岁末结婚，然后由我父亲带回了老家，在老家我依然用过好几次。

在前纺车间锻炼期间，我经历了两任车间主任。第一任车间主任姓杨，毕业于天津纺织工学院（现天津工业大学），刚毕业没几年，真正的年富力强，科班出身。第二任主任姓徐，扎根恩施的武汉知青，从工人干起，苦干实干上位，实力派。企业是真正的靠本事吃饭，单位如此，人亦如此，英雄不问出处，徐主任后来做了州轻纺公司（工艺大楼）总经理。前纺车间保全工段共有七个还是九个工位我记不清楚了，工长姓王，负责一号工位，第一天他叫我看他如何保养机器，第二天他在旁边指导我保养机器，第三天我就独立负责一号工位，他如同一个大领导一般，背着手看我们养护机器。机器如果出了毛病需要维修时他才参加，由于我的到来，他处于“半失业”状态，后来去仓库领取机物料的活也交给了我。徐做车间主任时，想把我从体力劳动中解脱出来，让我去做车间统计，我没有同意，他也就没再坚持。非常遗憾，我失去了一次熟悉工厂管理的实践机会。

车间工作的那些日子里，也知道了一些厂长未必清楚的细小事情。比如保全工会悄悄躲在休息室抽烟，可以说是非常危险的事情，一旦着火，后果真是无法想象；仓库物品堆放混乱，仓库工作人员经常找不到需要领取的物品在什么地方，台账与实物对不上，工作效率相当低下；机修工不爱惜耗材，浪费很大，经常是手抓一把小螺丝，用不了几颗，剩下的就随手扔掉，给机器上黄油也是如此。

其实我在麻棉纺织厂工作时间不到一年，中途有三个月被恩施军分区借调过去参加湖北省民族知识电视大赛，关在军区小招待所看书学习备战省电视直播赛事。那三个月收获很大，通读了两遍《大百科全书·民族卷》，还阅读了差不多两百万字的关于民族方面的资料，最后，恩施军分区代表队获得了第三名，我们团队三人载誉而归时，军分区李司令带着政治部主任站在军区大门口迎接我们。在省电视台预演测试时，省里出的题目标准答案就错了一个，被我们军区代表队碰上，测试结束时，电视台主持人要求省出题小组仔细检查一下题目，直播时千万不能出现这种情况，影响播出效果。最后赛事直播时，仍然出现一个错误答案，神奇的是依然被我们军区代表队遇上，当主持人宣布我们队答错时，我们三个队员向台下领队王干事递眼神，他马上找筹备组反映情况才及时纠错。抢答过程中，我们还犯规一次被扣分。竞赛结束后，省里组织了一次笔试，从参赛队员中选拔出参加全国民族知识电视大赛的人员代表湖北省出场，其中有一个填空题是考全国三大牧场，做题过程中，我提出异议，我说有四大牧场，监考人比较反感我的问题，因为复习资料上说全国有四大牧场，但提供的答案也只说了三个牧场，后面用一个等字代替了第四大牧场，所以，省里就把题目改成三大牧场。

很感谢恩施军分区给我这次学习机会，人生第一次乘坐飞机，第一次长途乘坐小汽车都在这次实现。去武汉时乘坐飞机，从老机场（现在的恩施市施州大道）起飞，返回时乘小汽车，中途宿宜昌，走了两天。参加完全省民族知识竞赛后，厂里给我和友胜重新安排了工作岗位，在厂档案室整理档案，因为州档案局要来检查验收。在这里我又学到许多新知识，知道文书档案如何归类建档，还全面了解了建厂历史，阅读了许多手写文件和原始文稿，包括工人写的检讨书都看过。由于有这次竞赛经历，一年后全州劳动法规知识竞赛，我又被麻棉纺织厂借过去代表厂里参加州电视大赛，在州劳动就业局院内培训学习了一个月，真的很长知识，由于我们的队长厂工会主席年纪偏大，在规定时间答不上题目，抢答又多次犯规，最后得了个鼓励奖。

（三）

1991 年 6 月，锻炼期满，我和友胜回到了州轻纺工业局。我们两个分配在不同的科室，我在二轻工业科，但有时也从事一轻工业科的事情。科长是个美女大姐，喜欢绘画和传统工艺，有个性和担当，为人很不错。她给我安排了一大块工作，主要是全州民族用品工业、工艺美术工业的行业管理以及月报、年报等，年底州民委召开与民族有关的茶话会，民委专门来人邀请她参加座谈会，她告诉来人，如果请一个就我去，如果请两个就她和我都去，但来人当着我的面坚持只要她一个人去，最后结果是她没有去参加。其实科长应该去参加座谈会，因为请帖上写着她的名字，我推测其他单位至少也应该是科长参加，上个电视什么的，新闻档次也高些，加上又是美女，比较抢镜。这些道理都是我后来才慢慢明白的，这叫规矩。

在办公室坐久了，一部州轻工志也看完了，我就想去工厂看看，于是向科长提出申请。她说好，叫我赶快出发，不要等几个局长回来了，经过请示就可能去不成了，也感谢那个时候没有手机，办公电话都只有两部，打县市电话都是长途，要向邮局申报账号挂号才能打出去。她做主让我从财务借了不到 200 元的差旅费，并且向我要去的县轻工业局打了电话告之。钱实在是太少，我去了来凤县和鹤峰县，参观了来凤宝石花漆筷厂、来凤丝绸厂和鹤峰百鹤玉厂，现场观摩生产流程，了解生产过程和工艺，还去了鹤峰百鹤玉的矿藏地找了几块原石带回恩施。此行收获最大的一件事情是在鹤峰县轻工局会议室旁听审计人员汇报鹤峰花炮厂的破产审计报告，会议开了一上午，让我受益匪浅。回到恩施，分管领导田副局长找我专门谈了一次话，也没有太多的批评话语，只是说了单位很困难，经费紧张，就是说没有硬任务就不要出差。工业部门的领导基本上没有官威官味官架子，正副局长都是干实业的，分管我的田副局长一直比较关心我，调离多年后，他还一直关注我的个人经济是否好转，地处胜利街的工艺大楼要卖时，他通知我赶快去筹集资金，这是难得的优质资产，我个人能力有限，就把这个消息告诉了同事李进，他情商远在我之上，他的朋友也多一些，应该有办法，他经过努力筹资，最后也没有达到要求，我们失去了一次实现财务自由的机会。多年后，李进去了外地工作，他专门到我教书的地方约我相聚吃饭，我们还就这件事情继续回忆了一番。陈副局长是党外人士，老家广东，他是一位工程师式的领导，比较严谨，具有精工精神，记得有次与他一起吃饭，他看见我碗里还有剩饭，他就要求我吃完不浪费。在我困难时，他还主动说可以给我借点钱，我虽然没有借陈副局长的钱，但陈副局长的善意我一直记得。

那个年代，真的很困难，单位之间待遇差距也不小。我一个月工资120元左右，每年涨一元工龄工资，这个数目一直拿到1993年下半年才开始有变化。1994年我离开轻纺工业局时，工资变成了180元左右。我工作满一年时，负债100元，后来只好每个月强行存入银行30元才消化赤字。我经常去单位福利好的朋友那里混饭吃，州法院、州财政局、州政府办、湖北民族学院都是我扫荡的地方。还有就是成家早的朋友家里，我是常客，周清兄弟家里是我们单身汉的乐园，我应该是蹭饭较多的一个吧，我在冉崇柳家吃了将近两年的免费午餐，还有就是树松大哥和翁大姐的家，翁大姐给我洗了好几年的衣服……朋友们给了我太多的幸福，待以后慢慢陈述。

1992年初，小平同志南方谈话力挽狂澜，解放了人们的思想，确实是大地春回。州轻纺工业局的领导也是无数次开会研究如何搞活经济，但最终也没有找出一个万全之策。记得当时恩施城呼啦圈满天飞，早先动手卖呼啦圈的发了财，跟风的人和单位就交了学费。我的单位从1991年冬天就开始试水了，在二街（胜利街）靠工艺大楼入口处摆了一个长长的地摊，商品就从州轻纺公司仓库批发，卖不掉的就退回去，局里年轻人是当售货员的主力军，我与友胜一组，风雨无阻，当然每天也有一两块钱的补助，从早上8点一直要工作到下午6点左右，中途无休，也没有周末一说，但大家还是干得起劲，也学到一些与市场打交道的技巧，要把一件商品推销出去确实考验能力。记得局里还办了一个酸奶厂，忠贤和久胜参与筹办，记得久胜的手艺到家，酸奶特别可口，是我目前吃过的最好的酸奶，至今没有忘记。在1992年春夏交替之际，局里成立了一个州轻工物质总公司，领导商议后决定把我派往武汉驻汉口办事处，我就离开二轻工业科，到公司上班熟悉油墨纸张纸浆棉花棉纱等供销业务。我正努力学习做着准备去武汉的计划时，局里又通知我回机关上班，原因是某公司的某个人做通了老大的工作，愿意代替我去武汉辛劳，我想这个人可能更加适合，毕竟他是多年的供销人员。后来局里又出台政策，鼓励机关职工出来为单位创收，没有太多人响应，大家都还是有点怕。最后我和科长报名参加1993年创收，她靠她的手艺为有关单位做户外广告挣钱，不要工资再给单位上交两三千元左右，总数5000元，大概是这样的，记不太清楚了。我的条件不一样，我坚持要工资，每年为单位交七千元，工资可以抵扣上交任务，但前提是全州室内装饰行业管理由我负责，后来局里同意了我的要求，不过其中一个副局长还是为我捏了一把汗，担心我完不成任务。局里领导还是很重视我的创收工作的，在为州里一个装饰公司向省室内装饰办申请资质时遇到一点小困难，我要求领导出马，正副局长都去了武汉向省室内装饰办汇报，当然费用是我负责筹集。当时室内装饰刚兴起，与建筑装饰矛盾相当大，国务院为了协调轻工部与建设部的分歧也只下发了一个文件，因此，工作难度是相当的大。有困难时领导也会尽力支持，我说服领导去州政府找领导以州政府办的名义下文成立了一个没有编制和经费的州室内装饰行业管理办公室，挂靠二轻科。通过努力，还争取到省里对我们偏远的恩施给予更多支持，省里下放了三级以下装饰资质审批权限给我们。后来在为一个私营企业办证过程中认识了工商联的唐副主委，与他成了朋友，他曾经向州委统战部正式写报告要求调我去他单位工作，后来唐副主委自己也南下海南创业去了，我也就放弃了去工商联的工作。以后见过两次唐副主委，在他家吃过饭，他动员我去海南闯天涯。可是我的一大家人都是农民，只有我一个人出来工作，所有长辈都不希望我失去铁饭碗，内心确实很纠结要不要勇闯天涯。在为州亿利达公司办证过程中，由于我在一周内去武汉拿到资质证书，公司董事长董明非常欣赏我的工作效率，他奖励了我300元劳务费。

1993年，我提前完成了创收任务。1993年岁末，局领导研究决定让我去州民族绣品服装厂或州纺织经销公司任副职，具体去哪个单位由我自己选择，一把手亲自找我谈话，我选择到州民族绣品服装厂，同时提了一个要求，我要当厂长，当副职的话我选择在机关上班，之前局里曾下派一位女同志任过该厂副职。局长是个有魄力的老人，曾经任恩施市副市长，来年就要退休了，他批评了我一通，意思是竟敢对组织提要求，太不像话等，他的批评让我感觉很亲切，一下子与他拉近了距离。事后，我猜想局长很少碰到我这种不听安排的家伙，局里的科长们对他都是毕恭毕敬的。最后他说，这事他一个人做不了主，得与几个副局长商量一下。商量的结果是同意我当厂长，原来的厂长当副厂长。就这样，我在1993年底当上了州民族绣品服装厂厂长，那一年我28岁，厂址是恩施市四维街28号。

1993年，我做了好几件大事。年初也就是农历1992年年底，我还清了我父亲在五台农村信用社的多年贷款1000元；3月8日，我的大弟结婚，由我赞助；国庆节，我的小弟结婚，依然由我赞助。最后，用光了我创收的个人所得，我依然一贫如洗，依然没有一件称心的衣服，不过心中还是很高兴。兄弟姊妹4个就只有我还是光棍，还不知道对象在何处。1993年年底回老家与父亲过春节，两个弟弟都做了上门女婿，就只有我与老父亲围着火塘夜话，想到从此他一个人在老家生活，我就动员他去找个自己喜欢的老伴一起过，他没有表示反对。最满意的事情还是交给后来者一个良好的开端，为继任者打开了工作局面，也许他们能赚更多的钱，当然创收任务会更重。

1994年是我在恩施工作最累的一年，当然经验也收获多多。这个小厂确实锻炼了我，也考验了我，带着几分书生气想为工人多多谋取福利，降低生产成本，减少开支，减轻债务，与州麻纺厂、恩施市棉织厂建立了良好关系，还把空置仓库租给州外贸公司，与州农业银行开展一些合作。不管是国有还是集体所有，企业有太多的非经营性因素干扰，这不是一厂之长可以化解的，我感觉有必要脱离此种境遇，不作无谓的困兽之斗。1994年8月，我向局里申请辞去厂长职务，要求局里派出会计人员进行审计，我好离开工厂而另谋职业，后来局里派出财务科长到厂进行审计，出具了审计报告。然后我就正式向局里申请辞去公务员，把自己的关系转到了州外贸公司，去学习业务。在等待离职过程中，工厂的部分工人集体到州轻纺工业局上访了一次，强烈反对我离开工厂，要求我继续当厂长，分管局长告诉我这个消息时，我还是有点感动。

百无聊赖时，我也去州团委串一下门，找认识的一个团干聊天。在那里，我偶遇了刚上任的团州委周书记，在书记的办公室聊了一个小时左右就离开了。过了一星期左右时间，周书记托人到处找我，约我去他办公室谈话，他问我是否愿意到团委工作，我问他我过来能干什么，他说过来创办青少年服务中心，并告诉我可以当个部长，也就是相当于其他单位的科长。我告诉他我的关系已脱离公务员队伍，他告之这件事不用我操心，他会想办法恢复我的身份。事后，州轻纺局的某领导告诉我，周书记悄悄地带着组织部的一个科长去局里面调查了解我的情况，然后决定调我到团委。事情就此发生改变，我也很高兴命运中出现这样的奇迹，贵人相助，想到立马能当上一个科长也不错。爷爷生前一直告诫我“家富不如国富”，我继续做公务员也符合爷爷的教诲，也许命中注定如此。

（四）

在州团委一直工作到1997年8月才离开，整整3年时间。1994年12月份，周书记告诉我，任命我当部长的事情没有成功，州组织部没有批准，当时团州委没有任命正科职位的权力。我问是什么原因，他告诉我，组织部的同志回话说，州组织部机关里有许多与我一样优秀的年轻人也没有当科长，所以不能任命。我争辩说团委本身与组织部不一样，培养青年干部不能参照组织部的一般干部标准，两个单位的科长也是不一样的责任和分量，中央对团干部也有要求，我当个科长完全符合政策。周书记告诉我，当时州组织部回话时，他在州外出差去了，没有在家，副书记在家主持工作。事后，他努力争取了，别人不同意，他也很无奈。最后，1994年年底，我当上了副部长（副科）。不过书记表态，明年底再去努力争取组织部任命你为部长（正科）。时运真的不济，第二年下半年，周书记去了某县当县长，新上任的书记不理会这件事情，正科离我越来越远。1995年下半年的双推双考，我有一年厂长的经历，如果加上团委部长任职经历，我就有资格参加初试，组织部的任免决定让我与这次机会失之交臂，后来知道双推双考考试题目八成以上是我参加全省民族知识竞赛背诵过的，当年第一名是与我一起参加全省民族知识竞赛的队员老胡。

虽然失去很多机会，但不能失去理想。我必须乐观向前，尽管困难重重，我必须努力为之。当时的工作经历对个人认识社会和提升能力帮助不是很大，但是认识更多朋友的好平台。我依然是全身心做好单位分配给自己的事情，虽然青春有点虚度，但也还是小有收获。与县市和州直一部分团干部成为非常要好的朋友，在以后的岁月中我们一直保持这份纯真的友谊。

另一个收获是与香港苗圃基金会的爱心人士打交道的感受。香港苗圃基金会一行4人来到恩施州需要实地考察6所乡村学校，为每所学校援助20万元建设一栋教学楼，当时一栋教学楼也只需要这么多钱。我们一行来到咸丰县，咸丰县团委很努力，请出了当时的县委副书记全程考察，这个县委副书记也是个善良的人，他完全可以象征性地吃顿饭就可以了，其他的事情团委去干就行，但是他一直陪同考察。我们用了超过一周的时间去乡村实地考察了5所学校，另外一所要翻越两座大山，当时正当午时，太阳火辣，香港的领队叶先生坚持要去调查，县领导建议不去了，担心大家吃不消，建议县团委把照片和资料寄过去，就这样我们失去了一所学校的资金，只支持了5所，苗圃基金会否决的原因就是没有实地查看。苗圃基金会一行人离开恩施时，坚持要付租车费，我告诉他们车是州委免费提供的，不用付费，最后他们仍然坚持要付，只好达成妥协，付了400元用来支持希望工程。

从事希望工程过程中，自己也会努力去实践，力所能及参与助学，还联系有爱心的人士帮助那些困难的学生。州妇联的郑主席资助了一个孤儿，从小学一直到大学，真的不容易，我是多年以后在她家里见到了这个孩子，那时孩子已经从咸宁医专毕业，她正为这个孩子的工作操心。我帮助他人时，另外的人也在帮助我，州妇联黄主席就亲自织了一件毛衣送我，我穿了好几年，建始团委的黄书记给予我不少的帮助，单位同事小刘经常请我吃早餐。省青基金会的李处长非常负责任有爱心，对恩施特别关注，我每次向她反映的情况她都会很重视，一般都会得到解决，我记得最大的一个支持是为红庙开发区增加了一所希望小学。

1997年5月，我迎来一个转机。咸丰一个领导调州某个部门工作，他的太太调团委工作，职位偏低，与我一样是副科级，单位领导想解决这个问题，但是解决她的正科不提拔我为正科又说不过去，于是我与她在一个文件上报到了组织部，可是组织部研究时给否决了，大意是研究时某个副部长说了一句“刚来就想提拔”，然后就搁置了，我与她一起凉了。事隔两个月，团委领导再次向组织部争取，事有凑巧，研究时那个太太同事申请下派，组织上说下派期间不能提拔。就这样我的正科再次熄火，一声叹息。组织部研究的结果是我年纪大了，调组织部工作，与组织部的年轻人小龙对调单位，于是乎，1997年8月，我调到组织部工作，分配在企事业干部科。两年以后，组织部下放了正科级干部任免权给团委等类似部门，只需进行备案管理就可以了，与我对调单位的小龙用了两年时间就从科员变成部长了（正科），最后以副县级身份进入州直其他单位工作。

（五）

进入组织部工作是我人生中相当重要的一段经历。我到组织部报到时，虽然分配在企事业干部科，但第一站是在一个临时机构，名称叫国企办，主要是从事企业领导班子建设。组织部从工业局、工商局、经委等单位抽调了几个人组成一个临时工作班子，对接省里的一些事项，我进入国企办时，工作已进入尾声，基本上无事可做，我用了一个星期阅读文件和档案材料，其他单位抽调的人已陆续回到自己的单位，最后就我一个人在国企办坚持，迎接省里来人检查验收。

我到组织部工作半个月左右的时间，部长就提拔到省里工作去了，由副书记代管了一段时间，在这段时间里，部里有两个副部长退休，新进了两个副部长，副书记非常了解这两个副部长，各方面都很优秀，因此，各方面的表现都让领导相当放心。又过了一些时间，省里派来了一位新部长，从州外荆门升迁过来的，高兴的是班子组建不用他操心了，副部长早已配齐，他只管开心工作。

刚开始，组织部的企事业干部科与党政干部科在一起共同办公，由党政干部科牵头，但这两个科的科长相处是相当不协调，这让我们这些当办事员的比较难办。1998 年是县市换届年，需要组织 8 个考察组，部里的同志告诉我，派我去来凤县参加换届考察，我当然很高兴，工作终于走入正轨，有机会去熟悉和了解组织工作。可是两个小时不到，部里的同志又告诉我，我不去来凤县而是参加鹤峰县的换届考察，我问为什么，理由就是我是来凤人，需要回避，这个理由还是比较充分的，我接受。

借州、县换届之机，部里近水楼台先得月，提拔了两个干部到州直部门担任副职，空出了办公室主任和组织科长职位，这也是近几年少有的事，部里的同志们精神为之一振，总算开始松动了，办公室主任由下派巴东县某乡锻炼的刘剑补缺，组织科长由调研科长轮岗过去。我的科长认为调研科长非我莫属，我没有科长乐观，但还是觉得有可能，因为按照干部任免要求，在部里排序，副科职位经历我最长，结果是组织科副科长任调研科长，算是破格提拔，因为他的副科任职经历还不到两年，命运就是这样。这件事并没有太多影响我情绪，心想下次有机会一定是我，因为部内再没有人与我竞争了。

1998 年年底，办公室主任终于有机会外派到县里任县委常委兼组织部长，调研科科长工作出色，接任办公室主任，这次终于轮到我当调研科长。但部里某领导在召开部长办公会的当天晚上找我谈话时告诉我，组织决定让我当调研科副科长牵头一年，我明确告诉他我可以不要这份工作也受不了这样的待遇。第二天，我被叫到部长办公室，我还是说了我的想法，认为这样做是不公平的。部长最后告诉我，他不是太了解情况，但已经决定了，只能先这样，年后再说。部长的谈话算是双方都可以向前走，也给予我一定的想象空间和进退距离，就这样我以副科长的身份主持调研科工作。1999 年 4 月 7 日正式任命我为调研科科长，我为了这个科长，从 1994 年一直期盼到 1999 年，用了 5 年时间证明我还是比部里的一些年轻人先一步当上科长。而组织部的那部分年轻人一直到 2003 年才有机会全部当上科长，其实他们与我一样都是生龙活虎的年轻人，能力也是各有所长的。其实上升机会最少的还是一些不受重视的业务部门，我工作过的轻纺工业局就属于这一类，与我前后分配来的大学生有好几位，都是专业人才，由于没有太多发展机遇，前后都离开了，忠贤自己干起了律师，友胜和少怀去了林业局，久胜去了监察局，晓全去了报社，凌云去了工商联，维政调回来凤，志良去了山东胶南。

1999 年，调研科取得历史性的好成绩，调研论文获二等奖，我自己获得省委组织部表彰的先进个人。当年同时期担任宜昌市委组织部研究室主任已经成长为我家乡的副州长，黄石市委组织部研究室主任成长为恩施州委常委、组织部长，在此为他们感到高兴。我没有太大的理想，但一直有个愿望想实现，就是想在有生之年去美国或西欧住上一段时间，想去那里游历具体考察一下，对比研究一下中西方社会。新世纪到来之际，实现宏愿的曙光初现，省里出台政策，每年选拔一批党政干部向美国派出进修学习，选拔条件是 35 岁以下的副县级和 40 岁以内的正县级都可以参加考试。我心中考虑着只要我达到条件考试，对考上还是有一定信心的，相信自己的学习能力。可是，眼看着 35 岁过了，副县级与我无缘，就只好期盼 40 岁以前成为正县级，也就是最迟 37 岁前务必成为副县级，40 岁前才有三年副县级任职资格，也才够基本条件在 40 岁时可能成为正县级，才可以有资格参加省里组织的出国学习的考试。我 2002 年 4 月 7 日任正科满三年，我静静地等待这一天的到来，同时也期盼在 2002 年 4 月 7 日以后部里尽快有那么一次提拔副县级干部的推荐机会，这是关键的一次机会，如果错过或没有被推荐上，我的愿望将成为永远的童话。

2002 年 3 月底，州委组织部推荐了 3 名副县级干部候选人，我由于正科级任职还差一个多星期满三年，因此失去了这次机会，也断绝了我实现宏愿的路径。心灰意冷的我向部长说了我的想法，想轮岗一个科室工作，部长说他计划全面竞争上岗，所以他告诉我需要竞争上岗。思来想去，我还是缺少智慧，还是离开的好。2002 年 8 月，我向组织部提交了辞职申请书，申请自谋生路。申请的依据是年前州委出台了一个鼓励机关工作人员脱离工作岗位创办实业的文件，扣发工资但保留一点生活费，我的申请就是以这个理由提出的。部长是位仁厚的领导，就此事专门找我谈了一次话，担心我以后的生活困难，我如实告诉领导我未来的想法，他静静地听静静地想，最后他告诉我，尊重我自己的选择，同时表态，随时欢迎我回来工作。2005 年，我又回到单位工作了十个月，回来之前我向领导戴书记报告，并说了我的想法，他是持支持态度的，不然我也不会回来上班。不巧的是，我回来上班不到半个月，他于 2005 年初去省直一个事业单位工作了。从 2002 年 10 月起，我开始过上了每月领取 500 元生活费的日子。2003 年，我参加了两场研究生入学考试，拿到了中南民族大学的硕士研究生入学通知书，同时也拿到了中央民族大学的博士研究生入学通知书，最后选择念博士研究生，于 2003 年 9 月再次走进大学校园，开始三年的博士研究生学习。2006 年，博士研究生毕业，进入中南民族大学工作，成为一名老师，一切从头开始。

时间是一条河。夷水往事如雨如烟，越来越淡，淡出记忆。真是如一流行歌曲所云：三分天注定七分靠打拼。

（2015 年 11 月写于伦敦）

夷水往事补遗

《从村庄出发》于2017年4月出版后，有一些读者比较喜欢这本书。书友们的美言给了我许多鼓励，同时也问了我许多书中没有记录的小事情，特别是在恩施的那13年时光，从25岁到38岁，可谓人生的黄金年华。在此，记叙一下书中没有言及的生活记忆，作为补充。

（一）

我对恩施的喜欢，除了朋友们相处愉快，生活中有许多乐趣，还得益于恩施城的文化。

在恩施的时光，有家的生活并不长，多数时候是孤身一人浪在恩施。我看书比较慢，因此一般需要比较长的时间才能看完一本书，但阅读后一般都能记住一个大概。这样的看书习惯就需要一个比较悠闲的时光和幽静的空间相配。恩施老城六角亭文昌祠是我经常光顾的去处，我一直以为是文庙，后来知道是清代道教建筑。文昌祠原本位于城南门外，嘉庆三年（1798年）移于此。文昌祠建筑的重檐飞角以及线刻的山水和人物图案并没有给我留下什么深刻印象，现只依稀记得正门的牌坊。印象最深的还是建筑外后面山脊上的那棵大树，不知大树如今可安好。大树下面有一长条石凳，那就是我坐卧的地方。因为大树的原因，阳光稀稀拉拉洒落在长条石凳和四周石板铺就的倾斜地面上。这是一个看书的好地方，我周末和工作中偷懒的时候都有可能去这个地方，带上几个面包、水和想看的书，步行至文昌祠那棵大树下，站在树下看看山下的清江东流，远望清江对岸五峰山上的宝塔，收回目光再看看山脚下的恩施二中校园，然后开始阅读，或坐或卧，全凭自己，无人打扰，累了就闭目休息或听水看山。1994年，我做恩施州民族绣品厂厂长时，厂部就在文昌祠附近的四维街，我几乎每个中午都会去文昌祠那棵树下的石凳上躺下休息。在文昌祠读书期间，只有一次遇见一位老人光顾过这个地方，那位大爷也只在大树下站了一小会儿就离开了。

文昌祠，心中一直放心不下，很害怕它变得华丽，变得喧闹。2005 年的某一天，路过六角亭，想顺道去看看，去看看那棵树，去那棵树下的长条石凳上小坐一会儿。到得文昌祠大门的牌坊处，只见到处堆放一些杂物，只好在杂物中找寻去那棵树的路。踩踢杂物难免弄出响声，这响声引来一阵狗的狂吠，吓得我连连后退。我平生最怕狗，狗让我望而却步，打消了心中的念头。从此，再未拜谒文昌祠。

当然，有时候也会一个人在家里懒散地看书和走来走去，晃到吃饭的时候就会去某个成了家的朋友处混吃混喝。打扰较多的有冉崇柳家、周清家、张树松家、李光龙家、金选贵家，有时候也去梁卫民家聚会，一般都会有一大桌子人。前不久，还请周清帮了一次忙，我在中南民族大学教书时认识的一个学生，老家孝感，本科毕业后还考上了中央民族大学的硕士研究生，他老家在农村，由于邻里纠纷，遇到了有社会背景的狠人，父母受到威胁，安全没有保障。学生找到我，我就请周清想想办法，他最后真的就解决了此事。重要的是他没有认为我是管闲事。最后，学生向我表决心，以后人生中一定要努力行大道，匡扶正义之类的话说了不少。这就是教育的意义所在。在此，感谢周主任。我在东北大学教书后，东北大学民族学学院在来凤县人民政府支持下，成立来凤县乡村振兴研究院，作为实践教学和科研的平台，周清主任认为这事情重要，他推送了两个头条给州里有关部门和领导同志。

某一个周日上午，在《恩施晚报》工作的谭红宁和他的夫人一起来到我的住处，我也很是诧异红宁兄长这么正式地来看我。后来《恩施晚报》刊出一组报道，报道州城人周末都在干什么，我才明白红宁兄突然造访的原因，红宁兄那篇报道写的就是我，大意是说我周末在家里看书，过得充实。其实，有时候起床早的时候，我也会去楼顶大声朗读英语。住在州委大院的州委宣传部唐明益副部长在他家阳台刚好可以看见我阅读英语的一幕，他背地里还表扬我的努力。我结婚的时候，没有举办酒席宴请宾客，但他知道后，专程过来送我 100 元礼金，这是那个年代比较重的礼尚往来了。

恩施五峰山也是我喜欢的去处。五峰山是一匹山脉或山梁，山脉如一条巨龙，顺清江左岸展开，与清江同向共舞，奔腾欲飞。山脉共五座山峰，处于龙头的山峰是五峰之最，上面建有宝塔，名连珠塔，得名应该是五峰连珠之意。无论是何种季节何种天气，我都喜欢爬五峰山。登连珠塔的次数不多，不超过 5 次，陪友人居多，虽可以登高望远，但视野并不开阔。最喜欢的还是从官坡古街上五峰山，先是一段斜上的石板古街，古街两旁房屋几欲相接，清凉清幽，意犹未尽之时，往右一拐身子随脚步就穿出古街，无缝隙踏上通往大垭口的石板路，石板路应该是现代交通兴起前的古驿道，残留这么一段美丽等待懂它的人。石板路缓缓伸向五峰山的大垭口，慢慢高出古街屋脊，视野随爬山人的节奏舒展开来，回头可望见恩施城舞阳坝部分，到得大垭口，可顺着垭口翻越山脊去往五峰山的另一面山坡，这时的石板路起了变化，时断时续，但别有一番情趣。顺坡而下可达山脚的洗脚溪，溪水从洞中涌出，冰清玉洁，潺潺有声。脚伸入溪水，透凉透凉。有阳光的日子，小溪泛着耀眼的波光，如星辰闪烁。这条路，我无数次往返，不知归处，也不知去处。

经大垭口有一横山公路，往右可通往连珠塔方向，我走得不多。顺着公路往左，可以通往土桥坝方向，这个方向我走得比较多，一边走一边可俯瞰自己居住的恩施城，舞阳坝就在山脚下，有凌空之感，感觉远又感觉近，有点梦幻。公路的右边山梁上有一个烈士陵园，名五峰山烈士陵园，平时光顾的人不多，我差不多每次上山都会去那里转一圈，瞻仰这些生得伟大死得光荣的烈士，人生一轮回，永垂不朽的灵魂。上五峰山烈士陵园，带上一本书阅读是好的选择，我去那里阅读过几次，几乎无人打扰，偶尔会看见有老人在对越自卫反击战中牺牲的烈士墓前站立，默默地到来默默地离开，静悄悄的。有时候没有带上书，我也会在烈士陵园脚步轻轻地走一圈，然后在园内找个地方坐下休息，默想一会儿，然后离开。

五峰山烈士陵园旁边的山坳处是恩施州卫校，早年叫护校，我印象最深的是学校校园内的两栋洋房子，据说原来有好几栋，由于学校要扩建，拆了几栋，确实可惜。洋房子是抗日战争期间美国援建的医院，恩施人现在仍然把这个地方叫洋湾医院。从洋湾医院有一条比较陡峭的山径可以下山，直达山下的栖凤桥，我一般都是从这个地方下山，进入繁华。

恩施城的五峰山和凤凰山可以说是这座城的左右两肺，源源不断地输送洁净的氧气到千家万户。凤凰山依然是林木葱郁，虽然逐利的资本破坏了周边山体，但还没有伤及根本。五峰山就不一样了，当年的中国茶叶公司恩施直属实验茶厂已经荡然无存，一个集种植、研发、培育、营销、文旅于一体的茶叶科技园区的上佳之地消失了，玉露名茶的茶园茶梯满山坡只能是想象了，现在是遍地炭火炉烟，农家乐崛起，基本失去了城市肺的功能了，不过多了些许人间烟火气，少了玉露飘逸仙境风。

恩施城的选址可以说是洞天福地。城市早期只有六角亭那一个山包，山上一块平地，便于修建城池，山包北、东两面清江略成环形围绕，南边、西边地势陡峭，加之有城墙护卫，易守难攻。这样选址应该考虑了自然和人为两个方面的伤害问题，地势之高以防洪水患难，四周天然屏障足以借地势之利抵挡盗匪劫掠。加之龙洞河、龙鳞宫两股洞中泉水一南一北汇入清江，四季清澈，好一幅桃源风光，诗化美化仙化。仙居恩施，实至名归。后来城市扩大，增加舞阳坝、小渡船、土桥坝，现在已经占领了整个盆地，金子坝、红庙、旗峰坝、龙凤坝都变成了城市，盆地上方的七里坪也是城市了。

离开恩施后，有时候会因工作和访友路过恩施，在此停留片刻。记得有次路过连接红庙和旗峰坝的红旗大桥时，驻足向清江远眺，当年的湿地河滩不见踪影，渡船、渡口、艄公也远去无痕。人陌生，城亦陌生。不知当年在龙洞河源头洗过澡的河水是否依然清凉透彻肌肤？文昌祠的幽静、蝉鸣，还有睡觉的那块大石板，大石板旁边的大树应该长高不少，仿佛听见了清江右岸二中校园的钟声响起。人类的贪婪已深深地伤害了大自然，生态文明思想正当其时。

（二）

我在恩施的同事和朋友差不多都正当年，在单位是骨干，在家里是顶梁柱。每个人都值得我记住，都是我人生旅程的伙伴。因为都还在职，这里不表，以后找机会录入，补全夷水往事。

在组织部工作时，遇见一个忘年交老鲁，现已退休多年，老鲁名鲁建军，比我年长一些，算是老大哥。他经常与我初到组织部时所在科室的科长老杨聊天，我被动旁听他们的对话。感觉老鲁知识面广，思维敏捷。后来我去调研科工作，同在一栋楼，就经常见面，慢慢喜欢与他一起瞎扯，成了朋友。他性格柔和，开朗豁达，心地善良，说到一些百姓苦难之事，他会眼眶湿润。与我一样，爱说爱讲，说者无意听者有心，难免“得罪”同事，但也没有大的纠纷出现，组织部的同事都是高素质，心里不高兴几天也就释怀了，依然一起快乐共事。老鲁对人对事的看法有穿透力不是吹的，洞察力不一般，常人所不及。我与他聊到恩施舞阳坝交通拥堵时，他说可以从官坡沿五峰山脚下修建一条街道至土桥坝恩施州党校门口，还可以顺延到沙湾州商业学校那里，这样就不会堵车了。他还与我说到土桥坝的规划，他觉得有必要把土桥坝整个变成一个湖泊，街道绕湖岸修建，有龙洞河的水注入，这个湖泊会绝美，城市的秀丽要增色不少。我是很赞同他的远见的，那个时候这些地方建筑密度不大，建设费用不是问题，需要的就是决心。如果真能实现老鲁的畅想，湖泊两岸配上特色建筑和园林绿化，再把三孔桥至龙洞出水洞这一段河流进行湿地保护，建成小桥流水人家，把电站关闭，恢复昔日的瀑布，那恩施就仙了。

老鲁的一些观点确实有意思，他早年当过老师，他说老师的任务就是传播知识，把复杂的问题简单化，把简单的问题明白化。老鲁说话做事就是这样直白，直击人心，他年终工作总结时，从来不说加了多少个班，熬了多少夜。我私下与他理论，问他会上为什么不说如何辛苦如何劳累加班什么的，这样领导才会重视你喜欢你，我开玩笑说你退休前还是把待遇搞上去啊。他却说加班是浪费国家电，不讲工作效率，他一般晚上来办公室就是来烤火的，不是来加班的。老鲁心态就是这么豁达坦然。无奈红尘滚滚，直到退休也没有机会留下惊人的政绩，倒是留下一些名言，振聋发聩。

他在人才科做科长时，还是在力所能及范围内去努力发现人才和爱惜人才的。我记得他与下派的科技副县长何诗标关系就不错，他很欣赏何，认为何是个人才，后来事实证明老鲁是对的，咸丰县的普通民众和干部至今还在传颂何县长、何书记的美名，老百姓开口就说“标哥不错”，人民真的记住了他，实践了“人民不会忘记”的名言。我的朋友舒茂扬从中南民族大学下派到来凤县做科技副县长，他挂职期间，我借工作之便去来凤县看望过老舒两次，他工作很忙，因为来凤主要领导相信他，让他分管科技和教育的同时，有一段时间还让他管机关，记得来凤师范中专学校迎接评估验收时，他在来凤宾馆陪酒，我在大厅等他席散好一起聊聊天，见他席中出来呕吐，洗一把脸回到席上还要继续。来凤师范是个好学校，为来凤和周边县市培养了不少优秀人才，老舒这样拼，值得。我给老鲁说，来凤的科技副县长老舒是个人才，他考察后也认可我的说法。但我和老鲁私下都反对他留下来继续任职，因为太善良的人不适合残酷的吏治和刚性的规制，会下不了断臂的决心。后来上级组织部门选拔他留在地方继续工作，老舒电话征求我的意见，我也只好祝贺他，不便把我与老鲁的看法告诉他。后来半开玩笑地给老舒说，如果你能主政一方，我去给你当个助手吧，也许可以帮你一下。其实我也不是那块料。后来他折翅回省直工作后，与他闲聊时，他由衷地说我离开行政有点可惜，我说一点都不可惜啊，我说我要么大器晚成要么一事无成。他听罢大笑，算是自嘲。后一任来凤县科技副县长肖强老弟，工作能力强，表现优秀，两年期满，在回武汉和留地方的选择上还有些举棋不定，他很谦虚地问我，我如实说了我的想法和地方的情况，他果断选择回到武汉努力工作愉快生活。

老鲁在单位算另类，他与老邓、老郭走得比较近，老鲁的走得近并不是搞团团伙伙，而是相对亲近一些，见面可以彼此开点过分的玩笑之类，不至于因玩笑闹不愉快或红脸。这“三老”都已退休在家颐养天年，都是革命老黄牛。老邓生活很潇洒，他按照工龄满 30 年，结合州里的土政策，早早地就退休了，还把自己的小家安在了离城有些距离的龙鳞宫附近，真正有了自己的三分地，可以种菜种花种草，自己说了算。老邓退休后生活方式的选择，也许好多老男人都羡慕，但并不是人人都有这气魄去实践，他是真的勇敢地做了一回自己，人生无悔。人的一生中，有太多的未了情未了事，因为放不下，因为所谓的责任，因为怕伤害，因为等待，因为迟疑……最后带着一百个不愿去了另一个世界，一曲离恨天诀别尘世。老邓是我很尊敬的老革命，他工作的科室与我同在干部档案楼的一楼，两个人的办公室相邻，因此，经常听他的教诲。老邓为人低调，不爱与人争论，乐于助人，年轻时当过医生，看淡了不少事情，一张笑脸迎人，少有生气的时候。你若问他什么事情或请教，他会先点燃一支烟，然后笑着与你说话。他退休隐居后，我还去看过他，仍然是原来的样子，气定神闲，波澜不惊。他现在应该 70 多岁了，希望他一切都好。

老郭也是个直肠子，说话不太考虑曲里拐弯的艺术，具有科学研究的品质。行政上讲究话要分场合说，有的话还不能说，有时候还要投其所好来说。对于直来直去的人，确实有些难度。好在，老郭最后还是修成了正果，得到了组织提拔。不过他始终保持本色，兢兢业业工作，与同事友好相处，愿意帮助处于困境中的朋友和同事。

在组织部工作，提拔去县市担任组织部长的机会比其他部门要多一些，这应该是熟悉业务的原因。我离开组织部后，我的优秀同事多有到县市任职的，有的通过上级选拔到了武汉。刘剑是我还在组织部工作时就到巴东县担任组织部部长，我与他共事时间不长，我到组织部时，他正下派到巴东县茶店子镇挂职，与他第一次接触是共同去同事老万家，老万的母亲去世，单位派人去悼念，我报名参加。老万老家距离茶店子不远，但那个地方也足够偏远了，山高谷深，从那个地方靠读书走出来也不容易。刘剑下派结束回来不久就提拔去了巴东，因此印象不深刻，但在老万老家见识了刘剑的书法，字写得相当漂亮，很羡慕。但后来的印象就深刻了，同事们只要经过巴东，只要他知道，不管他在与不在巴东，他都会安排接待，款待一番才让离开。我是充分领略了几次他的待客之道。他回州直任职后，我的同学在他任职部门工作，我向他推荐，他工作中多有肯定多有提携。2008年五一假期回恩施，心情十分不好，与他一顿酒，我在航空路路边花台上睡了半夜，幸得初中同学向子华一直在旁守护。后来听说他任职州水利局局长，刘剑同志现在应该退休了吧。

（三）

在恩施的13年，除了同事的友好和生活中的朋友帮扶外，肯定也认识一些领导同志。我的直接领导比较多，在州轻纺工业局时就经历了两任领导，在州团委时也经历了两任，在组织部同样经历了两任，也可以说是三任。我是创新了一回“铁打的营盘流水的兵”，搞成了“流水的营盘流水的兵”。领导对我均算友好，不远不近。领导都有圈子，我不是他们圈子里的人，因此，他们的烦恼和高兴我也无法感受，也就少了处处小心谨慎的心事，过得比较轻松，但对待领导的基本礼节我是遵守的。工作是饭碗，需要端稳，因此对工作我是努力的，同事是认可的，领导也比较高兴。

除了工作中的同事和直接领导外，也会认识一些部门领导和州领导。州领导胡荫安同志是我生命历程中比较重要的领导，这里的重要不是因为他实际上提升了我地位或好的工作环境的事情，而是发生了一件让我终生难忘的事情。在他做州委秘书长时，我因有事需要去秘书长办公室向胡秘书长请示汇报，就与他聊了一会儿家常。秘书长突然问我中午有什么安排没有，我说没有啊，然后他说请我吃饭，秘书长的一个“请”字把我吓了一跳，我判断应该是秘书长中午可能有客人需要我去陪一下酒，我就说感谢秘书长之类的话。结果真的是请我吃饭，他请了当时的政法委书记和宣传部部长，席间就我们四个人，他把我介绍给这两位领导，还说请两位多多关照我。现在回忆起来，应该是如果我有机会上常委会，希望投一下赞成票。多年后，再次听到秘书长的消息，他已经不在尘世了。对我来说，胡秘书长是如慈父般的长者，我从心里的最深处感受到温度，感谢老人家的栽培。

罗贤美同志是我认识的州领导之一。我认识他的时候，他还是恩施州民委主任，恩施土司城是他民委主任任上的大事件，至今还在发挥效益。他升职为州人大副主任时，我已经离开恩施了，所以没有机会祝贺他，直到他退休也没有见过面。因工作关系，与罗主任认识，出差时路上聊天，互相加深了印象，他肯定了我的一些看法和观点，当着我的面说有机会一定给有关领导推荐我，认为我可以发挥大一点的作用。这些话，听起来很舒服，因此还记得，难得有领导这样肯定，至于推荐不推荐都不重要了，至少有人觉得我对社会还有用。

还有一位就是田发刚先生，他当过县长，《恩施日报》社社长。才华高过很多人。这位领导很特别，说话直来直去，爱点面子的人可能心里会有起伏。我认识他的时候，他已经从报社离任，到州委政策研究室工作。在一般人看来，他应该情绪低落才对。但他不是，他仍然工作得津津有味，分管的事情兢兢业业对待，对同事还是不客气地该说就说，一点不给面子，相处久了，反而觉得老田的可爱可贵。在他的“无情”关照下，年轻人进步快了许多，能力增长，信心也增长。我认识他，是因为政策研究室有我的高中同学李光龙，我喜欢去他那里扯点散白，田主任有时候也会参与进来争论，一点不留情面。按照恩施话，我当时那颗虚伪的心脏确实有点受不住他的“打击”，后来接触多了，发觉与老田打交道很有意义，很痛快，是一位诤友。他对我的帮助不是别的，是他那种人生态度，工作与生活都是那么认真地对待，还保持自己的个性，不弯腰也不折腰，不以物喜不以己悲，活得超然洒脱。后来他去做州民委副主任，罗主任问我，老田如何，我说田主任是做一把手的料，你可能与他合不来，他太有个性，你有才，他也有才啊，他是不会拍你马屁的。后来，事实证明我的判断不准确，田主任在民委干得风生水起，他个人的事业上出现了第二次巅峰。他主持的恩施州民族文化再抢救工程，主持编辑出版的全州民族研究方面的书籍，至今无人超越。

人与人相识有时候是讲缘分的。我与保险公司的欧总认识就纯属偶然，我当时从州委经现在的亚酒去州政府，听见他在打电话，一口来凤方言，我就放慢了脚步，等他打完电话，我就问他是不是来凤的，就这样我们认识了。欧总的性格亲民，我这样的平民就喜欢与这样的领导交往，现在还偶尔电话联系聊天。从来凤调来州直工作的汪主任，为人低调，话语谦和，还不失幽默，与他聊天如春风化雨，交往轻松愉快，没有任何虚伪的官架子。州政协的陈主任，我并不熟悉，我知道他是来凤人，我 2002 年离开行政后，他曾经想让我成为州政协委员，虽然是传说，但我一直记得，非常感谢他。

离开恩施后，偶尔还会与恩施的旧同事和朋友们保持联系。在中南民族大学教书期间也认识一些来武汉求学的恩施朋友。我喜欢给人帮忙，因此就喜欢求他们，有时候是为了自己，有时候是为了他人。由于这些命中贵人都还在努力工作，只能等以后适当时间专章记叙。

我的父亲

我的父亲生于辛巳年五月十六（公历1941年6月10日），己亥年冬月初二（公历2019年11月27日）西去，虚岁79岁终。父亲离开后，我一直想写点文字回忆一下父亲，一直不知道如何动笔。在原来写的一些文章里，对父亲辛勤一生有零散记载，此文算是追忆。

（一）

对父亲的早期记忆，没有对母亲的印象刻骨。现在能回忆起来的最早的事情发生在漫水乡洗车沟的栗树坡，那个时候，我父亲在那里做瓦，我们一家人也跟随父亲在那个地方居住。父亲的瓦场与我家居住地隔一匹山梁，母亲忙的时候会把我和我姐放在瓦场让我父亲一边做瓦一边看管我们。记忆中，有一次在瓦场，有两个人在那里解（gai）料，就是用锯子把圆木剖开成板材，这样的工作需两人拉锯，圆木被架在与拉锯人齐肩的位置固定。我就在那个料场跑来跑去，锯木灰就飘进我的眼里了，然后我就睁不开眼，痛得哭喊，父亲闻声过来帮我处理，用他系在胸前的遮挡泥水的围裙（也叫围腰）搽我的眼睛，锯木灰处理了，但眼睛里泥水又来了，但不痛了。那个时候，我4岁多。

父亲作为职业手艺人瓦匠，他的技术水平如何，我没有听父亲说起过。2020年4月16日，我去漫水乡渔塘村做村落调查访问，与村里的辅警聊天，问起村里的瓦场旧址，他说有3个。我父亲曾经具体在哪个瓦场做瓦，他也不清楚。辅警电话他八十多岁的父亲，帮我问询此事，他父亲刚好认识我父亲，并且知道我父亲在渔塘村做瓦的事情。我想20世纪70年代的事情，老人家还记得，手艺应该不会太差。我在村落民族志公众号里偶然认识漫水乡洗车沟的田贤波，他说他父亲田德轩（2000年初去世）

与我父亲是好朋友，他家的转角楼瓦面屋脊，一般匠人合不了沟，只有我父亲可以做到。这么说来，我父亲的手艺至少在洗车沟独步一方，成为绝技。据田贤波告诉我，他家的瓦屋，我父亲翻检一次管五年，极端天气也不漏水。

后来，我家又随父亲做瓦地点的变换，搬迁到漫水乡明家寨，这里紧邻酉水河。记忆中父亲爱钓鱼，做瓦空闲时一般都与他的钓友在河边静默，守候鱼儿上钩。有一次，父亲钓到一个团鱼（鳖），他不知道如何从鱼钩上取下来，就与钓竿连着一起拿回家，请当地渔民帮忙取下。这件事说明我父亲在打鱼方面是个业余爱好者。

在明家寨的那段时光，我见证了我父亲深爱我母亲的一件事情。一个阳光明媚的上午，母亲正在瓦场旁边的一台土（当地水田数量用丘表示，旱地数量用台表示）里用柴刀清除杂草，惊扰了土边草丛里的一窝野蜂子，野蜂就狠狠地蜇了我母亲几下，我母亲当时痛得不行，就大声喊我父亲快点过去。只见我父亲丢下手中的瓦坯飞奔过去，然后纵身一跃跳下2米多高的土坎，三步并作两步来到我母亲身边，拿起她的手问伤在哪里了，感觉比他自己受伤要严重好多倍。我父亲以为母亲被刀割伤了，到了才发现是被蜂蜇了，他脸上的表情就轻松多了。然后，我父亲把我母亲弄回家，让她休息，父亲停下做瓦的活，先去处理那台土的杂草，顺便灭了那窝野蜂。

记忆中，父亲对母亲一直是谦让的，没有吵过架，母亲是家里的中心和磁场。父亲负责挣钱，母亲负责用钱。父亲要做什么事情，他都会问母亲的意见和看母亲的脸色。工作后，与父亲相聚的时候，我也会问一些小时候的事情，说到我母亲的时候，父亲脸上就挂满笑容。父亲说我母亲聪明能干，又能吃苦，还说我们兄弟几个都能读书上进，应该是遗传了我母亲。我确实没明白父亲这样说的理由，其实父亲在读书方面也是有天赋的。我认识他在旧司黄土坝上小学时的两个同学，一个是旧司本地的田嬢嬢，一个是五台大堰塘的王叔，都说我父亲学习成绩好，不知道后来为啥不上了。父亲还说我母亲性子陡，脾气倔，处理事情很猛。我给父亲开玩笑说，那你应该管管母亲，父亲说，首先是她不需要管，自己有主见，持家是把好手。其次也管不了。我问为啥管不了，父亲笑笑地对我说，我母亲总是先人一步，最好别惹她。你说打时她会说杀，你说拿刀时她会拿枪。我当时听了哈哈大笑，父亲却换了一副无可奈何的笑容。尽管母亲离世几十年了，言语中，感觉父亲一直爱着我的母亲，护着我的母亲，父亲心中女神般的妻。

过年前，我们举家迁回老家五台曾家界的满家坨，与公公婆婆（爷爷奶奶）住在一起。父亲需要一个人在明家寨把瓦坯装窑，烧制，然后才能回家。这是一个技术活，火候如果掌握不好就会影响成品。火温低了，或烧制时间不够，瓦会呈红色，质量不如青黑色的。火温高了，或烧制时间太长，也会影响质量，瓦片会变形，开裂、打卷的多，成品数量下降，且颜色深黑。我记得父亲中途回来一次，他手提一串小鱼儿，到家时应该是下午，只有我们小孩子在家，大人都随集体干活去了。父亲很有耐心地生火，用锅把鱼儿煮熟，然后美美地看着他的几个孩子把鱼吃完，汤喝尽。长大后，回忆这件往事，知道父亲走了很远的路，也是很饥饿的，他一口未吃，全部让给他的孩子吃。艰难岁月的幸福。

父亲在控制自己不吃好吃的方面值得我学习。记得小时候，父亲不吃水果，我们给他任何水果，他都拒绝吃，说不喜欢。对待美食，父亲也是这个态度。久之，我真的认为父亲不喜欢美食和水果。直到我的公公婆婆（爷爷奶奶）去世，我才知道父亲是喜欢各种水果和各样美食的。我给他买的水果，他都喜欢，有时候会一口气吃好几个，遇到美食也会毫不客气地享用，但酒仍然不喜欢。我从父亲的身上看到上有老下有小的养家人的不容易和奉献与牺牲精神。

（二）

小时候的记忆是碎片化的，感觉父亲的行踪是神龙现首不现尾，只有母亲一直在我们身边。犹如我现在给我孩子的记忆，我要秦皇岛、重庆、来凤三地跑，希望重庆方面尽快结束，安心在秦皇岛看书教书，陪伴孩子成长。母亲离开我们后，父亲在家里很难坐得住，我的公公（爷爷）一直很严厉，我父亲从小就怕他，成家后虽然不怕，但威严仍然在，父亲要做什么事都会请示我公公，公公就会说自己老了，不管事了，你自己决定，父亲这个时候就有点手足无措，不知道该如何回答。我公公老了，淡出了社会，但思维仍然敏锐，对社会的悄然改变洞察秋毫，开始放下传统的权威，用行动把我父亲推向这一大家的实际负责人。公公意识到村庄传统的经验和知识已经很难参与村外的世界了，未来是年轻人的。我父亲后来也是这样对待我们兄弟几个，从来不干涉我们的决定，最多提点参考建议。

我们兄弟姊妹几个很小，婆婆（奶奶）一直照顾我们，生活上的事情父亲就超脱了。家里确实不是父亲畅快说话直抒胸臆的地方，上有渐老的双亲下有年幼的儿女，丑话粗话都不能出口的，谨小慎微的语境。父亲做完家务（挑水、劈柴等），在家吃完饭，不是下地干活就是去村庄串门，找与他年龄不相上下的同伴聊天，这个时候，父亲就总会有说不完的话。父亲在村庄有两个说得来的同伴，算是知心朋友，一个是曾家幺满（叔），一个是曾家大满。差不多每次吃完晚饭，父亲就会去屋坎脚幺满和大满的家，风雨无阻，夜深才回家睡觉。幺满和大满的家在我家前方，需要从我家下行一段斜坡，相距不到 200 米。父亲一般是拿一根燃烧的硬木照亮，回来时也是，在我上小学三年级时，家里有了一只手电筒，父亲外出晚归就方便多了，但有时候会买不起电池，父亲又会用木柴照亮。母亲去世后，我特别害怕，总感觉有鬼魂在，夜晚就不敢一个人睡觉，要等父亲回来，有父亲陪伴才能入睡。父亲在他的朋友家聊天，我就在家一直坐在火塘边等他，这个时候，婆婆就会叫我喊爸爸回来，我就会从窗户向外大声喊父亲回来，他听见后会答应很快回来，但一般不会很快回来，他总有说不完的话，我会隔一会儿继续喊，父亲有时候不回应，有时候回应。有时候回来后会埋怨我催他回来了。如果是冬天，见我在火塘边，他会加柴把火生旺，把我烤得暖暖和和的，然后睡觉，父亲一会儿就睡着了，我躺在他身后，还是怕怕的，把头埋在被子里，要许久才睡着。父亲的串门和晚归，强化了父亲在我心中神龙现首不现尾的印象，随着我年龄渐长，也试着去理解父亲的日常。

长大后，村里长辈经常说笑我小时候的事情。有两件最让我难堪的事情，一是尿床，二是胆小。特别是胆小，村庄的人记忆深刻，无论是星空还是雨夜，只有我大声喊我爸爸回家的声音会打破这万籁俱寂的村庄之夜。我的大老（弟）小时候身体不太好，经常需要打针吃药，父母倾注的精力和时间较多。后来大老身体好了，我与父母在一起的时间就多了，特别是母亲去世后，由于我胆小，都是父亲陪伴我睡觉。有一次，我大约 7 岁时，父亲需要去乡政府所在地五台小坳开两天会，他只好把我放在七姑父教书的大麻阳寨，散会后再接我回家。久之，父亲也最了解我的性格，知道如何培养我。

因为我的胆小，我的父亲特别注意，处处保护我，以免受到更大的伤害。记忆中，除了影响人生的关键问题，父亲对我一直都是轻言细语，让我的脾气发够，他每次都有足够的耐心等待我明白道理，从不强迫我的意志，但会一直在旁边悄悄看着，犹如看着一粒种子，静观慢慢破土发芽。上小学时，有时候，大人会让我们小学生利用中午休息时去位于 1 队的大队供销点给家里买盐或打煤油。有一次，我与曾家老学利用午休时去供销点给家里买盐，结果发现供销点没有开门，我俩围着那栋房子转了一圈以确认确实没有上班。正准备返校上课，发现供销点有一扇窗户没有关严实，我俩推开想看看里面是否有人，结果发现窗台上有一盒手电筒用的电池，一共 8 节，也不知道是否有用，我俩认为是供销点不要了的才会放在窗台上，我俩就把这些电池拿了平分。我回家告诉父亲这件事情，他把电池拿过去装在电筒里一试，可以亮，说明是好的，也许是新的。我就很担心这事，心想要不要还回去，问父亲如何办，父亲说没事，不要紧。父亲虽然这样说，但我还是有点怕，上学时，看见陌生人，就感觉是要来抓我的。没过几天，大队队长松满（叔）来到学校，在教室门口用眼往教室里扫视，我看见他的眼光，不敢与他对视。松满发觉我异样的眼光，就把我喊出教室，问我这几天去过供销点没有，我就如实说去过，还拿了窗台的几节电池。回家后，把当天的经过告诉父亲，感觉很害怕。父亲安慰我，叫我不用担心，他会去处理好。父亲这样说，我才如释重负。后来才知道，就在供销点没有开门营业的那几天，确实被盗了，据说小偷拿走了一床棉被、一口铁锅和其他的生活日用品，供销点清点损失时，也包括我和曾家老学拿走的电池。后来这个案子告破，也没有要我退回电池。但这件事情对我影响较大，从此不拿也不敢拿群众一针一线。

父亲也并不总是这样保护我。当我与同学有矛盾时，被同学打哭或威胁时，他一般都不会帮我，让我自己解决。由于我体弱，一般都解决不了，只能被欺负，心怀恐惧，但父亲还是不管，有时候还不高兴。他说我可以跑或不与欺负我的同学玩就是了。父亲其实不知道，我白天一个人独处时也很害怕，不敢一个人走山路，需要伙伴。长大后，看电影《阿甘正传》，多少明白了父亲这样对我的原因。

在我力所不能及的事情上，父亲是一直尽全力帮助我。小学毕业，我们班需要集体会餐，但钱需要自己去挣，于是在大天坑这个地方为修建至五台小坳的公路找石头，破碎后铺路面，以方计算，挣来的钱用来会餐。由于体力原因，我干了一天就干不下去了，后来是父亲给学校交了一元钱，我才有资格参加会餐。在旧司新乐上初中时，学校给我们放三天假，用于勤工俭学，这三天需要去生产队的茶山捡茶子，就是生产队已经把满山的油茶树茶子采摘后，我们学生再去捡漏。我干了一天，空着背篓回家，很奇怪别的同学可以发现茶子，然后有很大的收获，而我就是发现不了。在小学时，我们有几年也是这样勤工俭学，我对学校只能有很少的贡献，表彰时，看见其他同学得到笔和笔记本，还有奖状，我也很羡慕，但没有办法，我就是不擅长这活。三天时间眼看就要到了，第四天上学需要带茶子交给学校，我很犯愁。第三天晚上，我父亲去坐大夜，就是其他村有老人离世，亲朋好友去悼念，但需要在那里通宵守候亡灵，直到第二天埋葬。我父亲去时带了一个蛇皮口袋（农村的化肥外包装物，因编织花纹如蛇皮），以为他要去赶场。第四天早上，我起床时，发现蛇皮口袋在堂屋里，里面装了大半口袋茶子。父亲让我拿去学校上交，我就这样完成了勤工俭学任务。

（三）

我很小就没有了母亲，惆怅苦闷时也希望有母亲在身边，心里知道这是奢望，因此也会很快释然。但我有一个好父亲，在我很弱小时，他精心地养育我。记得还未上小学时，省地质二大队的来到拦马山村勘探煤炭资源，到处打钻，但钻探需要水，就在我们小队的一个大洞里抽水，通过管道输送到 2 队的一个蓄水池，通过这个蓄水池再输送到勘探点。地质队的工作人员借住在队长家里，他们与我们小朋友熟悉后，就叫我们到水田里捡田螺、抓黄鳝，他们负责加工成美味，然后一起分享。我们小朋友都很积极，忙了大半天，下午 5 点左右，我们小朋友每个人都得到一小碗田螺肉，特别好吃，因为有酱油做佐料，人生中第一次吃到酱油味道的美味。地质队的人员还邀请了曾家公公一起喝酒，但曾家公公负责给集体放牛，牛还在老虎挡门的山上，需要赶回牛圈。然后，地质队的人员就鼓励我们去找牛，曾家公公吃完酒后来接我们。我、曾家老学和曾家老富，我们三个年长的小孩很高兴地接受了这个光荣任务。我们三个把牛从老虎挡门的鸡笼包山撵下山后，曾家公公在山下把牛赶回圈，然后我们三个告诉曾家公公，我们不从这边下山，而是翻越这座山，从山的另一边下山回家。曾家公公叫我们小心点，然后他就回家了。我们三个赤脚翻山，到山顶时天就黑了，好在有个大月亮照着。山上没有路，我们三个只能攀岩抓藤，来来回回折腾，慢慢下山。到半山腰时，我听见我父亲在大声喊我回家吃晚饭，他以为我在村子里哪家玩耍，一听我的声音在对门山上答应，也着实吃了一惊。他快步来到山下，问我们在哪里，我们在半山腰答应，告诉父亲，我们找不到路，下不了山。父亲告诉我们别动，他上山来接我们。他来到山腰，把我们三个从大石壁高处抱下，然后背着我，领着曾家老学、曾家老富，一起走出山。虽然没有母亲，我此时的幸福强过我的两个同伴。

我在五台上初中时，我公公生日那天来了许多客人祝寿，家里做了很多好吃的。我那天很不凑巧，肚子上长了一个包，痛得我翻身都不可能。现在想来，有可能是阑尾炎，与走读太累和饮食有关系。神奇的是，客人中有一个姑公，他口中念念有词，用手在我的痛处摸了几下，然后痛感就减轻了，第二天早上只隐隐作痛了，姑公又去我家后山找了一味草药，在口中嚼烂，敷在我的痛处。我感觉凉悠悠的，一会儿就彻底好了。后来转学到了旧司新乐上初中，暑假时，我的肚子上那个包又发作了，整个晚上痛得直喊叫，翻不了身，撒尿都需要父亲抱我起床。父亲说是因为没有感谢姑公，姑公的师傅怪罪下来，所以，病情就反复了。父亲第二天匆忙吃完早餐就用背篓把我背下山，他中途没有休息，烈日下，累得满头大汗。到了旧司乡黑洞塘的大队卫生院，丁医生给我注射青霉素，那个时候都是肌肉注射，直接打在我肚子上的痛处，卫生室墙壁上的“救死扶伤，实行革命的人道主义”“毫不利己，专门利人”这些毛主席语录我默念完了，肌肉注射还没有结束，我只好直接哭了，实在太痛。医生给我开了 7 针，一天一针。交钱后，他给我一根木棒当拐杖，然后让我站起来走两步，看看能不能忍受疼痛。父亲看我勉强能走，他就告诉我自己慢慢走到七孃家去，然后要我自己每天到村卫生院来打针。交代完这些，父亲就头顶烈日翻越大山，回到山上的家。七孃家与黑洞塘卫生院的距离较近，正常步行 30 分钟可到达，没有多少陡坡，基本上算是平路，但那天，我拄着父亲给我的木棒走了很长时间才到七孃家。七孃的婆婆妈，我的亲婆，见我肚子右下方红肿一片，她又给我找些草药敷上，最后总算好了，没有化脓，但脱了几层皮。以后的每年夏天，我的腰部都会长疔，化脓好了一个又长出一个，一直到夏天结束，高中毕业去北方上学后就不再长疔。这次父亲背我下山，在山脚公路上还遇见我的初中同学，他们喊我，我在背篓里不好意思，就没有答应。我父亲以为我没有听见，就告诉我，我的同学在叫我。我至今都还能想起父亲的声音，那声音的力量只能意会，传达的慈爱和期盼是无法用语言表达的，父亲是很高兴我有很多朋友的，也希望我快点长大。

我老家在海拔1000米以上的高山，经常下雨，阴雨绵绵的天，特别瞌睡。这样的天气，温度低，衣着单薄的我，无事可做时，就会躲进被窝睡觉。记得有个阴雨天，我在家里睡觉，醒来发现父亲站在床边，我懒洋洋的，也没有理他。父亲手里拿着一大瓶药，不知道是从他的哪位朋友处讨来的。父亲告诉我每天喝点，也许会让我身体好起来，不再尿床。父亲等了老半天，见我不做声，也不看他，他就告诉我，把药放在床头箱子上了，见我还是没有任何反应，父亲有点失落，悄然离开，出门做事去了。父亲离开后，我拿起药瓶看了一下，是枇杷糖浆，我喝了一口，味道甜甜的，然后我就按照父亲的要求把这瓶枇杷糖浆喝完了。长大后，知道这种糖浆是润肺止咳的。

自己有了孩子后，一个人在武汉带孩子，晚上要上课，下课后回来见儿子作业没有完成，心里就很急，就要收拾儿子。大儿由于慢性子，经常完不成家庭作业，我被他的班主任叫去了两次，与儿子一起站在教室外面，接受班主任的批评。事后想到父亲对我的耐心，等我慢慢成长，我就感到惭愧，在对待子女方面，我做得还不够。我后来就改变了自己，尽量控制自己的脾气，陪儿子在鲁巷上奥数、上新东方，带儿子去参加武汉的小学科技竞赛，他取得了三等奖。虽然学习收获不大，但增进了情感，与孩子一起成长，磨软了自己的性情。我要向我父亲多学习！

（四）

父亲在我上学这件事情上，他是比较放心的，相信我喜欢读书，唯一操心的就是我身体弱，知道尿床对我的信心打击很大。所以，只要听说哪里有偏方效果好，他都会让我试试。父亲不太迷信，也不太相信鬼神，似信非信的那种。有一种草叫尿珠子，结的籽像蓝色的珍珠，可以串成项链，听说戴在脖子上可以治尿床，父亲让我戴了一年，不见好转就放弃了。父亲知道只要我的身体强壮了，尿床会自然消失，也就不会胆小怕鬼。在新乐初中时，让我留级就是为了等身体，不留级就会升学去离家更远的学校，就要住校，尿床就会困扰我，我就会感觉羞耻，就会打击我的自信心。后来上学逃学就是因为这样的原因，早早地开始有白发也许与此有关。在新乐住校时，我用烘笼烘烤尿湿的被子时把被子给烧了，我担心父亲打我，由我七姑父领着我回家，让七姑父帮忙解释原因，父亲没有责怪我，让我好好读书，只是家里没有多余的被子让我带去学校了。那个学期的剩余时间，我就住在七姑父的寝室，依然是每天尿床，七姑父每天需要晾晒被子，我心中过意不去。新学期开始，我就不再住校，踏晨曦赶暮霭，披星戴月，翻山越岭上学。

当地迷信身体不好的人是因为魂魄失去，被某个鬼拿走了，当地叫失魂，一般是由于受惊吓所致。元宝庄有一个阴阳先生，听说能下到地府捉鬼，把身体不好的人魂魄找回来。那个阴阳先生姓陈，我家攀为亲戚，我喊他嘎公（外公）。我父亲为了我，花费钱财请这位阴阳先生到我家来进行法事活动，下到地府把我的魂魄找回来。找回来的魂魄可能是任何一种小昆虫或其他小虫子，然后通过一种仪式用布捆扎好，做成一个香袋大小的布包，让失魂之人戴在脖子上，至少三年，然后顺其自然在某个不知道的时间和地点丢失就可以。我就这样戴了三年，由于我的谨慎，到了三年仍然无法顺其自然丢失，很是让我心烦，又不能故意弄丢。最后终于在一次上山找山货的过程中给丢失了，心中高兴了一阵子，从此胆量确实大了点。这些迷信活动，我父亲心中应该是不太相信，但作为手艺人，他也不敢公开反抗，他在烧瓦的过程中也需要请神安神的。父亲自身的病痛和某件事情不顺利，他从来没有进行这样的法事，但村庄里的不少大人都进行过这样的法事来给自己治病。我婆婆（奶奶）有时候病了，躺在床上痛苦呻吟，家里又没有钱请医生看病，我父亲这个时候就会迷信，说隔壁人家打灶时（整修厨房）没有安神，惊动了鬼神，灶的重量就印在了我婆婆的身体上，所以婆婆身体痛。父亲也不请道士先生，他就自己点燃香纸，开始安神，给我婆婆治病。后来婆婆病好了，我父亲又生病了，卧床一两天，家里人就很着急，无钱给父亲治病，父亲就说没事，躺两天就好了，他说给婆婆安神需要请道士先生，不能自己家里人做法事，这叫自家不杠自家神，他犯忌了，所以会生病。后来确实过两天就好了。以后的日子，婆婆或家里其他人生病了，父亲如果判断是由于鬼神在作怪，他仍然犯忌自家杠自家神，不怕自己生病。次数多了，也没见自己病几次，他心里有没有问号，只有他自己清楚。村里哪家需要动土，请他安神，他不收取任何费用，最多在别人家吃顿饭。

父亲很放心我的学习应该是在我上小学时就开始了。记得有年全国召开农业学大寨会议，会议精神要传达贯彻到小队，小队队长曾家大满在上面开会回来后就召开小队群众大会，学习两个讲话，一个是华国锋主席的讲话，一个是陈永贵副总理的讲话，队长安排我父亲领读陈永贵副总理的讲话，我父亲让我帮他领读，我就一口气朗读完，中途没有停歇，生产队的大人们都夸奖我，我父亲也很高兴。由于父亲很放心我的学习，他很少看我的成绩单。记得在新乐读初中时，父亲看过一次我的成绩单，那次去学校取成绩单时，天下着绵绵细雨，我回到家时，家里有许多人围着火塘在烤火取暖，其中有村里的老支书覃表公。覃表公见我取成绩单回来了，他要我把成绩单给他看看，同时还要去了我手里的一张奖状。表公看过成绩单上的分数、评语和三好学生奖状后，当着众人的面狠狠地表扬了我，说我将来会有出息，要我好好努力。这个时候，我父亲也把我的成绩单和奖状拿过去看了一遍，然后还给我，要我收好。听了覃表公对我的评价，我的公公、婆婆心中的高兴从脸上的表情变化显露出来，父亲是尽量显示没事一样，但他坐姿的细微变化还是透露了他内心的高兴。还有一次是上高中一年级，我请父亲看看我的成绩单，他才接过去认真地看了一遍，然后问了我一句“你还是共青团员啊”，我告诉父亲，我在新乐上初中时就入团了，他哦了一声再无下文，然后把成绩单还给我。

父亲送我读书是用尽了全力，那个时候家里实在太穷，也没有找钱的门路，举债无门，差不多家家缺钱，一直到我的小兄弟上初中时，这样的状况才略有好转。现在想来，父亲是粗中有细，他用心用情关注我的学习，家家都贫穷，那就熬，节衣缩食挺过去。我小学毕业上初中时 13 岁，他背着我的被子（家里最好的一床）和其他生活、学习用具，一直把我送到五台中心学校，还看着我把床铺好，一切安排妥当后，他才背着空背篓回家。后来去旧司中学上初中，父亲依然把我所有的住校生活和学习用具背在背上，让我空手跟在他身后，一直把我送到学校寝室，然后饿着肚子回家。初中毕业上高中时，父亲背着我的生活和学习用品，把我送到绿水集镇，我看着父亲背影消失在回家的街头，然后我自己搭乘班车到县城一中学校。高中毕业到北京上大学时，清晨送行，他就站在房前的阶檐边，嘱咐我几句话后就不再送我了，看着我的背影慢慢模糊在村子东边的山坳，父亲委托村里曾家幺满把我送到绿水集镇，然后我自己到北京。父亲就这样慢慢变老，我慢慢长大。他一步步放手，我一步步渐行渐远，远至英伦。

（五）

1990 年夏季，我大学毕业参加工作，父亲如释重负，终于不用为上学的钱发愁了。但父亲希望我可以马上帮助家里缓解经济上的困难的愿望很快就落空了，我想他心里应该小有失落。我工作的单位待遇实在太低，每个月工资 110 元左右，钱永远不够用，只有粮票有多的，但家里粮食也有多的，卖不成钱，按当时集市上的价格出售粮食，很有可能换不回种子和肥料钱，所以，只能堆放在家里。我粮油本上的指标差不多只用了三分之一不到。

1990 年，我拼命节约存钱，回家过年时，手头也只有 100 多元，加上单位发了一点土特产。在来凤县城给公公婆婆买了一点他们从来没有见过的水果，就很为难地回家了，当晚吃过饭，一家人围着火塘烤火，这个时候，我给公公婆婆各 20 元，给父亲 40 元，算是 1990 年的总结，一个寒碜的年。

1991 年春夏交替之季，我的父亲与本村 2 队的一个人用东风卡车拉了一满车煤到恩施，希望我销售，这事确实给我出了一个难题，最后，还是 2 队那个人自己找关系卖给恩施市的一个工厂。父亲应该是对我有些失望了，想不到我这个吃“公家饭”的干部竟然这点小事都办不了，我的无能表现可以说摧毁了父亲心中对国家干部能力崇拜的信念。是否打碎了他辛苦送儿读书的梦，只有他自己知道，我也一直没敢问。父亲这次来恩施住了一晚，他是希望长期住我这里，来了发现不现实，第二天就回来凤山上的老家去了。父亲心里失落，我也失落。从此，他再没有提出跟我一起住。恩施土司城正修建时，父亲到恩施来玩过，我带父亲上了五峰山，去机场看飞机起降，也去看了正在建设中的恩施土司城。父亲只对恩施土司城印象深刻，喜欢这个地方，离开恩施时说，恩施土司城修好后，他还想再来参观。父亲的这个愿望后来没有实现，是我的遗憾和过失。

我公公婆婆去世后，父亲虽然没有来我这里长住，但他也不安心在家种地，他自己也不知道应该如何过日子，我的两个弟弟离开村庄做上门女婿后，父亲就更加对种地懒心。我为了鼓励父亲安下心来，我有时间就回家，与他一起劳动，印象深刻的有两次，一次回家探望父亲，父亲不在村子，我看见包谷地的草与玉米一般高了，我扛起锄头就去地里除草，父亲从村外回来见我在除草，他也只好一起来除草；另外一次，回家帮父亲插秧，是请人帮忙挑秧子，我老家海拔高，水稻育秧都在低海拔的亲戚家水田里完成，我负责在家里做饭，结果把肉差不多煮成油了，帮忙的人基本上没有吃上肉，我心里确实难过，也无法解释清楚。父亲从此不要我做饭，就算是他身体十分衰弱，他都坚持为我做饭。在陪伴父亲的零星日子里，对父亲的了解又多了一些，对自己的认识也加深了一些。父亲在送我读书这件事情上毅力足够坚强，其他事情好像坚持得都不是十分坚定，选择性坚持。我在读书这件事情上也是铆足了劲，拼尽毅力，在其他事情上也是不够坚持。我一直在想，这是遗传的性格弱点所致，还是值不值的价值判断导致。不过，我还是一直在克服，一直在改正。2002 年，从恩施州委组织部调研科长职位辞职，放弃了好像可以很快到手的县级领导大好前途，朋友们不能理解，我自己也不可思议。到武汉后，在评职称的路上也是磕磕碰碰，几次想放弃，2013 年还联系了两个大学，准备调动，但想到过去的放弃，最终扛住了。2015 年评上教授后决定离开武汉，算是给自己一个约束，做到了。

随着对父亲性格和生活习惯的了解增多，我尽量做到让父亲生活过得惬意一些，至今回忆起来虽有遗憾，但我确实努力了。父亲后来找了老伴，生活稳定下来，家里有了生机，责任地种上了庄稼，房前屋后的果树有人打理，每年都挂果，我大儿子出生那年，果树结得最满，这是我后妈告诉我的。我结婚时，没有举行婚礼，没有通知任何亲戚，老家距离恩施 100 多公里，以那个时候的交通，这个距离算路途遥远了，从高山上的老家出发，还得加上一个词：路途艰辛。但父亲和他的老伴用了一整天时间，傍晚赶到我的新家，给我带来了 1000 元现金，在财力支持上尽了洪荒之力。

父亲年老，除了种地养家畜以外，无法获得其他收入，我力所能及地帮助父亲解决经济上的困难，从 1991 年起，家里的农业税费由我缴纳，我家按 7 个人的田土缴纳农业税费，我一直坚持到 2005 年国家免征，原来差不多都是欠缴或少缴，一次性缴纳的次数不多。父亲开始也不理解我足额缴纳农业税费，有点怨言，村里干部知道我回来后，他们就会上门来收取农业税费，他们知道只有这个时候能全部收缴到位。头两年父亲见村干部到我家还有点不高兴，看着我把几百元大钞送出去，心里不爽。我不管如何静悄悄地回村，村干部都能知晓，差不多是我到家的当晚就来我家收取农业税费，还与我天南地北地聊上个把小时，然后起身去下一家收缴。后来父亲慢慢高兴起来，好像从村干部来到我家找到了快乐，有时候还要挽留村干部喝碗油茶汤才让离去。他的儿子终于改善了他的生活空间，不再苦闷和压抑，愁容从脸上挥去，做事和说话比原来有了底气，村干部有时候还主动就公共利益问题征询一下他老人家的意见，采不采纳不重要，重要的是参与了。记得农业税费缴纳最为困难的时候是20世纪90年代，百姓有时候赌的是一口气，叫硬气，作为管理方就需要顺气，顺了以后，工作要相对容易些。社会现代化进程任重而道远，管理部门责无旁贷，要有一种牺牲精神才会谋得社会的长治久安。在单位的一次普法的学习会上，大家都需要发言过关，我发言说，我们坐在这里学习的各位，首先要有法治意识，然后才会有法治精神，我们其实都知道法律，问题不是出在懂不懂，而是愿不愿意遵守。

父亲的幸福日子没有过上几年，又开始动荡起来。父亲老伴的儿子在他老家修建新房，地理条件比我老家要好，交通便利，气候相对温暖一些。父亲告诉我，他们支持了一万多元，差不多是他和老伴的全部积蓄。我给父亲说，这样很好，一家人就要这样全力支持。再后来，他又告诉我，说后妈的儿子接他和老伴下山，与他们共同生活。我说很好，但搬家时，适当给老家留一些简单的生活用具，也方便您偶尔回来居住。他不置可否，仿佛没有听见我的建议。后来，搬家过程中，我的小兄弟打电话告诉我，我依然这样建议，我的小兄弟也不置可否，积极支持父亲搬家。我了解父亲性格，担心他坚持不了多久，所以，父亲每作出一个决定，我都会把所有可能出现的情况假想出来，准备预案，万一发生不利于父亲晚年生活的事情，我也好进行弥补。在我公公婆婆去世后，他决心到恩施与我居住，把家里的一些东西都送人了。后来到恩施一看，发现不是他想象的生活场景，回老家后又重新置办生活用品。父亲以后的日子如何过，这心事一直纠结我，无解。后来，国家在社保方面的政策有所变化，我父亲可以参保，在林正高先生的帮助下，我给父亲买了一份社保，从此不再担忧他的生活保障问题。

由于不放心父亲异地安家生活的适应能力，2007年冬天，我带着7岁的儿子回老家，与父亲一起过年，看见他们一家其乐融融，我的担心看来是多余的。那年冬天，南方下了一场罕见的大雪，但父亲仍然带上我和他的孙子翻山越岭回到曾经的老家去祭祀祖先，父亲本不太喜欢这些烦琐的程式，是为了满足我的虔诚才天寒地冻地陪我到老家。去山林中的祖坟面前烧香的事情就由我和我儿子完成，父亲在老屋烧着大火等着我和他的孙子从山上归来，我儿的脚冻得胡萝卜一样通红，还磨破了脚趾。这一趟祭祖之路，与父亲交流了许多，他一直强调下山生活很好，比山上好很多，后妈的儿子和儿媳对他们两位老人也很孝顺。事实也确实如此，我那位异姓兄弟老实厚道，没有多话，兄弟媳妇也很善良孝顺。父亲晚年生活幸福，我是很高兴的，但我知道父亲的个性倔强，不是那种很有合作精神的人，喜欢一个人独来独往，而且容易被表面现象蒙蔽。自我懂事以来，印象中，父亲认为作数的人，都是离他生活比较远的人，离父亲生活比较近的人，他的评价都是比较否定的，总要找点别人的毛病，尤其是对亲戚朋友和左邻右舍，这也导致父亲没有特别亲近的人，比较孤独。我父亲这样的性格和处事方式，老家不少人都多少具有一点，只是轻重不同。我如果不通过上学走出大山，努力锤炼自己，估计也会多少带点这样的德性。人生的成长环境虽然不是决定性的，但对个人的成长是有很大影响的。因此，我还是有点担心父亲的未来，内心默默祈祷父亲能够改变一下自己的个性，为了自己的晚年幸福。

2008年夏初，我接到兄弟的电话，电话中兄弟把父亲搬回老家居住的消息告诉了我，担心变成了现实，他与老伴分开了。电话中难免埋怨几句，数落他们不听我安排。最后是我出钱，兄弟出力，买齐生活用具送回老家，顺着父亲的个性去努力，保障他的晚年生活。暑假，我从武汉赶回老家，看看父亲还有什么需要帮助。因为我有话在先，父亲怕我不高兴，声音很轻地试着告诉我，本来是生气的原因搬回老家居住，他却告诉我山上夏天凉快，所以回山上居住，冬天还是会下山居住。我也假装相信他说的是真的，高兴地说，这样很好，有什么困难就告诉我，我会去努力完成。当年冬天，后妈的儿子也去山上接父亲下山，父亲到山下过了几天又回老家了。过年时，又去接他，也只是吃过年夜饭就回山上了。村庄里的人与我聊天时，也会告诉我，说我的父亲个性太强了。现在想来，不是个性强的问题，而是过于自尊，内心受不得丁点伤害，特别在意别人的负面评价，太爱面子。其实这是自卑心作怪，内心脆弱的原因。这是我克服自己的自卑用了五十多年悟出来的，现在仍然在努力克服自己的自卑，强大自己的内心。

2009年，我的婚姻走到尽头，孤身一人从武汉回到老家。父亲仍然没有下山居住，我只好上山陪伴父亲，我告诉父亲我分家了（当地对离婚的委婉叫法），他没有马上接话，然后说搞不好关系分了也好。父亲说这话时也强烈地传递了他的情感生活情绪。然后，关心他的孙子的未来，我告诉他不用担心，孩子归我。为了父亲能够下山过年，我选择去七姑家过年，给父亲留一个空间，同时与姑父聊聊天，疗一下我的婚姻之伤，这方面的事情，我父亲是没有办法安慰我的。去七姑家，需要翻越屋后的大山，父亲送我到达山脊的垭口，然后止步，垭口的风寒冷刺骨，我俩都冻得发抖，天下着冻雨，一会儿就见父亲的眉毛结了冰霜。但父亲没有马上回转到家的意思，感觉父亲还有话要说，担心我过年了就马上离开，他就没有机会当面告诉我了。然后，他以征询的口气问我，可不可以给他在旗鼓寨（县城附近）买个房子，他想挨着他的小儿子居住。父亲知道这需要不少的钱，所以试探我是否愿意。我告诉父亲要认真想一想，买个房子没有问题，关键是父亲要能够安心长期居住。父亲说山下气候好些，山上太冷了，这也是事实，我应该去帮助父亲实现他的愿望。在这之前，也曾努力过，我相中旗鼓寨的一栋瓦房，还有一片地，价钱也不贵，但父亲和他老伴去看后给否定了，认为距离其他人户有点远，不愿意搬下山。我之所以认为那栋瓦房好，是因为我了解我的父亲，也了解我后妈的性格，只有那样一种居住格局，才有可能稳住，然后慢慢融入邻里。当然，最后背锅侠是我，都是我的原因，没有成功搬下山。我想这次应该可以，同村的曾家幺满一家已经搬迁到旗鼓寨安家，父亲可以有个朋友扯白了。父亲喜欢老家那样的环境也是因为曾家的几个满满了解我父亲的个性，不计较的原因，所以，说话做事的环境就宽松，互相有个谦让，了解彼此，分寸比较好把握。过完年，我专程去了一趟旗鼓寨兄弟的家，把父亲要到旗鼓寨安家的事情告诉他，请他帮忙购买，钱由我出。后来找到了合适的房源，购买比较顺利，然后我出钱让兄弟请人进行整修。在整修过程中，父亲和后妈就要搬去居住，说是暂时与我兄弟住在一起，我坚决反对，担心关系处理不好，影响我父亲心情，然后生气不下山了，到时又是个麻烦。这次，他们听从了我的建议，直到房子整修完毕，才搬迁下山入住。自此，父亲过了几年幸福安静的生活，有了一份退休金，他的小儿子给他找了一份公路养护的工作，又增加了一些收入。

（六）

2009年离婚后，我单身了3年，2012年再入围城，步入婚姻殿堂。2013年，新生命诞生，我有了三个娃娃，算得上家大口阔的人户了。后来，来凤兴建教育城，优化教育资源，扩大城市规模，开始征地拆迁。我给父亲买的房子刚好在这个范围内，在我的老师陈祖新先生建议和帮助下，我响应政府号召，政府征收了我父亲的房子。在此之前，父亲的居住环境已经在他心中有所变化，我几次去探望父亲，都只见到后妈，老父为了养护公路方便，又回到五台的老家居住。其实这只是托词，我知道父亲的心思发生了变化，他习惯了老家的山山水水，习惯了老家的乡里乡邻，也习惯了且善于处理老家的人际关系。居住旗鼓寨的新鲜感已过，余下的日子就需要定力和耐心去处理周边的关系，适应与过去不一样的环境和生活方式。这是我父亲最不愿意做的事情，他只愿意做他自己，希望环境和人际关系都顺着他转。但现实并不总是这样美好，他在老家与旗鼓寨两地游离，不是举棋不定，而是他的生活方式，从年轻时不服从生产队管理而脱离体制到处做瓦谋生就开始了。我不知道如何与父亲沟通，因为他每次安排我做的事情，我都会认真努力地完成，达成父亲的心愿，但父亲后来的生活轨迹与我心中的判断吻合，而与父亲想象的未来相去甚远。这次，我建议父亲和后妈去绿水集镇租一个房子，等还建房建成后再搬回来居住，租金当然是我出，这样一可以回老家方便，二可以照顾后妈那边兄弟在绿水学校上学的子女。可两位老人不这样想，希望我在县城给他们租房，但问题是父亲的那点退休金是不可能够他们在县城生活的。我的小家开支也大，如果父亲居住县城，依然如过去一样，所需一切由我独自承担，那肯定没有办法保证父亲一家人的生活。我比较担忧，心中想如果父亲自己在县城租房，还是要支持他，我自己也知道我已经力不从心，但也无处说无人帮，一个字“扛”，但勇气已没有了，无力感顿生。同时，我也感觉到，由于房子拆迁，加之父亲有了养老金，亲情关系、小家与大家的关系已悄然发生变化，血缘亲情已经约束不住一些心思，有种“山雨欲来风满楼”之感，但也没有其他办法挽救，只能等待早晚会到来的结果。这种结果也是我自己种下的，因为丢不下亲情，管得太多太宽，没有分寸，超越了边界，一味忍受和让渡，久之，成今日现状。反思过往，某种程度上看，我是“害人害己”啊，怀着一种美好，让自己疲于奔命，把自己年轻有为的那段时光用偏了方向，既没有帮好他人，也蹉跎了自己的岁月。理想很丰满，现实很骨感，按老家谚语讲，就是“识得秤来，姜卖完了”。但我想现在也不晚，相对于短暂的生命来说，任何时候开始都不晚，于是心一横，违背“父母在，不远游”的古训，努力出国去看看吧。

武汉校园里，下课回家途中，接到兄弟电话，父亲与后妈又分开了，父亲回老家居住，既没在绿水集镇租房，也没有在县城租房，父亲的老伴去一个工地做工去了。由于放心不下父亲，我抽空赶回山上老家，看望父亲，了解他的心思和将来打算。这次探望，感觉父亲对生活的态度比较消极了，也不再对我提要求了。他知道我工作以来，我个人就没有怎么大大方方地为自己花过钱，所以他说想为我存点钱，意思就是住在老家开支小，他可以把退休金省下来。父亲把这个意思表达后，再无多话，就一直催促我早点动身下山回到我的小家去。我就向父亲辞行，向父亲表达歉意，由于距离太远，不能经常回来陪他。他还是原来的那句老话，叫我不用担心，不用管他，放心去做自己的事，能走多远就走多远。

有了出国的念头后，我就报名参加了在四川大学举办的国家公派出国外语培训，基础太差，同事取笑我的水平，但丝毫没有打击我的决心，上课坚持坐第一排，晚上操场跑步，早起晨读，后来勉强拿到公派留学的英语合格证。与伦敦政治经济学院人类学教授石汉（HANS STEINMüLLE）先生取得联系，我希望拿到伦敦政治经济学院的邀请函，石汉教授告诉我，伦敦的事情他来办，国内的事情就需要我自己来办。通过努力，我拿到了 2014 年公派出国访问的面上项目，这也是我目前唯一一次得到国家的项目资助，国家社科虽然努力了多次也没有任何结果，后来从心理上放弃了努力。由于经济上的原因，推迟到 2015 年才出去，在伦敦期间，知道父亲重病一场，在绿水镇卫生院住院治疗，由于用药不当，导致一次小型医疗事故，对父亲身体打击较大，从此身体无法恢复到病前水平。生病期间，父亲也没有告诉我，我是在父亲快出院的时候才知道他生病。出院后，我老婆在县城给父亲租了一间房子，他住了几天就回老家了，理由是住房不理想。租这个房子时，我是想那里有个加工拖把、扫帚的作坊，希望父亲康复后在力所能及的范围内参加一些简单的劳动，这样对身体健康有利，也可以有人说说话，不至于一个人烦闷。这件事情没有给父亲做好，他在我面前埋怨了两年，后来我终于听懂了，他是想租大一点，方便他旧司的孙子下城里来有个地方居住。这个想法是人之常情，但我是在父亲去旧司与他二儿子一起居住时才搞懂。

2016 年 3 月归国，我处理好工作方面的事情以后，4 月 11 日回到山上老家曾家界看望父亲。去年的那场重病对父亲的身体打击较大，比一年前老了许多。我责怪父亲没有去县医院就医，他说麻烦，乡镇医院简单，人也熟悉。父亲说的是实情，其实根本问题在于县城医院太大，他不知道如何去住院，心有畏惧感。父亲领着我很吃力地走遍了后山的山林，步伐比病前慢了一半还多，每走一段距离就需要停下来喘喘气休息一会儿才能继续前行。父亲把山林界址一一交代，要我记清楚。父亲这样对我，我心口堵得慌，一种人生即将落幕的悲凉感涌上心头。父亲在他母亲的墓前站立了许久，然后，慢慢下山回家，一路上，父亲说了许多，一句也没有记住，至今也回想不起来，被父亲要我记住山林界址的交代震撼，把脑袋给填满了。我的两个兄弟比我清楚承包地的那些事情，纳闷父亲为啥这样慎重地吩咐我。父亲坚持为我做饭，不要我帮忙，很客气。晚上与父亲抵足而眠，感觉父亲整个晚上都在不停地给我盖被子，一会儿又摸一下我的脚，看看是否还在被子里面。第二天下山回武汉，父亲再也没有力量送我了，过去都是父亲把我所有的行李由他独自背在背上，让我空着手专注走路，父亲每次都要负重行走大约 4 公里的山间羊肠小道，一直把我送到公路边，在没有车载我的时候，父亲还会送得更远，最远一次送到绿水集镇的长途汽车站，大约 13 公里。这次，父亲只能在房前看着我的背影变小，然后消失在山脊的另一边。

2016 年暑假，回来凤要做的第一件事情，就是把在身边的女儿和儿子带上，与老婆一起回到山上的老家看望父亲。女儿 7 岁，儿子不到 4 岁，在酷热的夏季，他两个都能独自走上山，相聚时短，父亲又催促我们赶快下山。我给父亲 1000 元钱，他只要 400 元，另 600 元给我的三个娃娃，如果我给超过 1000 元，他拒收，自从有退休金后次次如此，仍然还会重提要为我存点钱的老话。父亲送了一点礼物给我们，下山时，考虑孩子年幼，我选择一条路程短一些但陡峭一点的小道，结果这条路已经荒废了好几年，路的痕迹都已经快没有了，荆棘丛生，需低头从杂草荆棘丛小心穿过，老婆背着礼物，我抱着儿了，女儿得自己努力，走出荒山，到达我的启蒙小学所在地，汗水湿透衣裤，穿裙子的女儿双腿被刺划了不少的伤口，眼泪直打转。这次行路难的记忆在女儿心中停留好几年，不知对她努力读书有没有帮助。经过潘家院子，在我小学潘老师家小憩一下，暂避一下炎炎烈日。潘老师正在家养病，胃痛不止，聊天比较吃力。再次回山上老家时，父亲告诉我，潘老师已经去世，胃癌晚期，父亲帮忙选择的墓园，距离小学的西头不远。父亲还特意说到潘老师与他同年出生。

2016 年寒假，上五台老家看望父亲，已经是天寒地冻的深冬，天空下着冻雨，路面结冰。我给父亲报告我换了一个单位，不在武汉了，在荆州长江大学工作。父亲没有多话，呼吸较重，看来恢复到病前的健康状态是不可能了。父亲告诉我，他给一个儿子还了一万贷款，给另一个儿子一万元，目前存有 3 万元，让我取走。想到父亲身体状况，以后的生活肯定需要的费用不会比现在少，我就拿走了两万，我新单位月工资不到一万，确实有点困难。父亲还告诉我，他的二儿子想接他去旧司居住，山下气候要好得多，我说这是好事啊，你可以去试试。父亲要我去跟兄弟谈一下，我说马上去办，但我心里清楚，这事不好办，但我还是去谈了，结果没有谈好，父亲知道后没有说话，应该是对我不满意，这么一个简单的事情都处理不好。但我不能告诉父亲，我目前处境艰难，拿不出更多的钱了。

2017 年春节上班后，忙着换单位，去重庆的长江师范学院工作，等我忙得差不多了，已经到了端午节后，父亲的生日快到了，我赶回来凤给父亲祝寿。我姐姐已经早早地把父亲接到她家，我赶到姐姐家里给父亲祝寿。父亲脸上有了笑容，看来心情比较快乐。我悄悄地问姐姐和姐夫，他们房屋旁边的房子有没有人居住，我想租过来给父亲长期居住，这样就可以吃饭在我姐姐家，同时又给我父亲创造一个比较独立的生活空间，能较好地照顾父亲。姐夫说那家人没有居住，需要随时可以拿过来。当然这些只能悄悄做准备，不能让父亲知道，父亲不喜欢被安排的生活，他喜欢自己做主。这些条件具备后，我开始给父亲做工作，建议他这样生活，并说出许多好处，劝他要服老。但父亲有重男轻女思想，亲族有别，他不愿意，也说出许多他不愿意的理由。家乡老人养老也确实是这个风俗，有儿子是不投靠女儿的，不然会面临社会舆情压力。后来父亲在姐姐家待了一个多月，把我写的《从村庄出发》通读了一遍，父亲的评价是说我记忆好，还帮我补充了一些家族历史。比如，我外公外婆家是地主成分，姑婆的婆家小地名是重庆酉阳赵锅底，还有车田、八穴、苗融这些地方，正是父亲的这些信息，我才可以找到姑婆的家。2017 年暑假，回到来凤，才知道父亲已经在他旧司那个儿子家养老去了，并且搬空了五台山上老家的生活用具，寿棺也运下山来了。这次下山的决心比前几次都大，我还是放心不下，到旧司去看望父亲。父亲告诉我，他已经正式到旧司了，退休金的本子都交给他儿子了，交本子前还给我姐姐几千元，算是表达对自己女儿的关心。我还是建议他单独居住，租金我出，这样保持点距离，好相处一些。父亲听了我的话，有点不高兴，叫我以后别管了，我管了20多年，现在就让他们管。我说好，听父亲的安排。如果你有什么困难，还是要告诉我，我来解决。父亲说不会有困难的，叫我安心工作，不要管他。

（七）

父亲的决定，我只有听从和尊重，真心希望父亲能在旧司颐养天年。父亲其实心里清楚，他的三个儿子，家住旧司的条件要差一些，他是想通过这样帮助一下他们，毕竟他的退休金加上农业补贴一年有2万多元，他自己的消费已经很低了，一天两餐，每餐吃一小碗米饭，大鱼大肉已经不是父亲的生活日常了。父亲对我的好一直超过他对其他子女的好，当然不是物质上的支持，是情感上的互动，这与我努力保障他的生活无忧无虑有一定关联。由于我希望父亲晚年过得好一点，希望他身边有人照管，为了给父亲创造一个好的养老环境，我就管了许多事情，包括父亲身边的人和事，这样就出现一些我需要多付出金钱和精力的事情，只要父亲能过得更好，我愿意去努力，积极付出。但父亲的养老境况并没有因此发生多少改变，反而随着父亲养老经济保障的不断改善而出现一些微妙的变化，这些变化超出我的能力之外，这个时候的我也希望父亲自己果断决定，我才好安排他的生活。但他一言不发，要不就是埋怨我管多了，数落我的处事方式。

父亲虽然说不要我管了，但我仍然放心不下，回来凤就要去旧司看看他。2017年秋季开学后，学校给我发了安家费，除去购房和装修，还有点结余，部分用来还民间借款。看父亲衣着单薄，就买了两套保暖衣服送到旧司，给父亲钱，他坚决不要了，并说他不管钱了，以后过年时也没有钱给我的孩子了。我劝了劝，他要了两百元。

父亲去旧司养老，我依然是担忧的，这份担忧与当年他去后妈儿子新房居住的担忧是一样的。我还有一份担忧就是万一父亲不愿意在旧司居住了怎么办，再回老家居住是不现实的了。2018年快放暑假时，知道父亲生病了，居住不愉快了。父亲是不会告诉我的，因为他已经说过不要我管了。我具体如何知道的，一言难尽，也没必要写出来。我赶到父亲身边，给他带了一点药，看看可否缓解症状，他的嗓子嘶哑，说话已经很困难。因提前有人给父亲画了一个去恩施住院的饼，他不愿意去来凤县医院治病，我耐心给父亲做工作，父亲总算同意到来凤县医院治病。我让父亲等两天，我把住院的事情弄好以后就来接他，哪知第二天他就打电话让我去接他，我马上请初中同学向子华帮忙开车去旧司接我父亲，父亲已经把他所有的衣服用麻袋装好，坐在我兄弟的堂屋里等待。兄弟把退休本还给了父亲，本上的钱已经全部取出放在父亲面前，父亲只要了3000元，然后就上车离开了旧司。在车上，父亲把退休本和3000元现金都给了我，他知道，这次住院后如何生活需要我去张罗。住了一周，父亲身体好转，他就要求出院，我告诉父亲出院住的地方还没有弄好，请他耐心在医院多疗养几天。岳母叫我把父亲接到这边来，她帮忙做饭，让父亲好好休息。我把这个建议告诉父亲，父亲不愿意。如果父亲一个人在县城租房住，他已经不能掌控县城这样复杂的居住格局。我建议在绿水集镇给父亲租房，地方小，生活方便，身体如果稍有不适可随时去集镇上的乡卫生院就医。父亲这次同意了，只是希望尽快出院。住院期间，在整修租房过程中，我特意带父亲去看了一下，他认为可以了。我吩咐老婆给父亲重新添置了冰箱、洗衣机、电视、灶具等生活用品，出院当天与父亲一起在集镇上一家角角鱼餐馆吃了一顿，算是一个总结。暑假结束前，一家人又去父亲住处，告诉父亲，我要回重庆上班去了。父亲要我好好上班，不用担心他。父亲的表情和语气无喜无悲，波澜不惊。

在这里有必要讲述一下自父亲住院以来发生的几件神奇的事情，至少我认为是神奇的。因为亲情关系，我要考虑父亲的感受，在一些事情上一让再让，导致自己精力、财力上都要多付出，相当被动。我坐在父亲的病床前正犯愁时，来了一个电话，是来凤县政协滕建刚副主席打来的，问我在哪里，我说在县医院有点事情，他让我去县政协找他。到政协后，知道是采编《来凤县传统村落》，希望我能参加。县政协田延初主席相当支持我来主持，还亲自审定把关。我去绿水集镇探望父亲时，把这件事告诉父亲，我经济上缓过来了，建议父亲请个帮忙做家务的，这样可以让自己轻松一点。但父亲坚持自己做饭洗衣，说这样可以为我节约点钱。有次坐公交去看望父亲，车过九龙盘时，接到一个电话，是建始县政协文史委毛昌恒主任打来的，邀请我参加《建始县传统村落》采写，我很诧异他们是如何找到我的，原来是来凤县政协文史委刘亚东主任推荐的。另有一次从父亲那里出发返城时较晚，夜黑无车，在绿水集镇街头正思考喊谁开车来接我时，旁边停下一辆车，问我是不是要到县城，我说是的，车主就让我上车，上车后才知道是一车年轻人，他们正创业中。这条路，我从高中开始，走了几十年，从来没有发生过轿车主动停下让我搭便车的，但那天晚上发生了。我知道自己长得不帅，一个五十多岁的老头，又不是富翁，我想那一定是有另外一种力量在推动这件事情。父亲去世后，我去老家祭祖，走到村小时，后面来了一个车队，停下问我去哪里，然后把我带上。车主是红花那一带的人，他们要去沿山坝或者是车大坪，我就在红花下车，正要打算步行9公里至县城，又来了一个车，停下，带我至县城。发生的这些神奇之事，都与我父亲有关。经过思考，我得出一个结论，就是：只管耕耘，莫问前程，上天自有安排。

寒假到了，回到来凤。父亲坚持在他租住的地方过年，不想去任何地方。大年三十前，把过年的食品准备好，送到父亲处。父亲的饮食量已经很小了，送这些食品也只是送一个我自己的心安，对我父亲来说已经没有什么实际意义。我很惭愧我的努力，离孔子关于孝的心安已经很远了。

2019年春季开学没有多久，接到父亲病重住院的消息。我匆忙赶到县医院，在急诊科看到躺在病床上的父亲，一双极度疲惫的昏眼看着我，我跑出急诊科，靠在医院大楼的外墙上止不住地流泪。我心里清楚，父亲如果没有人照顾，生命已经走不远了。我的两个姑父非常关心我父亲的安排，这一大家的事情，他们没有少操心。父亲这次从绿水医院转院到来凤县医院，欧家姑父把我父亲一直背到公路边的救护车上。见我回去了，大家一起商量了一下我父亲出院后去哪里居住，最后也没有结果。唐家姑父知道我的难处，单独相处的时候，他告诉我，如果我父亲确实没有地方去，接去他们家，他们来照顾。我七孃（姑）虽然年过六十，但仍然在外务工。唐家姑父的意思是让我七孃在家照顾我父亲，尽兄妹手足情也是应该的，也不需要我额外出费用，父亲的一千多元退休金就够了，但父亲不愿意。最后，两个姑父做主，当任务硬性分配，我们三兄弟按月照顾，没有时间的，除了父亲的退休金外，另出2000元支付给代为照顾的家庭。父亲出院后，这样居住了两个月，又回到了他绿水的“家”。

忧心身体每况愈下的父亲，也不知道生命还能走多远。我有空就去绿水集镇看他，与他聊天，理解他对我的要求和建议，但父亲已经不给我提任何要求，只给我讲一些过去的人和事情。他两次提到他床下准备的农药，绝望时想一饮而尽的打算，最终放弃了这样的打算。我给他一点钱，他也不再拒绝，而是坦然接受。我再次动员父亲请个保姆，但他坚持不请，仍然说要替我节约点钱。姐姐每隔一段时间就过来给父亲换洗衣服和被子，然后给父亲做一顿可口的饭菜。其实，我知道，父亲已经力不从心了，身体时好时坏。父亲因为老是梦见自己的双亲和婆婆，希望有人代替他去老家给他的父母和婆婆的坟头上个香烧点纸，但没人愿意去完成，最后是父亲自己租车用了整整一天去完成了自己的心愿。这是我事后才知道的，他告诉我的时候，有点赌气的味道，意思是没人帮他又如何，他还是完成了自己想完成的事情。这个时候，父亲找回了年轻时的感觉，眼睛闪着不一样的亮光，面部也是春风得意的神情。但这只是惊鸿，一闪就灭，然后恢复到老态龙钟的病态。我想象不出父亲这次老家之行是下了多大的决心用了多大的力量才完成的，他蹒跚着上山下山一定是悲壮的，心情是绝望的，人生到了最后，仍然是一人艰难独行。医生要求我父亲戒烟，肺部已经坏了一半，喉部有一个小结，由于年老不适合手术治疗，因此要靠自己后期改变生活方式来调理，但父亲无法控制自己吸烟，这也成了加速他走向生命终点的一个推手。

（八）

秋季开学了，随着秋风渐劲，担忧父亲身体的状况，不知他能否扛过这个冬天。我老家处于武陵山区腹地，冬春季节阴冷潮湿，对有呼吸道疾病的老人非常不利。11月下旬，临近冬季的晚秋时节，父亲再次病倒，住进县医院。我的两个姑父再次出面张罗父亲出院后去何处由谁来照顾，两个姑父认为我的父亲一个人单独生活肯定不行了，一定要有人照顾才行。两位姑父坐在医院病房外走廊的长凳上，语重心长地与我们兄弟几个商量，姑父建议除了父亲的退休金，让我每个月再出两千元，希望把我父亲安置好。最后仍然是没有定论，照看不了父亲的理由是那样充分和无解。我是那样的无助，眼泪止不住，不希望在众人面前流淌，但又无处躲藏，跑进病房，趴在父亲的病床前不敢抬头，怕父亲发现。这时候，父亲伸出他枯瘦如柴的手轻轻无力地抓住我的手，叫我不要伤心，没有什么好伤心的。他都不怕，我又怕什么。父亲要我振作起来，后面还有很多事情需要我去努力。我抑制住难受，揩干眼泪，抬头看向父亲，想告诉他当下的情况，但终究是没有勇气也没有脸面开口，从父亲的眼神也看不出他是否知道这样的结局。唐家姑父这次依然表态接病好出院的父亲去他家，他和七孃来照顾我父亲。我的岳母建议我把父亲接到她家，她来负责帮忙照看。我知道父亲的倔强，这都是不可行的，他仍然坚信病好后可以独立生活。

当晚夜深，父亲恍惚中，悄然起床，在医院走廊和电梯边转悠，被当班护士发现，问他要干吗，他说在找回家的路，他要回家。护士把我父亲护送回病床上，喊醒照看我父亲的兄弟，兄弟太困入睡太深。父亲的手被预埋的针头拉破，鲜血染红了他的衣袖，护士给他包扎处理。第二天，内科的主治医生约谈了家属，父亲的肺部已大面积坏死，喉部的结比原来肿大，随时会窒息，内科是没有办法医好我的父亲了。医生建议两个选择，这两个选择都是困难的，一是带药出院回家，慢慢调养；二是进重症监护室（ICU），上呼吸机。中午，兄弟回家补觉，我负责看护父亲，接手时，父亲半躺着已经入睡。到下午三点，父亲仍然在睡觉，我觉得不对，喊来医生和护士，发觉父亲由于呼吸不畅导致缺氧已深度昏迷，急忙进行抢救，终于回转。父亲说做了一个梦，有人拉他走，他在与那个人搏斗，然后醒了。父亲醒来后，喝了一点水，然后喊饿，想吃点粥。我赶快去给父亲买粥，走到粥店觉得不妥，小店里的粥一定不如现做的新鲜和可口，立即给开餐馆的高中同学戴文打电话，请他马上做一锅粥，我父亲想吃，尽快。赶到戴文的餐馆，粥已处于沸腾状态。同学说是用生米做的，味道好些，时间要稍长一点，里面还放了剁成碎末的青菜。粥端到父亲面前，嫌我慢了，吃了一大半，很享受。然后四处观望，发现床头床尾放的水果，他都要来试一点点，然后说不好吃。吃完饭后，父亲精神很好，眼睛很明亮，喉咙不再嘶哑，说话有中气。父亲与我交谈时，埋怨我喊医生抢救他，说就这样去了很好。然后他无头绪地冒出一句话，让我别抓住他的手。这是父亲的最后一顿饭，第二天早晨没有进食就去了重症监护室。

我想了很久，决定第二天告诉父亲实情，由父亲自己决定，虽然很残酷，还是要父亲自己拿主意。天亮后来到父亲病床前，等医生查完房安静下来后，我把病情和医生建议告诉了父亲。父亲很无助，眼神迷茫，然后说了一句：听医生的。这是父亲人生中最后的一句话。医生的建议是两个，我只好征询父亲意见，去重症监护室吧，父亲没有说话，只是点了一下头。把父亲送到重症监护室门口，从此与父亲再没有活着见面。

再次见到父亲，已是来凤县教育城还建房的临时殡仪场所。望着父亲的遗体，我双膝跪地，一手握着父亲还有余温的手，一手抚摸父亲的胸膛。七孃和卯孃在一旁叮嘱我不能掉眼泪在父亲身上，按家乡风俗，如果出现这样的情况，大概有什么不好。其实，我已经没有眼泪，也没有想哭的意愿。父亲虽然愿意再活一百年，但西去未必是坏事，于父亲是一种解脱，再无病痛折磨。于我是一种如释重负的轻松，再也无需为了父亲的生活环境宽松去忍让和承受我力所不及的事情。父亲九泉有知，希望他能理解我的想法。想到父亲嘱咐让我别抓住他的手这句话，我赶快松开父亲的手。这时，道士先生让我起身离开父亲的遗体，入土为安前的最后一次道别要开场了，慎终追远，丧鼓咚咚，哀乐声起。

父亲走了，我回到重庆继续上班。父亲生前没有来过重庆，遗像随着我来到重庆，放在我的书房桌子上。儿子放学回家看见爷爷遗像，我告诉儿子，爷爷不在了，到天上去了。儿子把他爷爷的遗像搬起来放在钢琴前面，开始弹奏《两支老虎》的乐曲，不知他爷爷是否能听见，乐曲流露出举哀的悲音。去学校上学的当周，儿子少有的生病了几天。

很长一段时间，我有所失落，感觉比较空。回忆起与父亲的点点滴滴，往事涌上心头。独处时，检讨自己对待父亲的过往，不免有后悔的地方和不尽如人意的地方，难免惆怅。希望父亲的在天之灵宽恕我的不努力和理解我的身不由己。我慢慢理解父亲近几年生活态度的改变，有时候以沉默回应我，有时候以不高兴回应我，但从来没有语气很重地说过我。父亲一生对待子女的态度都是温和的，不打不骂孩子，有足够的耐心等待孩子慢慢成长。细细想来，父亲比我自己更了解我自己，他知道我的致命弱点，与人为善，同情心泛滥，狠不下心断舍离，对伤害和坑我的人和事下不了手反制和远离，对无意义的亲情友情下不了决心舍弃和疏远，让自己承受难以承受之重。父亲垂老之年以最决绝的方式让我看清一些人和事情，看清自己，了解自己。要我不惧未来，生命有尽也无尽，一路向天歌。

2019 年结束，一场席卷全球的新冠肺炎疫情来了。万幸父亲走了，不然住院都是个问题。2020 年 4 月 4 日，清明节，夜深，忆往昔，想着父亲对我的好，独处书房，写就《庚子清明悼父（五首）》，寄托哀思。

（一）

清明细雨报桃李
一纸相连我和您
倾情化作无声泪
遥祭家翁浅思忆

（二）

荒田野冢映碧空
人生不应恨无穷
草长木森隐凡迹
不问苍生行大公

（三）

天地人生无我用
杜鹃泣血映花红
依阑独饮杏花露
春风拂柳燕飞龙

（四）

风卷残云洗清明
烟雨烽火起征程
昼夜轮回三万天
来世再续父子情

（五）

伤春冷看梨花落
柳絮翻飞罩烟阁
春逝终成参天泥
无情救恩云天搏

2022年6月13日

文盲姐姐

秋季开学时，得知我的父亲去他的二儿子家居住，父亲没有告诉我，我不太放心。2017 年国庆长假，一个阴雨天，我坐车去旧司乡村看我父亲，了解一下他的想法。看老父亲单衣薄裤在秋风中瑟瑟发抖，他说冷一下对身体有好处。当时，老父亲是去给他二儿子守家，厚衣服还放在老家。因为他们全家已外出打工，免得父亲为我做饭，我中午就在姐姐家与父亲共进午餐，但我脑海中父亲冷得发抖的形象却挥之不去。

这几年，我的经济十分困难，举债度日。2017 年 11 月中旬终于领到学校给的安家费，放弃选购学校 180 平方米的新房，选择购买了学校 10 年前修建的集资房，感觉还行。我需要做的是立即回来凤县给人还钱，2017 年 11 月 20 日（农历十月初三）下午，在县城给父亲买了三套衣服，初中同学驾车与我同去旧司送衣。因担心晚饭太晚，我提前给姐夫打了个电话，告之晚上要去他家吃饭。在旧司集镇上，街头有个小小的酿酒坊，作坊主泡制了不少种类的药酒，同学是个酒中君子，特别善饮，我们买了两种药酒，六十度，各一斤，计划晚上都品一品。晚上，在姐姐家，我喝了四两酒，同学喝了六两酒，然后我们驱车回城，姐姐是很担心我们的，一再叮嘱开慢点。车到太子酒店门口，接到姐姐的电话，问我们到哪里了，我说已到县城，姐姐的心可以放下了，不然她是无法安睡的。温暖人心的电话我接到的并不多，姐姐的电话让我无法马上入睡，必须与同学去夜饮一次才愿意回宾馆睡觉。

母亲英年早逝，留下我们兄弟姊妹四个。母亲离开我们时，姐姐 8 岁多一点，我 6 岁多一点，大弟（我们当地叫大老）4 岁多一点，小弟（我们当地叫小老）快要满两岁了。要不是婆婆的精心抚养，我们四个全部活下来长大成人的可能性不大。在艰难成长中，姐姐一直是婆婆的帮手，还有公公的威严管教和父亲的辛劳相伴。

我至今还记得母亲离开我们那一天的那个时刻。

1972年的早春比较寒冷，但那一天上午是个晴天，下午就少了太阳。那个时候还是大集体，全生产队的劳力去一个叫坟坨的地方种洋芋（土豆），男劳动力负责犁地、平整土地、掏沟、搬运农家肥，女劳动力当时称半劳动力，挣的工分也只有男劳动力的一半多，没有做到同工同酬。她们负责用刀把洋芋切成若干块状的种子、在掏好的沟里摆放洋芋种子、给洋芋种子覆盖农家肥等。我们家四个孩子都随着大人们一起去干活的地方，小弟弟用背带绑在姐姐的背上，每隔一些时间母亲会把弟弟从姐姐背上放下把尿。如果时间没有掌握好，姐姐就会穿尿湿的衣服过一整天，要等到晚上的时候家里大人才有时间来烘干尿湿的衣服。我们生产队的小孩子去干活的地方不少，也盼望能吃上烧洋芋，有的洋芋种子太大，切成的块有的就没有"眼睛"，没有"眼睛"的洋芋块就不会发芽，这样大人们就会烧一堆柴火，把这些不能当种子的洋芋块烧熟分给孩子吃。一般情况下，每个孩子都会吃上一块，如果太少，大人就会再细分这样的美味。那天上午，我的母亲话特别多，我一直依偎在母亲的旁边听她说话，她主要是与曾家大满嬢开玩笑，讲的内容全是围绕生与死的主题展开，互相打趣对方。当时听的人没有人响应她们的贫嘴，大姑娘们也只是抿嘴笑笑而已。

中午回家吃饭时，我的父亲在午饭做好之前要抽空闲时间去山上砍一捆柴火回家，而母亲负责回家做午饭，姐姐负责带弟弟们玩耍。饭做好后，见父亲还没有回来，母亲就叫姐姐喊爸爸回家吃饭。我们姐弟四个并不知道父亲去了什么方向打柴，于是朝房子的西边走去呼喊爸爸回家吃饭，喊了许久无应答就回家向母亲复命。原来父亲是去了房子的北边，也就是房屋后面的山上砍柴，所以根本听不见我们的喊声。尽管父亲回来后进行解释，但我母亲还是就父亲不回答我们姐弟的呼喊数落了我父亲一顿，父亲当时也有点不高兴，大声地同我母亲争辩了几句，我母亲当时就生气了，饭也不吃，直接去里间睡房了。我的父亲也没有再说什么，也没有去哄我的母亲，而是吃完饭就去队里出工干活去了，迟到了生产队长会按制度扣工分或批评。

我父亲当时可能认为我母亲过一会儿也会去队里干活，他绝对想不到我母亲会一气到底，命都不要了。我姐姐当时也不知道如何办，记得父亲当时去队里干活时对姐姐说了一句话，大意是要我们陪着妈妈，于是我姐姐就很听话地在家等妈妈从里间房屋出来，然后去队里干活时依然带着我们，我们也好去吃火烧的洋芋块。姐姐抱着小弟弟靠着里外间房屋的分隔木板席地坐下，我就坐在姐姐边上，大弟独自一个人在饭桌上滚吹火筒，玩得不亦乐乎。里外间房屋的分隔木板只有一些缝隙透着光，可以眯着眼向里向外瞧，但我们不敢看，怕妈妈生气，只能是耐心地等，里外间房屋相连的门被母亲从里面闩上了，我们也无法去母亲身边陪她。不知道坐了多久，突然妈妈叫了一声“丫头”，我姐姐立即答应，并喊了一声“妈妈”，然后我妈妈就说“我走了，你要好神（仔细、耐心、认真的意思）照顾老老（弟弟）”。就再没有说话，昏暗的屋子里像大地冰封一样寂静，大弟也停止了他的游戏。慢慢地姐姐开始呜咽啜泣，强压伤心，最后终于忍受不了心的悲伤，如山洪暴发，山崩地裂般号啕大哭，不断地喊妈妈，姐姐把小弟放在身边，双脚无助地在地上弹来弹去，反复伸缩以求寻找支撑。我坐在姐姐的另一边，双手捂住双脸，把头放置在双腿膝盖之上，止不住地泪流。大弟这时又开始玩他的滚吹火筒游戏。姐姐哭了多久，我就陪着泪流多久，然后姐姐止住了哭声，大胆地从木板的缝隙向里屋瞧望，姐姐告诉我，妈妈站着的，用脚尖踮起的，是不是死了？姐姐叫我看，我从木板缝隙往里屋瞧了好久也没有看清楚妈妈在什么地方，是由于我小时候身体素质差，营养不良，视物不清，再加上刚刚流泪的原因。最后，姐姐叫我一个人守家，她背着小弟，领着大弟去队里干活的地头喊爸爸回来，我虽然很害怕一个人在家，但也必须坚持。姐姐匆忙奔向地头找爸爸的同时，我在房间里只待了一小会儿，想到姐姐说妈妈可能死了，我就害怕，于是我就从屋里出来坐在房屋阶檐上的一口石磨上，牢牢地把屋守住，一直到爸爸从地里归来。

姐姐带着两个弟弟到达坟坨这个地方时，双眼含泪，欲哭无声。生产队的大人都纷纷问她为什么要哭，她不说话，爸爸问她话，她也不说话，只是流泪（事后，生产队的大人分析我姐姐为什么不说话，估计是我父亲问她话时态度不太友好，吓得她就不敢说母亲的事情了）。就这样，一直到生产队干完活收工回家，姐姐才随着生产队的人一起回家。爸爸看我坐在阶檐的石磨上，也是哭兮兮的，就不太高兴地问我怎么啦，我就说妈妈在里屋踮着脚站起的，是不是死了。爸爸听我一说，脸呈惊恐状，丢下手中的农具，直奔屋里，只听爸爸用力撞门，最后用菜刀砍开捆绑木板的绳索，拆开木板进到里屋。但一切都已太晚，就是扁鹊再世也无力回天了，生产队的人在抢救妈妈的生命上忙里忙外，差不多一个小时，最终还是以沉痛的心情作罢，最后是一片哭声，我的婆婆（祖母）哭得最为伤心。夜幕降临了，大地陆沉。

从此，姐姐就天天陪伴三个弟弟（老老），还要做一些家务事，10岁以前主要是在家照看三个弟弟，夏天上午刮洋芋（给土豆去皮），还要负责蒸熟，冬天上午清洗红苕，也是要蒸熟，每天下午还要给猪煮猪食，因为那个时候是生产队集体出工，下午收工很晚，多数时候是夜幕降临时大人们才荷锄归家。姐姐在10岁以后还要上山砍柴、打牛草、割猪草，有时候还要给生产队放牛。

我8岁开始上小学，姐姐要在家照顾弟弟，帮大人做家务，就没有上学的机会，姐姐很是羡慕我读书，但她在家劳动也没有怨言，尽心尽力完成家里大人安排的家务事。我不懂事的时候，在一个雨天，还把姐姐推到屋檐坎下，她摔倒在地下，也不还手打我，只躺在地上大哭，任凭雨水打湿她的衣裳，哭够了就慢慢爬起来。我8岁以后就开始分担一些家务活，10岁前主要是放猪，10岁后开始放牛，还要砍柴，这个时候姐姐又多了一些其他家务活，主要是协助婆婆做全家人的早中晚餐、清洗全家人的衣服。她还要上山找山货，主要是金银花、五倍子、青藤等，然后卖给供销社的特产收购部，姐姐用这些钱给自己添置衣服，家里没有钱支持她，只能靠她自己努力。我13岁的时候小学毕业，进入初中学习，开始住校。姐姐15岁开始参加生产队集体劳动，为家里挣工分，由于姐姐老实听话，不怕吃苦，当年还评上生产队的先进，奖励了一把挖锄和柴刀。

姐姐参加生产队集体劳动没有几年就开始分田到户，也就是家庭联产承包责任制，刚开始是把生产队分成两个劳动小组，提高劳动积极性，最后在两个小组基础上分田到户。田地到户后，家家户户都拼命种地，把分到户的荒山也开垦出来种玉米、土豆和红苕，所以，大人小孩都很辛苦，放学回家都要去地里干活。我们家对小孩管理很松懈，一般是靠自觉，可能是母亲去世早，公公婆婆觉得我们可怜，不想让我们劳累。印象中两个弟弟经常中途跑回家，受不了那份苦，我就陪着大人坚持到中午回家，下午也是在地里干到天黑。在地里练就的这份毅力在读书的时候起了不小的作用，学习中的困难多数是靠恒心和毅力克服的。因了这份情感，我至今仍然对泥土怀有深深的眷恋，愿意赤脚接近大地，闻其芳香。我想姐姐拼命劳作的经历也应该是帮助了她以后的小家，她的婆家地少，只有姐夫一个人的田地，她全家四口人，每年都需要在集市上买粮食才够吃，有时候也来娘家挑三百到四百斤粮食来度过当年的困难。这样的日子一直到姐夫的父亲决定再分给姐夫一家人一个人的田地时情况才好转。后来姐夫生病，全家就靠姐姐一人劳动来支撑这个家庭。我想姐姐有如此的决心和毅力坚持过来，还想尽办法送她儿女上学，应该与她早先的劳累造就的品质不无关系。

我与姐姐一起干活的时候，姐姐都很关照我。她知道我体力小，砍柴的时候，会叫我少扛一些，家里的活只要她有空，一般都不要我干，希望我好好念书就行。夏天在山上挖洋芋的时候，太阳特别火辣，我一般都要脱一层皮，姐姐就只让我与她一起挖，往家里运送的事情她一个人负责，她怕我吃不消在烈日下负重行走的苦，担心我晕倒（中暑）。

姐姐对三个弟弟特别宽容和爱护。没有见她骂过吼过我们三兄弟，不懂事的时候，对姐姐不友好，她也只是沉默，一味忍耐，我们做错了事，她也只是规劝和微笑，如果不听她的，她仍然报以微笑，静静地期待我们明白事理。妈妈离开我们的时候对姐姐说的那句“我走了，你要好神照顾老老”影响了她一生，她竭尽全力忠实地完成了妈妈的临终重托。

姐姐的任劳任怨和善待弟弟的美德，深深地影响了我。我上大学的时候，放暑假前，我就会找同级的几个女老乡要粮票，她们吃不完，当然也可以卖掉，她们一般都会送我一些，我记得有个暑假回家，我给姐姐家送去了200斤粮票，这样她一家就可以去粮管所买低价大米。我工作后，也会力所能及地帮助她一家度过困难，她也很感激我，每年给我做两双布鞋，直到我要求她不用做了，她才停下。来凤组织部的同志知道我姐家的困难后，有一年冬天，彭部长还带着部里的同志去慰问和看望。

姐姐不识字，胆小老实，怕做错事情，所以，有什么拿不准的事情，她都会想办法找到我，问我应该怎么办。姐夫的父母，分家时，父亲由姐夫一家赡养，母亲由姐夫弟弟一家人赡养。后来，姐夫的母亲不愿意住在小儿子家里，要与姐姐一家在一起，姐姐问我如何办，我说“你把婆婆接过来，好好赡养，莫让姐夫为难，莫影响姐夫的兄弟感情”，姐姐就按我说的做。姐姐的儿子上大学后，姐姐家里的事情从此有了儿子帮忙拿主意，她应该可以放下重担了，虽然仍然劳累，但内心的喜悦多了许多。

（2018 年 4 月于涪陵）

曾家幺满

我的村庄在20世纪70年代有曾、龚、周三姓人家，曾周二姓有姻亲关系。在20世纪80年代实行土地承包责任制时，那户周姓人家加入3队的村庄，就只有两姓人家了。龚家也就我们一户，其余都是曾家。在我的村庄父辈中，曾家幺满是那一辈人中的杰出代表。

关于幺满的最早记忆是在我自己入学启蒙前。我与曾家老学在坎脚院坝里玩，坎脚院坝就是曾家幺满房前的那块坝子，这个时候突然从屋里走出来一个年轻人，端着一碗饭蹲在堂屋的大门枋上一边吃饭一边与我们说话，我不知道是谁，曾老学说是他的幺满（幺叔），我也叫他幺满。

幺满那个时候在旧司新乐上初中，路程比较远，早早地就出发向学校奔去，放学回家通常要夜幕降临之时才到屋，可谓披星戴月。因此，对我来说，幺满是村庄的神秘人物，很少见到。后来，幺满中途退学了，初中没有毕业就回到村庄，参加小队集体劳动给家里挣工分。幺满的父母年老体衰，两位兄长成家另立门户，退学可能是迫不得已，家中缺少劳力。幺满退学回家后，他三天两头在村庄的院坝、山坡、水井、牛栏这些地方出现，于我，幺满就不再神秘了。

老家对男性喜欢取一个类似绰号的名字，便于同辈人之间称呼。一般叫嘎子、莽子、叫花子等，因此，幺满的绰号叫幺嘎子，幺满的大名叫广吉。但我这一辈的村庄人是绝对不能叫幺满的绰号的，也不能直呼其名，这叫犯上。如果不小心把幺满叫成幺嘎子，那会得到村里长辈的一顿骂和教训，也会被村庄同辈人瞧不起和嗤笑。

自从幺满退学后，我经常听到村庄里不时有人喊他，呼喊幺嘎子的声音时常响起。父辈中，他最年轻，又乐于助人，笑脸待人，宽和谦让，因此哪家有什么三长两短的事情需要找人帮忙，都会首先请他相助，一是年轻有力量，身矫体健；二是还没有成家，比较自由。加之，幺满又是个热心肠的人，爱帮忙。因此，他是村庄里人缘最好的人。

随着我年龄渐长，幺满的形象在我心中愈发高大，我发现他有许多我所不具备的闪光点。可以说，村庄里，幺满的同辈、上辈和下辈都与他关系很好，都喜欢与他交往，都很信任他。在这些闪光点里，最耀眼的是幺满处事为人的态度和爱心突破了村庄的宗族边界和血缘限制，这是一般人很难做到的。村庄就两姓人家，龚姓属于单家独户，但龚家在村庄从来没有感觉到被人多势众的曾家孤立和排斥，这首先得益于龚曾两姓上辈、上上辈在晚清民国时期奠定的基础，两姓人紧密团结互帮互助共度那个乱世，培养了村庄独特的个性。其次是村庄后辈努力传承村庄的传统友谊，把村庄的团结互助进一步发扬光大。幺满在这方面是做得最好的村庄人。我的成长过程中，村庄记忆里，幺满对待曾家龚家，视同一家，感觉他就是我的幺满，从来没有感觉他是曾家的幺满，他是我们村庄共同的幺满。在那个封闭保守的村落环境里，在那样的传统年代，要把仁爱的情感突破家族、宗族和血缘，视村庄人为一家人，一般人确实难做到，但幺满做到了。

幺满脾气温和，不与村庄人争利益，吃得亏，让得利，超然大度。也正是因为幺满为人的大方、光明磊落，不计较个人得失，让他在实行承包责任制分田到户的时候吃了亏，他分到的水田是生产队里最差的水田，山林面积也不大。但这事并没有影响幺满的心情，他还是一如既往地生活，他还是那个幺满。

我上高中后，与村庄联系就很少了，因此，与幺满见面的机会也就少了。但我高中毕业后，上大学时，是幺满把我从村庄一路护送到乡政府所在地的集镇。后来回村庄，也会去找幺满聊天，知道他做了大队的林业管理员，后来他成了我这个村庄的组长。

幺满后来成了家，有了两个孩子。一大家人要吃饭，幺满开始走出村庄外出务工，成了农民工大军中的一员。

曾家大伯

曾家大伯是村庄父辈中较年长的一位，厚道老实人。因曾家瘸（当地音 bai）子公公没有生养后代，大伯从小过继给曾家瘸子公公，与我家属于一个屋场，两栋房子并排连在一起，坐北朝南，大伯家居东，我家居西。因此，有时候也称呼为隔壁伯伯。

曾家大伯在 16 岁就成家了，分家另立门户。大伯一生很辛苦，养育 9 个子女。我去旧司中学上学后，与曾家大伯见面的机会不多，以后上高中、上大学、参加工作，见面的机会就越来越少。但曾家大伯爱学习讲礼仪的日常，至今仍然印象深刻。我的村庄海拔千米以上，冬天经常大雪封山封路，家家关门闭户围着火塘烤火取暖，这个时候，曾家大伯就会串门到我家来看我公公，与他聊天，偶尔也会玩纸牌。印象中大伯很少串门，干完农活就在自己家里待着，两点一线。他串门来看我公公的次数也不是很多，很有节制，生怕打扰了别人的生活。公公去世后，我偶尔回到老家，他会过来找我聊天，谈他与我公公在民国乱世建立的友谊，他多次说到我公公给他一条枪，让他拿去玩。能把枪给对方，可见相互之间的信任，一生不设防。曾家大伯也会问我一些外面的事情，还会问我一些他不认识的字，多数与药物有关。他还告诉我数字 7 为什么要那样写，就是居中左低右升划一斜横，这是为了与 1 明显区分。曾家大伯会木匠手艺，这样写 7 字可能与这手艺有关，在生料上弹墨线划墨痕容易浸染。随着年龄渐老，大伯的听力下降很快，最后要靠对方的表情来猜测对方说的啥。越到后来，见面说的啥已经不重要，重要的是我回村庄后，我们是否见面，是否打招呼，仪式远比内容重要。我过年时回到村庄，当天吃完晚饭后，出门第一件事就是去隔壁看望曾家大伯，与他扯上几句。但讲礼的大伯一定会找个合适的时间回访一下我。记得有一年冬天，我赠送他一点钱，具体数字已忘记，但不会超过 100 元，他愉快地收下，还说了一些感谢的话语。后来，他看见我带着孩子来到村庄，他当天就来到我家，很庄重很慎重地给我孩子几十元钱。曾家大伯就是这样的人，重礼讲信，不亏欠任何人。后来回村庄，我就打消了继续赠送钱给曾家大伯的念头，因为这会成为他的负担。

曾家大伯由于16岁就分家过日子，劳累较早，60岁不到就是一身病了，常年咳嗽，夏天皮肤上还长肿瘤，也没有多少钱医治，就是靠熬和草药挺过来的，一年又一年，一直坚持到80多岁寿终。我也是很惊奇曾家大伯的身体，多病还能坚持到80多岁才走完人生路，这主要还是归因于他心态平和，怀善良之心；其次就是爱劳动，不偷懒；再就是村庄的气候帮助了他，空气常年清新，该冷的时候就冷，该热的时候就热，还有就是那些自己满山挖来的草药也是一个修复身体的重要因素。野生不比种植，自然生长的植物，差不多是食药两用，这些解毒的草药水差不多接近食疗。曾家大伯的老伴姓向，按辈分，我要叫她太表姑婆，一般就喊太姑婆，因为我婆婆要喊她嬢嬢（姑姑）。太姑婆比曾家大伯大几岁，也比曾家大伯早走，离世时也是80多岁。太姑婆去世后，曾家大伯就与他大儿子一家住在一起，但仍然坚持劳动，重活是拿不起了，但会去地里干扶苗拔草之类的农活。2018年5月暮春，一次他在菜园子里拔草，就这样蹲在菜地保持拔草的姿势西去了，疾病最终没有办法要去曾家大伯的命。他以这样独特的方式老去，也是曾家大伯勤劳一生的最好注脚。

曾老明

2015年，我在英国访学期间，曾经给村庄的老明写了一篇回忆文章，后来更换电脑，不小心把这篇文章丢失了。这是一个遗憾的事情。

曾老明是村庄里我这一辈人里最着数的兄弟，这里的“着数”不是江湖上的讲狠、不分是非、敢于为同党火拼的那种，也不是酒桌上的满饮此杯的豪情万丈，而是一种忠厚本分的禀赋、勤勤恳恳的敬业、默默奉献的劳作，不与人争高下，只向天地要饭吃。曾老明小我5岁，属于70后里的头。

我与曾老明交往不多，因此，了解也不是很多。感觉他没有多少话要说，比较木讷，一堆人群聚的时候，他多数时候都是听众。我在恩施工作的时候，他去找过我，还给我买了一条烟和一些副食。就他给我买礼物这事情，我埋怨了他几句，叫他以后不这样干，别把钱浪费了，用在最需要的地方。他早年在家种地养家，主要是种烤烟。他有一身好力气，比较有优势，我村庄不通公路，种烟需要的化肥、烤烟需要的煤完全靠肩挑背扛运进村庄，烤好的烟叶又是靠人力运往乡政府所在地的烟站，他往返一趟的活别人需要往返两趟。后来烟叶收购市场混乱，没有关系的种烟户赚钱难，他就去附近的煤矿挖煤，那个时候的煤矿多数到了私人手上，私营业主对矿工的劳动保护基本上没有，完全靠矿工自己。他长年累月在煤井下工作，开矿的粉尘弄坏了他的身体，肺部感染严重，呼吸开始有些困难。他来恩施找我主要是看身体损伤能否进行职业病鉴定，我带他到恩施州卫生防疫站做了检查，医生诊断就是肺部纤维化，矽肺病导致的，但卫生防疫站不能进行职业病鉴定，需要当地劳动部门进行。我叫老明赶快回家去找来凤县劳动部门，最后是不了了之，他没有办法完成需要求很多人才能完成的事情。

后来，由于各自忙碌，讨生活养家糊口，他一家为了送孩子上学租住到县城去了，失去联系好几年。2013 年 3 月，我成立一家文化公司方便自己有时候买卖图书资料，后来发现作用不大就转让给朋友了。那个时候注册公司还需要验资，我没有钱，就分别找曾老明和曾老三借了几万元，公司注册成功后就还给他们了。在县邮政储蓄门口给曾老明还钱时，知道他的身体大不如从前，已经不能劳动了，在家休养。矽肺病把他折磨得不轻，满脸倦容，显得相当疲惫。他的两个儿子那个时候在上初中，由于没有县城户口，上的是私立初中，需要一笔学费，主要靠他媳妇在外务工挣来。我就告诉老明，我现在也很困难，如果你愿意把 4 万元借给我，我每年给你 4 千，这比你存邮政储蓄要多一些，同时告诉他千万不要相信社会上不可靠的人，高利息是骗人的。第二天，他打电话给我，同意把钱借给我，我说打个借条吧，他说不用。后来我就每年底给他家 4000 元，记得 2014 年底送钱到他家时，他已经离世了。我坚持给了四次就把 4 万元还给他家里了，我也撑不住了。那几年，我的外债比较多，主要是自己手贱，玩股票导致的。因此，也失信恩施一位好朋友，借他的钱，有好几年没有利息，实在对不起他，让他损失不小。老明把钱给我以后就一直没有联系我，直到 2014 年春节后，我在武汉接到他的电话，他说他刚从医院出来，身体不是太好，我就问要不要把钱还给他，他说不用，放我这里不用担心，这样也可以贴补一下他两个娃上学的费用。现在想来，这是一项重托，也是黄金般的信任。曾老明的兄弟曾老五向上级积极争取，给他家弄到一个异地安置房，搬迁到山下 3 组的地盘居住。村庄曾家大满家也争取到一个安置房，两家安置在同一个地方。我就想到我父亲与曾家大满关系一直比较友好，大满性格随和，一说一脸笑，如果父亲与大满家做邻居可能比较好，如果租住老明家的安置房，父亲就可以有个地方聊天，还找到过去在村庄生活的感觉，这样彼此了解，说话可轻可重，不会生气。于是跟在外地打工的老明媳妇联系，说了我的想法，得知老明家自己要居住，我就打消了这个念头，也没有把这想法告诉父亲。

曾老明一生可谓短暂，40 多岁就走了，但他的好品行深刻影响了他的两个儿子。老明去世后，老明媳妇就更加拼命地务工赚钱养娃，加上老明的兄弟们帮衬，还有老明父母的辛劳付出，两个孩子顺利从来凤一中毕业，分别考上武汉科技大学和湖北民族大学，现都已毕业，都工作了。

黑子公公

黑子公公，姓龚，名友和，生于1923年，终生未娶，也有人说他曾娶过妻，后来妻跑了，不知真假，也无处打听。因为身材高大，皮肤黝黑，长辈和平辈都称呼他黑子，我这一辈都叫他黑子公公。

黑子公公是最容易被村庄忘记的人，他无妻无子女，又没有什么技术精湛的手艺，也没有做过让人特别感动的事情，更没有做过让人特别讨厌的事情，是一位默默无闻的村庄人。

黑子公公在20世纪70年代就成为五保户，新修集体屋时需要木材，就把黑子公公的房子拆了，在紧邻集体屋的右侧给他和他的母亲重新修了一间木房子。黑子公公的母亲是我的五太婆，一般就称呼她五太太，至于为什么叫五太太，我没有弄清楚，也许是太公排行五，这成了一个秘密。五太公与我的太公是叔伯兄弟，五太公是大房，我的太公是幺房。记得我在五台学校上初一的时候，应该是1979年秋天，我的五太婆去世了，整个村庄的人都去帮忙料理后事。我的公公去山上看了几个地方，最后相中一块阴地安葬五太婆，他的五婶娘。出殡那天，我也跟着去了，看见黑子公公跪在棺材上喊了几声妈，然后开始填土安葬。

黑子公公智力属于中下等，五太婆去世后，他的生活都成问题。后来土地承包到户，他分到了少量土地，但在安排生产上不是很在行，生活比较困难。当时生产队实行家庭联产承包责任制时，集体财产也一并处理了，生产队当时约定分到集体屋的曾家满满需要负责黑子公公的居住和棺材这些事情。曾家满满很尽力地完成了，在黑子公公不能单独生活时，曾家满满一家把黑子公公喊到一起，照顾他的生活。乡里有了养老院后，村里就把黑子公公送到养老院里，由政府供养终老。后来，黑子公公在养老院去世，是在我上高中时还是上大学时，我记不清楚了。黑子公公去世后葬在一个叫大天坑的地方，具体位置在那个大天坑的正前方公路的上方。

黑子公公有三个妹妹，我小时候见过姑婆的子女来给五太婆拜年和祝寿。嫁到漫水洗车杨家的姑婆已经没有什么印象了，还是在 6 岁以前去过她家。旧司大坝田家的姑婆家，我在小学时去过，印象深刻，感觉与我家一样贫困，但住房要好一些。田家姑公信仰佛教，会法事，祛邪驱魔，主要还是替丧家做法事超度亡人。我小时候经常出现幻觉，姑公就治过。另一位姑婆就一直没见过。

黑子公公这样普通的村庄人，在生时，村庄都可能时常忘记他，去世后，就更不会有人记得他。但也有例外，老家五台山下沙园的向子钧先生年轻时随他母亲曾孃孃在我那个村庄种苞谷，他吃的苦受的累没有给我提起，唯独多次提起村庄的黑子公公。子钧先生被我黑子公公那双大脚震撼，黑子公公不仅脚大，一年四季还没有穿过鞋，冬天踩在雪地上，雨天踩在泥地里，上山砍柴就踩在荆棘丛生的刺丛上。子钧先生佩服黑子公公那双大脚的耐寒和抗外力伤害的能力。黑子公公天生不是这样的，都是因为贫穷导致的。记得有年冬天下大雪的时候，他来到我家，冻得发抖，我公公语气亲切地喊他来烤火，公公要我们让座，把火塘容易烤上火的方向让给黑子公公坐。

黑子公公的一生，是默默无闻的一生，也是贫穷的一生，但他值得我们记住他。他一生没有任何污点，友善一生，劳累一生。

二

读村庄

颜色与味觉

寄语《从村庄出发》新书签名首发民大

陈祥军（中南民族大学人类学教授）

人类学是一门最有活力的人文学科之一，活在这门学科的研究方法接地气，同吃同住同劳动，让那些味如嚼蜡的所谓调查方法和研究范式消解得无影无踪，田野的草根香吸引无数具有平民情怀的学者去奉献青春和智慧。天真的人类学者怀揣理想去深刻感受大众苍生的日起日落，花开花谢，用尽平生才华和各样书写方式去记录、去探索、去传播灵魂之旅，那份幸福那份哀愁久久流淌，滋润我们的社会。人类学，天真得现实，天真得浪漫，天真得炽热，天真得悠然。不拘一格的书写方式、史诗般的讲述吟唱、研究的人文关怀、移情不别恋的忠诚，使这门学科永远在春天，学者永远在田野。酉水河是一条文化河，酉水流域孕育了沈从文、黄永玉、宋祖英等文化巨子，还有贺龙的豪情，赵世炎的斗志，当然还有田榜爷的一身“匪气”，翠翠的等待与摆渡。在酉水边成长的长江师范学院龚志祥教授新作《从村庄出发》以他本人过去的部分生活经历，以抒情的笔调讲述了离我们并不遥远的那个时代的变迁。以自己做案例来记述生活日常，汇集点滴文化，透析社会的细微变化，是人类学探索的一条重要途径，也是一次大胆的尝试，因为用自己作为案例进行研究，会有一种“不识庐山真面目，只缘身在此山中”的感觉，这需要更大的勇气与更好的创新方法。《从村庄出发》由作家出版社于2017年4月出版，文中跨时代的村庄变迁让我们反思文化传承，公公婆婆的人生让我们穿越百年梦回，夷水的往事依然在我们生活中不断重现，求学历程的苦乐折射教育的经验价值，节日的变迁就如我的过年。

相信很多朋友从村庄到大学校园走了很长一段路，有的也许没有能够走进大学校园就停下来了，体制所限也好，个人放弃也罢，但命运之河就此改道。《从村庄出发》的作者西水老弯走进中央民族大学校园用了 21 年时间，然后又回到了故乡，踏遍故乡的山山水水，穿越无数村庄并短暂停留，在故乡辗转 13 个春秋后又从故乡的村庄出发到北京求学 3 年，最后来到中南民族大学校园从教，与从四面八方村庄里来的学子们一起共度了 10 年美好时光。南湖边的 10 年光阴说长也短，在此期间西水老弯还去了一趟英伦看了看他国的村庄。在英伦的孤独时光，离村庄越远反而看得愈清晰，心离村庄越近了，由此成就了《从村庄出发》。

西水老弯曾经是我的同事，也是我的朋友，我喜欢他的直来直去和随意任性，我们经常一起讨论些不太受人重视的事情，发一些能力解决不了的感慨，然后超然释怀，继续想办法让自己快乐点。2016 年炎热的夏季，他突然决定离开中南民族大学，让人觉得有点突然，个中缘由只有他自己清楚。待遇很好的中南民大他都愿意放弃，我想他一定是有比金钱更重要的原因，超过货币价值的东西应该是无价的。我尊重他的选择，理解他的苦衷！今年初，才获悉他在武陵山的北缘大巴山的南端停下了脚步，重庆涪陵这个宝地吸引了他，长江师范学院成为他的谋生之所。

我喜欢他的文字，朴实、亲切、幽默（顽皮）。故事情节都来源于自己的生活和长辈的经历，读完总让人心里无法平静。大历史背景下，每个家族及个体命运的起起伏伏都是一部鲜活的历史，绝对不是碎片化的。

远在英伦的朋友晓峰读完《佛度婆婆》，此文深深触动诗人敏感的心和仁爱的灵魂，用诗一般的语言写道："纤瘦的老妇人和弱小的少年背扛手提，纡徐前行在山间小路的身影，久久挥之不去。那画面似镶嵌进了炎炎夏日里，漫漫白雪中，嗖嗖狂风时，随季节更替……总有人说'苦难是财富'，为什么苦难是财富？读了此文，有所感悟。经历苦难的时候，有拽紧你前行的手臂，拥抱你无助的胸怀，以最本能的方式，传递力量和温暖……这时，有人能感受到温暖，被呵护被珍惜的温暖。有人能感悟到力量，精神支持的力量，负重前行的力量。只有感受且感悟的人，面对岁月袭来，才能收拾起勇气和坚韧，锤炼出智慧和担当。说苦难是财富，那是说精神财富，没有精神，苦难只是苦难，不是财富。"

湖南师范大学人类学家谭必友教授认为这是一部不可多得的人类学散文，独特的视角，鲜活的文字，深邃的感情，把人类学与文学完美地融合在一起。《从村庄出发》需要新的阅读方法，也为读者建构了多种故乡。

谭教授用“从容地聆听我们心底的声音”评价此书。谭教授坚信这种声音具有这个时代的特征。他如此评价作者：“2015 年，他只身远涉重洋，孤居伦敦访学。有道是，身离故乡越远，心距故乡越近。在与欧洲文明直接碰触之后，他萌生了强烈的创作冲动，从而有了散文集《从村庄出发》。我非常欣赏他的坚强，欣赏他求真创新的勇气。为了这部作品，他数易其稿，在孤独中重新审视自己的生活与经历。他成功了。”

西水老弯是个放不下责任的人，对家人对学生尤其如此。西水老弯也是一个有情怀的人，勤于思考的人，和他聊天总有收获！5 月 18 日，他为了履行自己的承诺，来到中南民族大学校园，与喜欢此书的同事、朋友及同学们见面，签名首发《从村庄出发》。

陪着苦涩的村庄哭一场

余启红（中共重庆石柱土家族自治县委统战部）

窗外下着冰冷的哗啦哗啦的大雨，仿佛春雨一般。我烤着热乎乎的电烤炉，却泪流满面。

这是我时隔半年之后再读《从村庄出发》。半年之前我从当当网买来，在炎热的夏季里，我泪流满面地读。

龚志祥（酉水老弯）先生的《从村庄出发》，记述了他的村庄的变迁和他从村庄出发的学习工作经历，向我们展示了武陵山区农村百年来风云变幻的一个侧影，尤其是他亲身经历的五十来年的历史。这本书有着较高的民族学、社会学价值，婚姻、家庭、节日、习俗和制度变革等，不了解此地的人，可以从书中对武陵山区的农村有一个全面系统的了解。当然，他主要运用的是个人体验的记录方式来呈现民族学、来展示社会学的现象，不是理论研究，因此并不艰深晦涩。

我虽然学过民族理论，也看过一些社会学的书，但不敢妄议理论，就说说感性的东西，令我感动的体验。

或许是我们同在武陵山区的缘故，他的故乡湖北来凤和我所在的重庆石柱相距 250 公里左右，书中所写，我感同身受，被他的记述深深打动，尽管我们相差 10 岁。

最令我泪奔的是婆婆（奶奶）。在大姐 8 岁、“我” 6 岁、大弟 4 岁、小弟 2 岁时，母亲去世，分家的婆婆公公和“我们”合成一家，婆婆扛起母亲扔下的重担，勉力抚养我们四姐弟成人——“婆婆放心不下的就是我们姊妹兄弟四个，姐姐出嫁，两个弟弟跟我去了恩施，婆婆此生再无牵挂。”每每看及此处，我就止不住我盈眶的泪水。婆婆因为早早就牙齿脱光，长相不好看，怕影响孙子，送柴到学校就在厨房后面的大路上等，

"等我走到时，只见一堆柴火在地上，婆婆已经走在回家的路上，我只能望见婆婆模糊的背影，渐行渐远，慢慢地消失在暮色中。"每每看到此时，我就止不住溢出的泪水。想到婆婆一生辛劳，"我"准备自己洗衣服，婆婆一句话："祥娃，婆婆年纪大了，眼睛也不好了，你怕婆婆洗不干净了。"这句话不仅让作者"眼泪夺眶"，每每看到这句，我也任泪水肆意流淌。婆婆离去，公公（爷爷）也用毒鸡蛋下酒平静地躺在婆婆身旁离去，"婆婆来到龚家时，公公是她心中的一切，婆婆离开时，婆婆成了公公心中的一切，生死两相依，从此无分离。"每每读到这句，我泪眼模糊。

泪点不止婆婆。太婆带着公公四兄妹四处流浪，历尽千辛万苦艰难求生，不得不将大姑婆、幺公公送人，而后太婆、公公、"我"几代人又历尽千难万险寻找亲人，终于找寻到亲人——"幺公于20世纪70年代初去世……只留下已儿孙满堂的姑姑静静地等待娘家人的消息。"怎能不掉泪？因尿床不愿上学，父亲和唐家姑爷合谋以老师名义给"我"写信鼓励，多年以后"我"才知晓。这改变"我"人生轨迹的善举，怎能不让人泪落？姐姐求人搭便车来去县城给"我"送生活费，哭嫁的姐姐，"想到我这双没有经过劳动摧残的手应该是姐姐的才对，她那双手应该是我的才对呀，但我无力改变现实，止不住号啕大哭。"每每于此，我就泪流不止。

贫穷，是苦涩村庄的底色，吃不饱饭的刻骨，在学校背柴煮饭的铭心，赶车的艰难，蹭饭的困顿。"贫穷是我心中挥之不去的忧愁，伴我漫漫求学路。"妈妈抛下四个孩子，主要也是被贫穷的生活重担压垮。

苦涩中有黑色幽默，"我特别羡慕老师佩戴的黑色袖章，好想要那一块布来补我的衣服。""细细数来，我初中上了三所学校，读了五年……其实也很好的，正如著名画家黄永玉千年之际在岳麓书院演讲所说，好处就是同班同学多啊。"

苦涩中有温暖。对妈妈的模糊记忆，充满着美好温暖；生活困难时，一斤玉米兑一斤舅公家的米（我听我的妈妈说过，那年月我们家找人借谷子，借100斤谷子还100斤米），同学家人的帮助，陌生人的襄助，老乡的援助，朋友的赞助；"我"在学校里对老师调皮刁难，老师却无私宽容包容；唐家姑爷在学业上的帮助，更是改变了"我"的人生……这一串长长的名单，这些温暖的翔实的甚至显得有些琐碎的记述，"不知酒浓但知恩重"的感恩之情弥漫在书中的每一页纸每一行字。

贫穷苦涩的生活中，也有甘甜。对歌、拜年、游戏、婚礼、热闹、浓浓的人情味……打工潮兴起，生活变好，但是，“缺衣少食的甘甜岁月一去不复返了”。这淡淡的忧伤，小时候生活在农村的你我，共有。

回到我们出发的村庄，回味我们曾经苦涩却甘甜的生活。有闲之时，不妨关上房门，静静地读读《从村庄出发》，痛痛快快地哭一场。对于神经强大历经沧桑的中年男人来说，要找一部让你泪奔的电影不易，书，就更难了。

记忆的碎片：我与龚大哥和他的村庄

向　辉（国家图书馆研究馆员）

一

《从村庄出发》的作者，我一直叫他龚大哥，从曾家界这个地图上难以找寻的地方走出来。曾家，不是近代史上有名的曾家，他只是《百家姓》中“曾毋沙乜，养鞠须丰”的那个曾姓。而龚姓在曾家界也只有寥寥几人而已。和很多村庄一样，这些地方，几乎就是没有历史的乡野。所谓没有历史，不是说那里从来没有人生活、繁衍、成长，而是说几乎就从来没有被文字，特别是正式的公开的文字记录过，更谈不上有什么人去写那里生活的人民的故事。

我们知道的地点，永远只是极个别的地方，就像我们所知道的人，也永远只是极少数。但是，记录过去没有不等于现在没有，现在没有不等于今后没有。总会有有心人去观察、记录、发表，也就让我们有了通过文字去了解一个地方、一个家族、一个时代的机会。

试想，如果没有几千年前那些诗人留下诗篇文字，我们如何能够了解诗经时刻的人民呢？试想，如果没有一代又一代在祖国大地上生活过的人留下那些文字，我们又如何去传承我们的文明呢？人民的故事，人民的历史，就在龚大哥这类的文字中展开，这就是我们的历史记忆。

事实上，我没有去过大哥的村庄。我读他的《从村庄出发》一书，也就算是从文字上到过了。作为新时代的村民，作为读书改变命运的人，我们都从万山丛中走了出来，都时不时地回望着自己的村庄。我们都希望着、梦想着、书写着、生存着。村庄的故事，就是我们这类人的过往；村庄的历史，就是我们这类人的岁月；村庄的现实，就是我们这类人的遭遇。

大哥告诉我，他的《从村庄出发》要再版，这是值得庆贺的事儿。大哥说要把读者的文字也收录进来，我之前写过一篇书评，那是纯学理的讨论文字。大哥还希望把我作为一个普通读者的读后感也加进来，我翻了下日记，找到了如下记录，以此纪念大哥和我的往年交情，以及我们共同的历史。

二

2005 年以后，我开始有了用电脑写日记的习惯。从日记中只找出零星几条记录，君子之交淡如水，大概就是如此。

2005 年 10 月 22 日。晚上与龚大哥一起聚餐。他刚从湖北恩施家里回来，这次是来完成论文写作，为来年毕业做准备。他给了我一条烟，抽起来还真是不错。

2006 年 3 月 19 日。再次与龚大哥聚餐，还有三位我高中同学，另外几个是他的同学和朋友。

2007 年 2 月 3 日。在龚大哥恩施家里住了一晚，一栋五层小楼，感觉很好。什么时候能有自己的房子呢？或许只是一个时间的问题，或许是很多年的梦想。要在一个城市立足并非易事，只能靠自己努力去拼搏了。龚大哥三十多岁，还在努力奔着，看着他满头白发，实有颇多感慨。

三

2017 年 5 月 8 日。今天收到两本书，一本是杜泽逊主编的《国学季刊》第四期，上面发了我的一篇文章。另外是龚大哥的一本书，这个书是他在英国时写的，记录了他的家庭生活，农村的很多事情都有记录。写了不少故事，是以前没有什么印象的。感觉老大哥似乎有点走远了。当然，每个人的写作方式是不同的，他的博士论文出版后也送给我一本。他富有同情心，对人也很厚道，可是看他的文字似乎有一种压力。长的段落是一个方面，另外一个方面感觉似乎有点发自内心的沉重感。他说到小时候记住的几则故事什么的，其中有一种无法言说的困窘。我曾经到过他家，他整了三个小孩，也是一个辛苦的老爹了。他家里还有一些人可能仍然需要他的照顾，感觉有时候是不是会自顾不暇？我回头要给他写一篇书评。

看了龚大哥的书，我想我可能有责任为我的家乡写一部书。书名叫什么呢？革命，事实上已经让很多人是无根化了，已经无法再追溯先祖，更无法去追溯历史。真的是一种可悲的事情。这样的历史，其实就是很现实的。

2017 年 5 月 12 日。龚大哥《从村庄出发》出版了。这个书是他在英国做访问学者期间写的。他说如果没有一个空闲的时间，是写不出来的。如果尽是各种杂事，满脑子想着应付，真的很难写出什么好的文字来。

龚大哥 2003 年到民大读博士，那年 9 月我大四。2004 年年初，我参加硕士统考，过了北大分数线，9 月份我去北大社会学读研究生。那时好像也没记日记，对于生活琐事的记录其实很重要，否则很多事情很多时候根本想不起来。忘了是怎么认识的了，反正我到北大上学，要整一台电脑，是找他借了钱的。那一年暑假，他还推荐我到一个老乡刚开的公司里去干活。那老乡在清华紫光干了几年之后开始自己创业，在国图对面楼里面租了三间办公室，有两三个手下，我到现在已经想不起来在那里干过什么了，似乎去跑过工商啥的，给他拿公司的执照或者其他什么手续。

龚大哥在政府干过，还当过厂长之类的，他比较善于和人打交道，至少每次在北京都能找到一桌子人吃饭。有一回还叫上了我，照了张相，那上面的人，我除了龚大哥之外，其他的人至今也是一概不认识。对于社交，我愈发冷淡，觉得了无乐趣可言。这些年认识的人远远少于看过的书。遨游于书海，逐渐游离于人海，虽然每天挤在人潮中。枯燥的书，了无乐趣可言；枯燥的人，也了无乐趣可言。对于现实，人有各自不同的选择。若是能够找到自己的一方净土，能够自己去种点什么东西，看着它成长，未尝不是一件非常有意义的事情。我想，还是不要随波逐流了，自己该干吗就干吗吧。

所谓的村庄早已不复存在，出发之前也许是梦幻的记忆，抑或是神话的幻想。英伦的天空，给予他的不是绵绵的细雨，而是无限的柔情。出发地或许是那个村庄，然而那只是他的记忆小屋，结构坚实，人物生动，情感苦涩而又甘甜，内容浅白而又深刻，内心痛苦而又欢愉，这是他的村庄，他的世界，也是他的一切，虽然只有母亲、奶奶、爷爷和龚大哥。这个世界是神话的，也是现实的，它是理想的也是可触摸的。这里有情绪、情怀和情操，这里有坚守和迷茫，这里有信仰和彷徨，这里有梦想和空想，有失望、绝望、无望和欲望，有展望、仰望和渴望。这个人的世界，这个人的村庄，那个和他共享着荣光的人，或许正在身旁。

看到他的这本书，让我想起了《马桥词典》《边城》。在我有限的阅读中，似乎也就能把这两本书和他联系起来了。《马桥词典》中有很多词汇，只有那个地方出来的人能明白；《边城》却成了文艺小清新的典范。《从村庄出发》呢？他出发了吗？搞了大半辈子，其实还是离不开了，那里已经成了他永久的记忆，无法割舍掉了。

2018年9月2日。准备花时间把龚大哥《从村庄出发》的书评给弄出来。写个万把字的样子，下午开了个头，弄了千把字的样子。要如何写出像样的文章来，还需要进一步的研究。

2018年9月18日。龚大哥还是博士生的时候，我和他在同一所学校。那时候，博士对我而言是一个遥远的梦想，博士生代表着渊博的学识、年龄上的老大哥和对故乡人的关切、对知识的追求以及对于梦想的追寻。这一切，曾经完美地体现在了他身上。

2019年4月3日。下午收到《民族文学研究》的用稿通知。这篇文章是去年9月份投出去的，一直没有回应。终于有了个好的结果，也算是不枉写了出来。

四

2021年2月10日。庚子年最后一天，除旧布新，总要写点什么。我的一个大哥写过一部关于他的村庄的书，书名叫《从村庄出发》。那部书很感人，因为那是作者通过村庄来讲述一个当代的普通学者的故事。村庄很普通，人也很平凡。但从村庄走出来的人生充满了传奇，至少他的三个娃，就能让很多人瞠目结舌。这个世界虽然有各种各样的逐利者和掠夺者，但从来不缺乏真正热心生活的朋友们。我的这个大老哥就是乐于助人、热爱生活的人。当然，他也搞学术。我曾跟他说，或许能搞出来村庄三书，像某位大师和他的朋友那样，而我的这部《花桥观察》，还只是电脑中的文档而已，不知道是不是真的要等我成了中年大叔以后才能见到实体书。不过，油腻的中年大叔，写的好些文字也没什么意思，还是不用想了。

《从村庄出发》，是奔向世界，参与世界大事，要从世界的眼光来看他的村庄；而我的《花桥观察》却是要回到村庄，从村庄看世界。村庄有很多故事，值得去写，至少我还会去写一些。因为村里的那些人和事虽然没有直接在大事之中，但他们从来没有被大事抛弃。历史上每次大事的发生，他们都将被圈定其中。这未尝不是一般人的大事。

2022 年 6 月 6 日。龚大哥在微信上谈他再版书的事儿，把书稿发我。我查日记电子版本，找出以上一些零散的记录来。我的日记一大半在电脑上，还有些在纸本上。电子版能迅速查出来发给大哥。他说，我记日记是不是为了写文章，是不是为了写论文才记录？我说不是。写日记已经坚持了十多年的样子，算是成了一个习惯，只是记录自己的生活，只是把一些流水账的生活写下来而已。无论是平凡的普通人，还是名扬天下的大人物，遗忘都是必然的，记录或许是我们这样的人能做的不多的事情之一。大哥说，过了 50 岁以后，会对现在记忆越来越差，刚发生的事可能转眼就忘了，对过去却会记得越来越清晰；越是久远的事儿，越是能回想起来。村庄之于大哥，就是一个年轻的记忆，在那里，他青春年少、充满希望、无所畏惧，一切的未来都是未知的也是可期的，因为一切的明天都是更好的一天。我们并不靠回忆而活着，但回忆的确是我们活过的唯一证据。

村庄，也是一枚苹果

——评酉水老弯的《从村庄出发》

谭功才（广东中山市作家协会）

伟大的物理学家牛顿曾因认真观察一枚苹果的落地，从而发现了著名的万有引力定律。世间万物，的确有一种潜在的力量，朝着一定的方向生长，不管其间的过程如何辗转，最后总要回归原点，使命完成的同时，便是另一个轮回的开始。

一座村庄，同样也有着自己的使命，就像《从村庄出发》的作者酉水老弯的“只有十来户人家的村庄曾家界”。他试图从曾家界出发，用个体的生命感召和体验，探寻这座村庄内蕴含的密码。他凭着自己的执着与命运的垂青，终究要带着独属于曾家界的胎记，跌跌撞撞地成长，曲曲折折地走向更远的远方。事实上，改革开放40年后的曾家界，这个地处武陵山深处、湘鄂交界处的土家族小山村，面貌早已今非昔比。

曾家界养育出的民族学教授酉水老弯，从村庄出发，先后辗转在湖北(恩施、武汉、荆州)、重庆等地，当岁月将他生命的血液调试得越来越稠浓时，一种叫做乡愁的东西也随之渐趋发酵，直至血液里的每个细胞，蚯蚓一般蠕动着他的每一根末梢神经，直至淤积成这剂《从村庄出发》的解药。

事实上，乡愁自古以来一直就是文学作品中亘古不变的主题，只是从未像当下呈现出如此“井喷”之势。虽然当今多媒体和交通异常发达，在一定程度上缓解或稀释了血液里乡愁的浓度，但它潜藏在我们灵魂深处，令人魂牵梦萦。

对于从穷乡僻壤的曾家界走出来的酉水老弯来说，似乎随着岁月的流逝而越来越“走不出”曾家界。这种表面上的悖论，似乎更能反映出人性自身的矛盾：一方面千方百计逃离村庄；一方面却又时时念想着村庄。

在我的理解中，乡愁大致可以分为：纯粹式的乡愁、衣锦还乡式的乡愁、落叶归根式的乡愁。明显可以看出，西水老弯的乡愁更接近第二种表现形式。

对于曾家界而言，酉水老弯就是村庄得意的作品之一。只是，这个土家汉子从村庄出发远行寻梦的旅途并非一帆风顺，兜兜转转30年的他，发现村庄的哲学在城市中似乎有些难以运用，总会出现这样那样的磕磕绊绊。总是走山路弯弯的山里人，却往往是直来直去的直性子。于是，换了一个又一个单位的酉水老弯，最终选择继续读书求学，并进入高校，还去英国做过访问学者，成为一名专做学问的博士、教授。

无论酉水老弯的工作单位抑或身份如何改变，都难以改变他乡愁的走向。一如那枚即将熟透的苹果，即便无人采撷，最终也会因为地球的引力而“瓜熟蒂落”，直至最后与大地和村庄融为一体。

《从村庄出发》这部散文集，有非虚构的文本，有社会学的探究，更有深层次的情感渲染，完全就是作者自身形象的一个翻版。该书重点写了母亲、婆婆、爷爷以及村庄的变迁，还有自己的求学经历和酉水河畔那些陈芝麻烂谷子的往事。这些大量信手拈来的细节铺陈，让我们可以从一个人的成长史，解密出一个村庄的变迁和历史的嬗变，并引起同时代人的共鸣。由此，我们何尝不能将《从村庄出发》看作改革开放40年来，一个土家山村的编年史呢?

纵观全书，作者酉水老弯始终以第一人称的写作手法娓娓道来，如叙家常，且运用了大量的本土方言，使得湘鄂西的本土人士阅读起来更接地气，更具亲和力，更有家乡味。当然，任何事情都具有此消彼长的二元性。过多的方言使用，也容易导致非本土读者阅读的障碍，在一定程度上削减了文本的文学性。

《从村庄出发》的最大优点，我觉得有两点：其一，不动声色的叙述，使得感情节制而不泛滥，给读者较大的空间去感受、去体会；其二，运用社会学和人类学的知识背景，来分析、来看待村庄的历史变迁，理性而丰满，具有一定的史料研究价值。另外，作品虽拘泥于日常生活的琐碎，却具有一股内蕴推动着文本前行，使得文本具有一定程度的可读性。这种内蕴，我们可以透过文本，理解为作者大山一般执拗的性格，以及一种永远不向命运低头的坚韧个性，从而使得自传体的《从村庄出发》更为真实可信，更具感染力。

一枚苹果最美好的归宿，不是跌落枝头，融进泥土，而是让这块土地的主人在丰收季节里，满怀秋收的喜悦，唱着幸福的歌谣，然后将她们轻轻摘下放进篮筐，再将她们一个一个“嫁”出去，品尝到属于她们专属的甜蜜。这才是苹果们最完美的归宿。就像乡村人之于村庄，如果一辈子被泥土攥住，从未走出过村庄半步，他的人生注定是不完美的。没有离开，何谈归来？更遑论故土与村庄的牵绊？

地地道道土家农民的儿子西水老弯，毫无疑问也是他所属时代的幸运儿。村庄养育他的同时，将他送出了村庄，使得他与村庄之间拥有了空间意义上的距离，因此才有了这本《从村庄出发》的另类村志。

当然，如果我们要求更为严苛一点的话，就像贾平凹之于商州、莫言之于高密，抑或当下非虚构范本梁鸿的《梁庄记》等等来要求西水老弯，是有着一定距离的。我想，如果西水老弯再进一步沉入村庄，运用他的专业知识，扬长避短，从学理的角度继续探究到底，或许会写出一个不一样的“曾家界”。

（选自《中国民族》2018 年第 12 期）

苦难的人生与自由的人

——读《从村庄出发》

孙　勇（中国科学院大学博士）

初识西水老弯，是在大一的《民族理论与民族政策》的课堂上，他叫龚志祥。那时，一学期的课程，我虽然也未曾逃过几次课，但却从未认真听过。直到后来，因为一个研究课题，要发一篇论文，知晓民社学院的龚志祥老师的同学在《民族论坛》做主编（或者社长），考虑到这层关系我想应该会容易很多，于是厚着脸皮第二次接触龚老师。他和蔼可亲，平易近人，给了我一些修改建议和肯定，然后不嫌麻烦地联系《民族论坛》，我感激不已。也因此，加了微信好友，长期看他朋友圈动态，我很是喜欢这个老师。

龚老师平实、率直且热爱生活，他关注很多东西，常常有所思也会分享到朋友圈。无论这是不是所谓的“思想正确”，只要是自由的思想那便不是什么错了，我深感认同。我记得老师最近还分享过一个墨尔本一家公司因宴会取消，饭店不退钱，干脆用来请流浪汉吃饭的新闻，他评论道：“我在伦敦与流浪汉晒过一次太阳，这只是一种生活方式或生存状态，和其他人是一样的、平等的。在我们以金钱论高低地位的社会实无法理解的，也就难免有歧视和偏见。”无论是他和流浪汉一起晒太阳的行为，还是他平等看待流浪汉的态度，我都是深感钦佩的，这细微之处都体现出他的和善。

他在 2017 年 2 月开通了个人微信公众号，我开始看他的文章，他至今发的也不多。我看过的有好几篇，包括《我的过年》《佛度婆婆》，后来看到他的著作《从村庄出发》，才知道这些都出自这本书。所以老早我就说他的书出版了，我一定要买来看看。

西水老弯作为一个人类学者，用深情的笔触记述了他自由的母亲、婆婆、求学、过年，力透纸背地为那个时代苦难的自己、家人、乡村做出呼号。他说他关于母亲的回忆都是模糊的，那些支离破碎的文字交织绘画出一个自由的母亲，她坚强、勇敢、自由，经受了很多生活的磨难，最终还是早早地去了，丢给作者半生的幸福和半生的磨难。在雨后的西水河上应该还有一个美丽的土家女子，对着瓦匠的丈夫和淘气的孩子，吟唱着山歌，余音飘荡，飘荡，她娇羞又开朗……作者艰苦的求学历程，我只在电影里面看过，从来不敢想，这是现实的演绎。七八岁的孩子在深秋霜起的时候光着脚丫子上学，需要步行两个小时才能走近神圣干净的课堂，依靠整学酒、凑份子才能够到更远的北方求一点新知……

在《平凡的世界》中，孙少平的高中就是这样的贫苦而没有尊严，在一个个人意识萌发的时候，这种自尊的打压，会让人丧失一辈子的顶天立地；在《中国合伙人》中“土鳖”成东青，高考三次，最后好不容易考到燕京大学，也是村民们凑份子，才有他日后的发展。如此种种，在这本《从村庄出发》中也有讲述，真真切切发生在这片土地上，他的父母、老师、村民在很多时候给予他一些及时的援手，这种际遇与幸运可能就像西水老弯所讲的，“人一生中，除了家人，总有那么几个人，命中注定是你的贵人”。他的家人如母亲、父亲、婆婆爷爷，他的老师，他的朋友，牵扯在这样一个时代，一切真实如梦如虚幻。

村庄在变迁，人也总是变迁，挥之不去的是乡土情怀和那最忠实的回忆。就一个人类学家的视野，作者对他所在过的村庄作了地名源流考，追忆了民国村庄，对比了新中国的新村庄。他还记录了村庄生活、节日、习俗、童年，这种童年的乡村记忆的咀嚼，那么平静，可能“因为贫困而更具有力量”，因为回忆而更有“欢声笑语不断”，咀嚼村庄的变迁也如同咀嚼玉米籽，“看着月亮发呆，嚼着嚼着就迷糊了”。读着读着就沉浸其中，我本来喜欢恩施，喜欢土家儿女的淳朴善良，这下更加喜欢了。

这样一本记叙性散文，更有民族志式的参与观察，格外真实。西水老弯对待沉重的生活，有那么多哭泣和无奈，在基本的物质都匮乏的年代，一步步走到今天，成为一个学者。可能经过岁月的洗练更多了一份沉着与平实。他经历了那么多的苦难，然而下笔轻盈，举重若轻，不怨不叹，努力做一个自由的人。

读《从村庄出发》

陈　方（中国船舶集团有限公司工程师）

起早摸黑农活忙
靠肩挑来靠背扛
不想重走老辈路
就学人家龚自强

快启蒙上学的时候，村子里面的老一辈一来为了激励我们克服困难上学增长见识，二来为了我们能飞出那穷山沟不要再像他们那样面朝黄土背朝天一辈子。以土家特有的韵律和智慧，创造出来那么几句山歌，在我们那个小村庄里面传唱开来。传唱在老辈劳作的田间地头，回荡在小辈放牛的坡脚山上。这是我第一次听说“龚自强”。也曾好奇地问过父亲，龚自强何许人也？苦于那时通讯闭塞，父亲也是出门做活时候听得断断续续，龚自强是邻里八村的一个牛人，从小生活艰苦，三餐洋芋红薯都吃不饱，6岁就能当家做主，勤劳能干，身体瘦弱但意志坚定，12岁干活便顶上一大劳动力，记忆超群，过目不忘，小学便学完初中课程，我们五台山头若干村落第一个考上北京名牌大学的人，估计分配回来就至少是一个县领导……父亲为了更进一步激励鞭策我，这里面肯定有夸张演绎的部分，后面再表。但在这之后开始跟村里的孩子一样把龚自强当作一个榜样学习。父母拼命劳作，省吃俭用也给了我及弟弟最大的学业上的支持。我和弟弟拼命学习，用刻苦勤奋和优异成绩报答父母。

小学，初中，高中，跟着榜样的步伐，2003年我也顺利地考上了大学。2004年的冬天，父亲生病，由于县医院条件有限，需要到恩施州医院医治，加之父母亲为了我跟弟弟的学业，始终没有随着村里面的人外出打工，而是通过更加辛苦的原始劳作为我们积攒着学费生活费，缺少见识与胆量，对需要在村落以外解决的事务大多束手无策，不知所措。为了不影响我学业，掐在我放寒假的时候，才让我直接到县城带着父亲奔恩施州医院查看病情。由于我兄弟二人上学，已经举债不少，那次看病的8000块钱也是几个在外地打工的舅舅合力第N次支援的。怀揣看病的钱，带着父亲住进州医院的第一天晚上，护士带着一个和善的人提着一大袋各种营养品来到父亲的病房，自我介绍说他就是我的活榜样龚自强，从某某处听说我们在这住院，特来看看。由于这两天的检查结果还没出来，父亲和我对病情都不大乐观，情绪相对紧张低落。他特意跟我们聊了很多放松心态的话题，其中就有他受到的苦难和他如何保持乐观，聊他小时候缺衣少吃，吃苞谷子（玉米粒）油茶汤做晚餐充饥，由于没有油和茶叶，油茶汤便成了对盐开水的尊称，端着汤碗坐在阶檐岩上，月亮倒映在碗里，他边咀嚼着那该死的苞谷子边赏着那晃荡的明月……临走时候嘱咐我们如果在恩施期间有什么困难就打他电话，父亲和我难得地有了些笑容。第二天，父亲的检查结果出来，患有十二指肠溃疡，比县医院说的情况好，就没有再麻烦他。

后来我大学毕业，进了中建三局来到武汉。得知他从恩施组织部辞职读了博士，毕业后进了武汉中南民大教书育人。时常通过各种方式联系打扰他，年岁上他应该算长者，由于他母亲姓陈，他按照辈分要我们以表兄弟相称。由此我们有了些没有代沟的沟通和交情，得以更深地了解他的苦难，他的乐观，他的坚强，他的奋斗，还有他的善良，并无形地影响着我的行事做人。大学毕业后，我的十年，在工作生活上，也经历过些许波折，但总能得贵人帮持，平安度过。对待那些生命中经过的贵人，无以为报，仅仅能做的是常怀感恩之心，以己之力把这个说不清的“贵”传递下去。曾经自作对联“做人如三岁孩童天真烂漫一辈子，行事学七十老朽成熟稳重半世纪”自勉，对欣赏者报以尊重，对厌恶者给予理解，对老板利益绝对维护，为兄弟利益全力争取。

曾经影响着我的除了榜样外，还有那本看了N多遍发生在大西北的小说《平凡的世界》。那个时候龚自强就是我心目中的主人公孙少安、孙少平。当收到龚自强的新书《从村庄出发》并拜读完后，《从村庄出发》就是一部恩施土家山区的《平凡的世界》，孙少安、孙少平就是我们那个村落的龚自强。由于就发生在自己的南方村落，更有共鸣！大千世界，无奇不有，于人于事，难得公平，希望更多的人读完这本书后，能走出自己所处的困境，能同主人公一样时时刻刻保持一颗正能量的心态，嬉戏磨难，笑对人生！成事不与他人比，胜己从前也算成！

惟愿村庄常在

——《从村庄出发》读后感

倪　勇（中共湖北省来凤县委办公室）

我一直认为，一本好书之所以能成为好书，一个重要的标志就是，读后能让人发出感叹，能引发人思考，能给人收获。无疑，《从村庄出发》这本书做到了这几点。

这本书是作者于2017年7月12日在我办公室赠予我的，因为熟知作者的为人和经历，我怀着一颗期待和好奇的心，花了一个月的时间反复进行了阅读。没有想到的是，这本书一下就抓住了我的心（这种感觉与我1985年在绿水卫生院工作之余阅读金庸《书剑恩仇录》一书的感觉相同）。书中的七篇文章（不算后记）按照作者理解的远近从最远处着笔，以最近处结尾，既写了对家人家乡的思念和恩情，也写了求学求职的温暖和艰辛，时间则经历了从儿时到知天命之年的跨越。佛经《华严经》说"不忘初心，方得始终"。我想这可能是作者为什么要写这本书的原因，也可能是作者最想告诉读者的一个道理。从本书来看，因为作者一直受"自由的母亲"和"佛度婆婆"的影响，一开始就追求自由、率真、向善，并且始终坚持做人做事的底线，无论是求学还是求职，无论是对人还是对事，无论是逆境还是顺境，作者都自始至终坚持其目标，无时无刻不在追求自由、率直和向善，虽百折而不挠。几十年过去了，不改初衷，现在可以说"终成正果"，这一点是最为我所感叹的，让人佩服！

这本书能引发人思考的，就是村庄这个东西。村庄，这个维系中国农耕社会几千年的有效载体，一直发挥着稳定一方服务一方繁衍一方的作用。清乾隆丙子年间的《来凤县志》记载，乾隆元年，始置散毛、大旺、百户、安抚、漫水、东流、腊壁七土司为来凤县，编户一十二里，村庄一百二十一个（如书中提到的旗鼓寨），分为体乾、达德、聚伦三个乡，一万七百五十八户，四万七千四百四十五人。作为管理层，设知县一、县丞一、巡检一、典史一、治画一共五个职位（工作人员亦不会太多）。以五个“领导”统治四万多人，靠的是什么？我想答案就是各个村庄自我管理、自我服务各个村庄及住民。

在这本书里，作者虽然没有明确说明这一点，但所说的人和事却充分证明了这一点。在作者的笔下，儿时的村庄是这个样子的：“梦中的香巴拉”“有世外桃源的感觉”“那个时候村庄四季分明，春天阳光特别明媚，夏天阳光特别炽热，秋天阳光特别性淡，冬天的阳光特别温暖；春天的雨沁人心脾，夏天的风凉爽惬意，秋天的叶红透村庄，冬天的雪任性飞舞”“劳动是热火朝天，但收入永远是朝不保夕，经常挨饿”“村庄生活虽然清苦，人人面黄肌瘦，衣难蔽体，但丝毫没有动摇人们的团结互助精神”“村庄的峥嵘岁月并无愁苦，着破烂衣，吃半饱饭，赤脚上学，光膀干活，一路欢歌成长”“离开村庄后的我时时梦回故乡，梦里岁月仍然甘甜如蜜”“感觉有一股暖流静悄悄滋润着村庄”“腊月二十九这天就已感觉年已到了家门口，年味浓得扑面”，等等，可以说，给人的感觉好极了。而现在的村庄，却成了这个样子，“1997 年村庄告别煤油灯，电灯来了，2000 年以后，家家都有了电视，从此，村庄的话语权让位于电视，新的权威产生，故事开始消失，民歌慢慢忘记，年越过越淡，鬼神部分退位，哭嫁渐行渐远，游戏淡出生活”“村庄话语权发生改变，人机交流取代火塘夜话”“人是村庄的，魂已不知归处，山亦在，树亦粗，夜莺依然在唱。清泉依然流淌，可少了些许繁华，多了几许荒凉，缺衣少食的甘甜岁月一去不复返了”“现村庄已经衰老，人去房空，带走了故事，带走了山歌，带走了哭嫁，房前屋后枯叶遍地，果树无人打理，洪水冲垮田坎，荒草封闭道路，桃树枯亡，梨花零落，蛙鸣不再唱响，牛铃不再叮当，鸡鸣犬吠声衰，炊烟缭绕已远，昔日美景不再”，等等，让人唏嘘不已。

因为我所工作的地方正是作者书中所写之地，几十年的工作经历所见所闻，竟成了作者书中所写现象的证明。古语云：“国之本在民，民之本在农。有土有人，有人有用，从古为昭。”一个有故事的地方，前提是要有一群有趣的人。但是这几年我们看到的村庄却是另外一个样子。据有关方面的统计，来凤农民有 26 万人，在外打工的近 60%，有的是举家外出，有的是丈夫或妻子或儿子或女儿外出。外出的人中，70%是 18 到 60 岁的人，也就是说，壮劳力基本都外出了。从另外一个方面来讲，能够产生故事的“人”不在了，难怪村庄凋零田土荒芜，梨花零落桃树枯亡。是啊，虽然大家都是“从村庄出发”，但回过头一看，村庄已然不在，甚至正在消失。今后的村庄走向何方，让人感觉不到方向所在，是重新焕发生机，还是逐步走向消亡？我想，这正是作者思考的，也是我们所要思考的！

阅读这本书时，我同时正在阅读梁实秋先生的散文集《人生不过如此而已》。说实话，我感觉两本书除了文笔优美、充满哲理外，有一个共同的核心，那就是作者在字里行间中，在人生经历中，都把追求快乐当作人生最大的目的，并指明了如何追求的路径。林语堂先生曾经说过：“在不违背天地之道的情况下，成为一个自由而快乐的人。这就好比一台戏，优秀的演员明知其假，但却能够比在现实生活中更真实、更自然、更快乐地表达自己。人生亦复如此。我们最重要的不是去计较真与伪，得与失，名与利，贵与贱，富与贫，而是如何好好地快乐度日，并从中发现生活的诗意。”我现在已过知天命之年，我的感觉，从作者和梁实秋先生的经历和文章来看，表明两人都已成为自由而快乐的人，已是林语堂先生所说的“生活中的优秀演员”。那么，我的人生目的是什么呢？通过阅读这两本书，我想我知道了我所追求的人生目的是什么了，知道了我今后的几十年该如何度过了，这就是我的收获！一个非常了不起的收获！

读《从村庄出发》有感

李诗林（湖北省来凤县思源中学教师）

看完了酉水老弯所写的《从村庄出发》这本散文集，作者回忆从前的生活见闻，用文字详细记录，将苦辣酸甜、喜怒哀乐之情寄托在自己所写的文字之中，没有一点无病呻吟、故弄玄虚、矫揉造作的感觉，读起来真的很感人。

因我与作者出生于同一个地方，且年龄相近，所以，他写的许多东西，也是我曾经的见闻和经历，读他的文字，特别能产生共鸣，特别亲切。

这本书很多地方写了故乡的景、故乡的事、故乡的人。文字朴实，文笔流畅，在饱含深情的叙述与描写中有画龙点睛的议论，在怀念亲人、师长、同学、伙伴的文字里又夹杂着作者对故乡风土人情的介绍，在娓娓道来的亲身经历与见闻之中还蕴含着作者深刻的反省和深沉的反思。

故乡的一草一木一花一石一砖一瓦一人一事，因为太熟悉，以至于让许多人熟视无睹，往往与之朝夕相处却不能发现其可爱与美好。可是，一旦与故乡分别长久，一旦到了他乡异地，一旦举目无亲，也许就会有这样的感觉：哪怕走遍天涯海角，见过名山大川，住在大都市的高楼大厦里，也还是觉得自己的出生地才是心中最美丽最温暖最舒适的地方。我想，这也许就是作者到了万里之遥的英伦之后才文思泉涌，才一气呵成写出《从村庄出发》这样感人的作品的原因。

作者从小小的古朴美丽闭塞的村庄出去，一直向前走，走向山外，走向大都市，走向海外；更重要的是，走向坚强，走向成熟，走向成功。从这个角度看，这本书也是一本提醒年轻人正视人生苦难、追求美好梦想、积极拼搏上进的励志的好作品。

往村庄去

谭雅文（中共重庆石柱土家族自治县委统战部）

亲情与爱情

读《从村庄出发》，从第一页开始就泪眼婆娑。书的开篇是关于母亲的。龚教授对于母亲的印象深刻又模糊，母亲离开时，他才 6 岁，还有 8 岁的姐姐和两个弟弟。工作后，家里的重担几乎全部由他承担。一个月 130 块的工资，硬是置办好了两个弟弟的婚礼以及归还了家里的超期贷款。而他却为了省钱舍不得添置新衣服，回老家都要掏空身上所有的路费。“这个时候我好希望母亲在身边，向她诉说一下我的艰难和心酸。”每每读此，心酸泛滥。一是心疼那个年代我的同龄人竟如此生活艰难，二是为我的母亲终会到来的离开而感到伤心。

书中的佛度婆婆以及婆婆和公公的相依相守也是赚足了我的眼泪，感慨无私奉献的亲情与纯粹超然的爱情。愈发提醒我们要好好珍惜当下，但愿能在垂垂老矣之际还能凭借诸多回忆回望此生。

乡愁与情怀

虽然生活在贫穷的武陵山区，除开云淡风轻的描写和社会动荡的记忆，龚教授着墨更多的是他记忆深处美好的村庄生活。看着他描写的村庄美景、互助农作、婚丧嫁娶、邻里友爱，不禁让从小生活在城市的我艳羡万分。快节奏、高效率的社会生活渐渐地把我们的根从泥土里面拔起来，我们以后的孩子们还知道大米和蔬菜是怎么来的吗？寻根溯源，希望乡愁不仅仅是乡村旅游的海报噱头，而是直抵人心的情怀。

底线与热爱

书里他总结自己所谓的迂腐时说："凡人脱俗何其难，我是凡人，但底线必须坚持，底线难免有时弯曲，但绝对不能断裂。"《米开朗基罗》里写道："这个世界上只有一种英雄主义，就是在看清生活真相之后，依然热爱生活。"无疑龚教授是热爱生活的，我想也正是坚守底线，从不怨天尤人，从不知难而退，凭借着对生活的热爱才支撑着他走过人生寂寂岁月，终守得云开见月明。

从村庄出发，往村庄去，相向而行，终会遇见。

匆匆的读客 永恒的守望

马 莉（中共石柱土家族自治县委老干部局）

80 后的我是第一次拜读您的书《从村庄出发》，作品深深地打动了我，便喜欢上了。从今起，我也会向身边的朋友推荐此书，自己今后还会继续拜读您的作品。

今天的我们既是匆匆的读客，也是永恒的感受者，永远的分享使者。《自由的母亲》让我情不自禁眼睛湿润，读到 11 页时，我的眼泪静静地流淌，滴落在书的右角边。母亲是来凤县漫水乡陈家堡陈家人氏，母亲在姐姐 8 岁，您 6 岁，大弟 4 岁，小弟 2 岁时候离去，您对母亲的记忆都是模糊的。但是母亲尽管离去至今真实原因都不知，我的理解是那个时代生活压力太大吧！但在有限的时间里，母亲活着的时候，母亲是一个有胆量且聪明的女子，是山歌能手，爱自由且勤劳的女人。母亲有意识地给您一把生锈的柴刀上山砍柴，锻炼了您的毅力。在那个艰难困苦的岁月里，这也是母亲唯一能给儿子未来的礼物。母亲担心您是个傻孩子，在您和大弟之间，选择了傻傻的您做乳汁实验的事让我噗嗤一笑。牛痘、涮把、洗碗巾……一串串长长的成长印迹。

《村庄变迁记》让我第一次对不同时代的中国的村庄有了全面的、深刻的、细致的、深入的了解。书中呈现的不同时间段、不同历史背景下的村庄样貌、风土人情、人情世故是那样真实、鲜活、历历在目。掩卷闭目，我的思绪一直萦绕在不同时代的村庄里，感叹村庄人的生活。民国时的村庄，让我感觉生活的不安。新中国的新村庄，春雷一声震天响，来了救星共产党的改天换地的喜庆，大跃进的浮夸，20 世纪 60 年代的动荡……这些强行闯入村庄的大事件也丝毫动摇不了村庄人的纯朴、善良、团结。村庄人透亮的真性情、待人的单纯，乡里乡亲的那些事再次验证了我小时候外公跟我讲了无数次的那个时代的人和事，小时候总认为这一切不是真的。我有幸与《从村庄出发》结缘，脑海里呈现的画面跟您书中的一个模样。因为感同身受，您的公公和婆婆对您的爱，就有点类似于我的外公外婆一样的感情。书中现在的村庄虽然外貌变美了，交通也方便快捷了。但是最初最原始的那个村庄永远找不回来了……

《佛度婆婆》多次让我流泪。母亲走了，抚养4个孩子的任务由婆婆接管，婆婆履行“妈妈”的职责。小弟夜里哭，婆婆用她干瘪的奶头去哄小弟。姐姐照顾小弟，他不停地哭，放摇篮还是哭，姐姐伤心地不管了，出去无助地哭，您也哭了。姐姐为了家，一天学都没有上。那种姐弟情，姐姐出嫁时，您伤心欲绝地哭，直接爬到山头哭一个小时。婆婆决然地离开了，公公随后用毒鸡蛋下酒跟着婆婆走了……这些画面深深地触动到我，让我热泪盈眶，任凭泪水止不住地流。

《求学记》里的您，是一个奇葩。胆小，尿床，身子骨弱，小学第一次考试抄袭同桌的卷子，得到了知识的欲望和自豪感，从此找到了人生正确的定位。那个时候读书的苦，那个难。您的读书时间里几乎都是在吃不饱穿不暖中完成的，家里永远赊账，但您身边也会永远出现亲人、同学、老乡、好心人及时帮助您，蹭饭吃、借宿，在他们的帮助下终于挺过来了。

《我的过年》再次冲击了我的泪点，泪如雨下。姐姐出嫁有了家，两位弟弟做上门女婿离开村庄去他乡生活了，爸爸找了老伴去那边过年。您拿着提前准备的手电筒，腊月二十九晚上去姑姑家，大年三十晚上9点返回村庄。您一个人在家，按照风俗三十夜的火十五的灯，炉火燃烧到天亮。这是一般人体会不到的新年。

作家杨绛告诉我们，读书好比串门儿，隐身的串门儿。这两天的串门对我来说感触颇多，让我真实地认识和知晓您的村庄和村庄人。《从村庄出发》定会成为我今后生活中促进自己的原动力。《从村庄出发》让我感觉在读路遥的《人生》和《平凡的世界》；您从您的村庄出发，我从我领悟到的精神原动力出发。如回老家探亲，替我向您的母亲和婆婆公公添炷香吧！

成长与温暖　思念与过往

邓劲辉（重庆市石柱土家族自治县西沱中学教师）

我用36个小时读完了西水老弯的散文集《从村庄出发》。

书名《从村庄出发》，去向哪里？归往何处？这是我要解读的问题之一。读完全书，我觉得作者最想说的，是从生养我的村庄出发，行遍四方天涯，重又回到心中的老家。村庄一直在心底，心里一直有着村庄。即使自己的躯体不能时常回去，那里也一直是自己的灵魂皈依，因为那里有祖先的艰辛历史，有父辈的深重厚望，有自己苦难的过往。从村庄出发，一路披荆斩棘，拼却全力！

《从村庄出发》很多地方都令我很有共鸣。比如书中的《村庄变迁记》《佛度婆婆》《爷爷的三万天》。我虽然没有在农村生活的经历，我父亲却是地道的农家孩子。他从我们小时候能听懂话开始就向我们讲述那个和我们一江之隔的乡野小院，那里的地名、人物，那里有我的奶奶空寂的等候和辛勤的劳作，那里还有我爷爷身后的一座空冢！父亲告诉我们，爷爷是在永川火车站附近去世的，尸骨无存；20世纪80年代初，父亲出差路过永川火车站，特意下车在站台上呼吸了几口不怎么清新的空气，好像嗅到了我爷爷最后的气息，父亲老泪纵横，不能自持。

我能理解作者从笔端尽量涌出的平静的文字，用这平静掩饰心头的狂澜。《佛度婆婆》是对养育之恩、教诲之恩、慈慰之恩的婆婆身后最大的祈愿：佛祖所在，没有灾难，没有艰难，没有辛苦！当我读到“毕业时，我从学校扛回我的一包没有洗的衣服，想到婆婆辛苦，我准备自己来洗衣服。婆婆在旁边说‘祥娃，婆婆年纪大了，眼睛也不好了，你怕婆婆洗不干净了’。”当时，我的眼泪夺眶而出。这平凡的记忆，浓缩着多少点滴婆孙情！

在《爷爷的三万天》里有这样几个地方令我心生感慨。一是“我有记忆的最困难的年代，家里每个月只有一斤菜油或茶油可食用时，我的父亲都会想尽一切办法保证我爷爷每十天有一斤白酒可饮用。下酒的菜没有办法保障，有时就是两个干红辣椒凑合。记得有那么一段时间，大概有个把月，家里实在是没钱买酒，爷爷干活儿没了力气，我父亲也是满面愁容写在脸上，父亲直到把酒买回家才如释重负。”我把这些文字勾画下来，在旁边批注了两个字“真孝”。二是爷爷为了寻找他的小弟的奔波。文中几乎用了一整页的篇幅来记忆那段艰难的寻找。最后，爷爷生前没有找到他的小弟，而“我”的父亲和“我”又历经千难万险，在 2003 年末才找到了 1917 年就送与他人没了音讯的爷爷弟弟的后代的消息。“20 世纪 60 年代，幺公（爷爷的弟弟）和叔叔曾经从酉阳走到来风百福司漫水乡村访寻。曾在一龚姓人家驻足等待消息，久等无音而返乡。回家未几年，带着思念，带着失落，带着渴望离开了折磨他的凡尘俗世。”书中记述“‘文化大革命’前期，百福司有人捎信过来说，有一对黔江逃荒过来的龚姓父子来湖北寻亲。我爷爷匆匆赶往，这对父子已于前一天回黔江去了。”我在书的边角这样写道：“这前后的寻找，这割不断的血缘，这浓浓的思念，让人泪奔！为擦肩而过的失望和痛苦漫长的等待！”

在作者的《求学记》里，我读到孩子的顽皮，也有孩子的坚强。那求学之路很难、很苦、很残酷，有时甚至很没尊严。我从我父亲的讲述中也能感受到作者曾经感受到的那些苦难。“别人穿皮鞋、解放鞋，我穿草鞋、打赤脚；别人写钢笔，我写毛笔；别人穿棉袄，我穿夹衣；别人有爹娘送伞，我只能站在他人屋檐下躲雨，还要想着去找回寄养在别家的弟妹……”我的父亲就这样一天天长大，和作者一样艰难，拉扯弟妹，抚育我们。所以，我真的很能体会作者的心情。

《从村庄出发》，我几乎是全程揪心地读完。我母亲根据我父亲从小到大的经历手写了一本《艰难的历程》，希望我们能够抽空整理并誊抄给我们的子孙后代。母亲拖着病体几乎三易其稿。母亲去世后，我不止一次地恭敬地捧读那部历史，可母亲的笔迹和父亲的艰难，总是令我落荒而逃！

《从村庄出发》用平静的文字、平凡的段落去回忆那不平凡的过往。这些历史与过往是生命的馈赠，就像生命的降临那样，我们无从选择。

感谢苦难，让我们成长；

感谢亲人，让我们温暖；

感谢村庄，让我们能回忆过往！

村，依然在那里

孙　立（武汉市民族宗教事务委员会）

龚教授的书终于到了，还有签名。看扉页上的照片，头发白了些许，略带笑意，温良谦和，多少年了，还是那个样子。

2005年，出差去恩施，那是自称恩施人的我第一次去到恩施。办完公事，恰逢周末，诸多原因让我很纠结要不要去咸丰老家看看。龚学长正待在家里做博士论文，他热情地鼓励我，还约了另一位朋友，一起陪我回家。近乡情怯，没有龚学长的鼓励和陪伴，我无法完成对家乡的初次寻访。籍贯栏里写了三十多年的地名，父亲家书上的地址，汇款单上的地址，父亲讲述中的黑洞（黄金洞）、五谷坪，终于成为一个真实所在。

当时还没有高速公路，开车近三个小时才到黄金洞乡，接着又从镇上去五谷坪。五谷坪在山上，全是土路，换乘当地的吉普车才能上，那车又破又旧，窗子都关不了，跑起来却十分生猛，每次转弯我都觉得会翻到崖下，龚学长却云淡风轻，一车飞扬的尘土中和我姑妈聊着家长里短。现在回想起来，他作为一个人类学者的特质已然显现。

在五谷坪，我到访了父亲当年读书的小学，去墓地祭拜了从未谋面的爷爷奶奶，一叩三磕头，了却心愿。父亲讲过，五谷坪地处高山，小时候背着干粮翻山越岭走上十几里地去上学。村里都穷，父亲家境稍好一点，也不能餐餐吃上大米，多数还是吃苞米洋芋，就这样还是被划为地主，又因为爷爷曾办过私塾，略通诗书，便成了当地唯一的“反革命”。消息传到父亲读书的恩施高中，老师们告诫他千万不要回家，否则就再也走不出来了。1957年，父亲拿到北京地质大学的录取通知书，身无分文，靠着老师同学的接济去了北京。在爷爷奶奶的墓前，我才开始真正思考并尝试理解父亲，仿佛真切地看到父亲清瘦的身影，从这个小山村出发，一路艰难困苦，一路拼命努力，一生温良谦和，将离散的痛隐忍心底，把曾经缺失的爱加倍反哺给家人。

“为了亲近您，我拼命学习，勤奋工作，忘我阅读，不断浪迹天涯，苦苦追寻，弥补我生命中的缺失和遗憾，努力去找回那永远也找不回的母爱，也奢望为母亲找回幸福和笑容。”读到此，潸然泪下。

从村庄出发，无论走了多远，回望，村，依然在那里。

刚刚去了那村庄

姚红兵（自由职业者）

读《从村庄出发》，被书中故事震撼。我没有经历过那个时代，但我还是从作者娓娓道来的故事中几次热泪盈眶。如果拍成影视作品，我特别想演远嫁重庆酉阳兴隆的那位姑婆，没有后人，那种一生都在盼望亲人思念亲人而又无可奈何，该用怎样的心境去过每一天！那个时代造成了很多遗憾，这就是历史。《从村庄出发》讲述历史，还原历史，不忘初心，给人以启迪，给生活导向更好的方向。村庄的“您”出生这么特别，我想一定是个很有趣的学者，三分静气，三分贵气，三分杀气，一分痞气。

您是三分天注定七分靠打拼，不向命运低头，强势而非常规地开辟自己的人生路，不等不靠不要。当下，有背景的人们三分拼七分就注定了，但您修炼了静气，一种历经风浪而不摧的淡定从容。还有一种贵气，一种对文化深度理解后融入骨子里的高贵品质。而杀气是一种正义感，与天地同在的觉知。正义感往往与理想人格伴随，也就是江湖上所不屑的书生气和迂腐德性。痞气是一种有趣的生活态度，小小的幽默化解苦恼，是自信的流露。

书中“聪明的妈妈”和“傻傻的儿子”画面感特强。那个年代的人质朴、善良、真诚。妈妈在向往自由的心里融入了这些高贵的品质，用聪明给傻傻的儿子 3 岁到 6 岁的成长过程留下了永远的怀念。“傻”儿子小时候一定长着个圆圆的脑袋，没有别的孩子表面机灵，但“傻傻地”坐在石头上等妈妈到天黑的样子一定很可爱。从小就心无杂念，坚定执着，冥冥中注定会以不一样的方式走出村庄。一位优秀的母亲对孩子的一生是多么的重要！现在的人多追求物质，心都是浮躁的，这种浮躁也从小给了孩子。孩子只有在正常的文化环境里成长才会阳光、坚韧、有责任、有良知。当下的不少人，享受着物质带来的短暂愉悦和旷日虚空，唯独不愿面对自己的心灵。

我特别想知道，从偏远山区是怎样走出去的，还读了博士，我提前有很多猜想。读《求学记》知道了答案，特别心疼那孩子，身体弱，营养不良，上课睡觉，但仍然拼命抗争，考年级第一。自己没上过大学，对有学问的人特别敬重。读书期间把书读好对人的一生太重要了，但谁都想把书读好，而且最好是各方面都优秀。现在，竞争压力这么大，要做到这些何其难。

书中的村庄故事比我们听到的看到的有趣多了，情节意义也更大一些。村庄习俗也很有趣，习俗中的那些细节都是表达人与人之间的感情最重要的。阅读村庄的哭嫁，我想如果是我哭，我肯定会想着要哭出花样来。书中记载了村庄里很多食物的制作方法，这会给太快发展的人类在未来提供一个好的参考，这是那个年代的习俗文化，很有价值。2018年末了，逐渐有了些年味。现在年味淡了，人与人之间的关系发生了变化，也多样化了，有了更多的选择。小时候人与人之间的关系很简单，生活水平低，孩子们老是期待过年有好吃的好玩的，还有新衣服穿。现在的人可以旅游，走亲访友也是选择合得来的，再就是有利益关系的。辛苦的人们在外务工差不多都是像机器一样运转，缺少对生活的思考，枯燥、烦琐、简单而单调地劳作。节日里，麻将声声，越打越大，陶醉于此，对留守的孩子和老人用心很少，也许这样是放松；要不就是到KTV炫一下，年一过，像阵风又走了。看了《从村庄出发》，怀念童年，好想过小时候的年。我闭上眼收住心沉住气，刚刚去了那村庄，有群孩子很开心，穿新衣，放鞭炮，走亲串邻笑嘻嘻，我看着你，你望着他，脸上笑容乐开花。

《夷水往事》昨晚才看完，本可以很快看完，但慢慢看可以慢慢想象。我猜的“三分静气，三分贵气，三分杀气，一分痞气”在《夷水往事》得到了答案。

看《我的过年》，感觉到作者的每一步都不容易。我与作者一样，相信万事万物是有灵性的，就像《阿凡达》里的那样。我还相信一个怎样的人，他的身边就会有一个怎样的磁场，会吸引一些什么，排斥一些什么。长远看，邪永远不会比正有力量。

作者一直过得很艰辛，但一直都有一颗感恩的心，总是以一种轻松的语气在表达一种很浓的情。这是一种高贵的品质。我相信，懂情的人总会碰到有情的人。在我有限的认识里，认为爱从广义讲是一种快乐。阅读村庄，想着出发，有个熟悉的身影叫文化。村庄里的故事，那山那水那人给我力量，带来发自内心的快乐。

从村庄出发　以美好归来

谭美玲（长江师范学院学生）

第一次见到老师酉水老弯是在全班同学都期待已久的第一节民族理论与政策课上。您的满头白发和丰富阅历，认定您是个博学的“老者”。您课上的自在豪放，课下的和蔼可亲，对许多大家一致认同的观点却有您自己的独特见解。不仅健谈，也是个风趣幽默，能文雅亦能粗犷的“粗人”……果真是《从村庄出发》的酉水老弯本人啊。我若不是阅读《从村庄出发》，或许真的以为您是个书香世家的纨绔子弟。

初见《从村庄出发》，是您拿到班上的那本，一见封面就传来一股朴素且自然的味道，打个比喻吧，就像是我爷爷抽的草烟的味道。先不说内容如何，封面给我一种“独上高楼，望尽天涯路”的感觉。封面的插画寓意深刻却来得自然，黑白的基调既稳重又从容，“从村庄出发”五个字唯独“村庄”二字特色突出，我猜想是不是出发的地点便是“村庄”？这样思考的读者定不止我一个。黑色的瓦面瓦檐烘托那个时段，低矮的小平房也在述说那个时代的贫穷。但我一直不懂为什么村庄人的背影是红色的，也许是为了在黑白的封面上凸显出村庄人，或许作者可以给我一个不一样的解答吧！

作者是一个多么特别的人啊，整本书从母亲到爷爷，从爷爷到婆婆，从家中到学校，从学校到村庄，这一切都如此平凡，可在作者看来他们是那么的不平凡。我不清楚书中作者照片的拍摄地点，但我能感受到那是一个秋高气爽的季节，叶黄而落，阳光透过稀疏的树叶照在青草地上，把地上的一切照得熠熠生辉。阅读《自由的母亲》，这是我第一次看见有人用“自由”两字形容母亲，之前见到的或自己笔下的多是“伟大、温暖、慈祥”等一系列散发着母性光辉的明亮之词。书中第 10 页到第 11 页，短短的几百字，却正是让我痛彻心扉的地方。母亲的离开对当时的您来说是多么沉重的一击啊，一位生在并不富裕家庭但又追求自由的勤劳善良的妇女就这样决然离去。出殡那天早上你们兄弟姐妹都睡过去了，或许是婆婆爷爷不想让你们受那种那个年纪承受不了的痛苦，抑或是你们几个根本不相信母亲的离开，抑或是……您笔下“努力去找回那永远也找不回的母爱，也奢望为母亲找回幸福和笑容”，虽说的确是一种奢望，但我希望您的母亲可以回来。

随着人类历史的兴衰和时代的变迁，这里成为一个历经沧桑的老村庄。民国时期一个贫穷的、落后的山区村落，在您的描述中，我感受到了时光的流逝。新中国的新村庄发展曲折，终将迎来曙光，旧貌换新颜。如今已很少有人会将自己的家乡起源追溯得如此久远并记录下来。这是当下一份难得的对村庄的人文关怀。不得不说，您也是一个如此之幸运和幸福的人。笔下的村庄既有故事更有情怀，先不说历史绵长，就论“孩子的村庄”，一个可爱且有趣的名字，便油然勾起我对自己村庄的不少回忆。作者与我虽不是一个年代，但总的来说，在农村待过的孩子大概都懂那些乐趣，那些无邪的回忆。夏日里，孩子们一起围着大人们玩游戏听蝉鸣，和家里的小狗小猫一起看星空听蛙鸣，大人们拿着蒲扇在村里的大树底下拉家常喝小酒……多么温馨且让人难以忘怀的场景啊，跟您书中“有月亮的晚上在院坝玩捉羊、捉迷藏、丢手绢集体游戏，输了的还要唱歌……看群星闪烁，浅吟低唱，夜深不归”像极了。“节日的村庄”也把我带回了我童年的记忆。春节也是我们那儿一年中最重要的节日，吃腊肉、包饺子、烤香肠、做石磨豆腐……吃的这些固然是一年中最丰盛的，但对于孩子来说最开心的事还是穿新衣，除了这些吃的、穿的也有一些很重要的习俗，比如放鞭炮、守岁不准说脏活、上坟拜祖。您看啊，明明大家都过着这个差不多所谓的“年”，可愿意记录下来的人又有多少。

书中的《求学记》是我们每个人都有的经历。每一个光鲜亮丽的人生背后也许都有非同一般的“不幸经历”。但我真的从未想过您的如今虽辉煌，可您的过往是那么清苦，从心底里佩服您的坚韧和不服输。看完您的求学记，我的感受一是觉得您幸运。怎么说呢，您虽然 8 岁才入学，但是您有机会上学已经很幸福了。二是觉得您聪明。“悠闲的初中”，我看出您竟然也是个降班生，但却上了高中。“寒窗的高中”也顺利地进入了大学，更是成了村庄里的第一个大学生，何其幸运。三是佩服您的勤奋。很想知道五年的初中您是如何坚持下来的呢？从村庄到学校的路遥远且泥泞，您是如何蹚过去的呢？维持家中的经济与追求您自己的梦想之间您是如何平衡抉择的呢？或许我们大多教人的求学记都有这些故事，但唯独看您的求学记让我心头一震、鼻子一酸，眼泪在红了的眼眶里打转，最后流至我的两颊直至落到桌上书上……

不禁想起自己的求学记，我小时候在村庄的一所小学读书，村里小学不大，教学设备也不齐全，有一个 100 平方米的操场，几十平方米的主席台，一栋 2 层的教学楼，一栋 2 层的办公楼，没有食堂，厕所是农村家里小平房的模样。我的小学没有城里小学的塑胶大操场、各色鲜花的多边形花园、高大的教室、可以坐着吃饭的食堂和像游乐场那样的运动健身器材……但这些都没关系，我那所朴素的村小培养了我的朴素，承载了我 6 年的记忆，难忘的师生之情、同学之情。我的村小无论以后是衰败或是兴旺，我都站在不远也不近的地方思念和守望，确认过的眼神，融入我的灵魂。

感谢这本书，给我树立了又一个人生的榜样。村庄人的真诚、感性、勤奋、团结、坚持、孝顺等美好品格都真实浮现在我面前，生动且雀跃。以前觉得读红楼像是在读人生，如今觉得读《从村庄出发》更像是在读人生。这本书教会了我“坚持”“远行”，指引着我在未来的路上如何活出精彩，如何于滚滚红尘中做真我。这本书，启迪了我，帮助了我成长。做人不能忘本，知道我们是从哪儿来，又应走向何处去。人人心中都有一个属于自己的别样村庄，村庄的日子如夏日阳光般绚烂；人人心中都有一百种自己喜欢的活着的方式，从村庄出发，以美好归来。

（2018 年 10 月 26 日）

那年，那师，那些事

林欢欢（江西师范大学）

想了解一个人，就读他的文字。

自小到大，我对老师，只有敬畏，不敢亲近，因之少了了解的途径。硕士毕业后，除了过年过节一个问候，我与龚老师联系得很少。后来从同学口中得知，龚老师去了伦敦政治经济学院访学。回国以后，他出了书，得知此事，我赶快向他讨要了一本。很快，我就收到了龚老师寄来的《从村庄出发》。才读完第一篇，我就已泪眼婆娑，然后随着文字仙游了一趟他的家乡。读完后，我发了一条微信朋友圈：

> 一口气读完了龚老师昨天寄来的新书，才看了第一篇——《自由的母亲》就让我感动不已！《佛度婆婆》再次触动我心。他的书让我接受了一次深刻的心灵教育，还是那句话，龚老师的语言因为真实，所以动人。

推送发出，除了点赞，还有忘年交表示要向我借阅，我直接网购送给了他。因为我觉得他是作者的同代人，会比我更懂这本书。之后，我向不少人推荐了此书。

此前，我对龚老师的了解是片面的，等到读完这本书，结合当年的二三事，才更加理解他为什么是这样的龚老师。

（一）自由的课堂，悠闲的时光

我初遇龚老师于武汉南湖之畔，那是2010年的秋季。

中南民族大学2010级社会学硕士的第一堂课，就是龚老师教授的西方社会学理论。我们社会学专业全班13人，从学校南端的26栋宿舍楼步行至北端的13号教学楼。那是一栋老旧的教学楼，据说是专门用于研究生的授课教室。没想到，和我们一同上课的还有文学院民俗学专业的三五位同学。因为同属社会学一级学科，所以他们也需要选修社会学的核心课程。我们在教室坐定，等待着老师入场。未几，一位个子不高、戴着眼镜、衣着朴素的中年老师走了进来。这一节课，他什么也没带，也没讲任何理论内容，只讲了三件事：一是他自我介绍说自己是民社院社会学专业的导师，从民族学那边转过来，今年第一年带研究生。他告诉我们，这是他第一次上这门课，接触时间并不长。我想我们部分同学应该会小有失落，老师也是初学者。二是本学期的课程，每位同学讲述一位社会学家的理论思想。三是研究生的课，应该上得轻松自由，可以选择任意的方式，在任意的场合上课。

龚老师的课就是这样随意。老师的无为而治，让学生可以按照自己的想法来carry课堂。以至于有一次课，大概是分享迪尔凯姆的《自杀论》，众人也不知道该讲什么，主要的原因是大家都没有看原著，当然，更有可能是没看懂，所以现场一度陷入尴尬。尽管龚老师鼓励大家想讲什么就讲什么，可过了许久，台下还是一片寂静。我环顾四周，见没人回应，便自告奋勇说我来谈谈。

我是社会工作专业出身，做过生命教育主题的团体活动，于是打算请同学们和我做一个生命教育的互动。我走上讲台，请同学们拿出纸笔，在纸上写出10个名字，且限定一定要是生命中最重要之人的名字。待大家完成后，我继续要求他们：如果必须去掉一个人，请你划掉他的名字，依此类推……我记得划到后面，越来越艰难，最后请他们谈感受。谈完感受，我回到自杀这一主题。我在黑板上画上了一张网，网心就是我们自己，各个节点就是我们周边重要的人。随着这些节点的去除，我们逐渐变成一个孤零零的人，所以我们就自杀了。大概的意思就是，每个人都拥有一张社会网络，如果缺少了社会联结，就失去了活着的意义。就这样，我大概花了一节课时间在讲台上“表演”。

现在想来，我像个小丑一样在那里胡说八道。自杀这样深刻的问题，居然被我如此肤浅地解释，全然不顾同学们的感受。整个过程龚老师一直微笑不语，配合着我的“表演”。我的“表演”结束后，同学们大概不以为然。然而，龚老师却巧妙地回避了对于主题的评论，转而对我的表演形式大加鼓励。他说我在讲台上很有“范儿”，很有做老师的天赋。这件事给龚老师留下了深刻印象，以至于后来在多个场合他曾就此事表扬过我。虽然他说得那样稀松平常，但我却听得这样严肃认真。他如此高超地运用了皮格马利翁效应，让我更加坚定要做一名老师。

直到读了他的《上学记》，我更加确信，龚老师继承和发扬了他的老师的育人之术。书中重点提到了高二年级的班主任胡老师，他曾在一个炎热夏天的晚自习时，鼓动班长带领大家到校园草坪纳凉。尽管班长没有越雷池的勇气，同学们也都老老实实地在教室挥汗如雨，但我确信龚老师心里一定蠢蠢欲动。有朝一日，他一定会把它变成现实。这也难怪在他上课时就说我们可以一起到草坪上一边喝茶一边上课，也可以一边喝咖啡一边上课。

时过境迁，我们等来了这样的机会。

那天的课，龚老师带领我们走出教室，来到了 11 号楼的那家咖啡馆，为我们点了咖啡饮料。咖啡在手，三五人一桌，大家全然忘记了这是在上课。倒是民俗学的刘佳同学，因为精通星象之学，而成为众人围堵的对象。大家依次打开掌心，企求“大仙”泄露天机，看看自己究竟能不能撞上那梦里的桃花。多数时候，她是欲言又止，带着两个深深的酒窝，露出诡异的笑容，吊着众人的胃口。三年下来，几乎每个人都私下找过她，意图解开掌中那神秘的曲线。

何时能够兑现和龚老师一起在草坪上喝茶论道呢？我想龚老师本人大概已经在大洋彼岸实现了。而对于本已足够幸运的 2010 级社会学班同学而言，乃是一个得陇望蜀的愿望。

（二）去留随他去，开门种桃李

因为龚老师的课如此轻松，所以入学之初大家都愿意和龚老师谈论选导师的问题。那时，社会学专业有三位导师，有些同学认为，第一次带研究生的老师一定很负责，而像田老师和库老师他们当然有他们的好，但肯定无暇关注学生，因之有部分同学打算选龚老师做导师。未曾想到，因为如此，还引起了一个不小的误会。

我因为社会工作的专业背景，毅然选择了社会工作方向的库老师，也就不关心选导师的事情。只是有些同学比较着急，似乎选导师也有先来后到，要抢占先机。我的舍友傲也是这样，在公布师生互选结果之前，他忐忑不安，念念叨叨，生怕选不上库老师。怎料他给龚老师发信息，询问师生互选的结果。龚老师回复：还没有结果，我会争取。

误会之门一旦打开，风波就要开始。显然，龚老师误以为他要选自己做导师，而傲也不知如何辩解，更成了热锅上的蚂蚁。很快，结果出来了：傲、胖子和珊珊三人由龚老师指导。得知结果，傲十分沮丧，连日的沉默必定酝酿着新的动作。果然，他在做最后的挣扎。他暗自找了库老师，向其表达倾慕之情，并希望调到库老师门下。他告诉我们，库老师很欣赏他，并且鼓励他按照自己的意愿去做，因为缴了学费的消费者，有选择跟谁学习的自由。虽然我们将信将疑，但是很快这件事情就不胫而走，学院上下议论纷纷。更何况这又是龚老师带的第一届学生，出现此等事情，我们都觉得对老师不公平。我们都对傲谜一样的操作感到无语，也替他将来的日子捏了一把汗。那段时间，我们尽我们所能密切关注着学院的每一点风吹草动。

奇怪的是，我们听说分管院长十分生气，不过龚老师却爽快地在调换导师申请书上签了字。那时我在学院办公室帮席老师做事，看到龚老师来院办，照常和同事们打招呼开玩笑，仿佛什么都没有发生。上课时，还是一副平日聊天的模样；下课时，依旧叫唤着傲的名字。此后三年，龚老师还在不少场合里表扬过傲，后来傲也确实没有被老师看走眼，有了很好的前途。老师的坦荡大度，反倒映衬了我们的担心是多余的。就这样，龚老师带的第一届学生变成了两个。那时单身的龚老师，把这两个学生视如己出，每逢过节，都少不了请他们吃团圆饭。带回宿舍的各种美食，我们也少不了分得一杯羹。这样，我们都成了他的孩子。

《求学记》记录了不少有关老师的故事，龚老师清楚地记得他们的名字。有些老师真正改变了他的命运，有些老师则挑战了他命运的韧性。对于这些老师，他都抱着一日为师、终身为父的感恩之情铭记于心，难道还会对这少不更事的学生做的糊涂事记在心上吗？

（三）跑腿保卫处，亦师亦如兄

转眼临近毕业季，武汉的天气渐热起来，大家都在为自己的就业问题而焦虑。我的舍友君哥先知先觉，通过人才引进，很快锁定了西北老家的民政局事业编制。单位希望他尽快把户口迁到当地。可是，毕业生户口迁移手续一般要和毕业生档案迁移一并办理。远在老家的君哥再次施以他老大的威风，千里之外遥控我替他跑腿。我拿着他单位的录用函，单枪匹马来到学校保卫处。因为没有现成的规章可循，我被户籍科的干事骂了，还被告知办不了。我十分无助，一来责怪君哥为啥那么在乎这样一个岗位，二来责怪他为何不搞清楚办事的流程，再来责怪他为何不直接请导师帮忙，以他导师的地位肯定就水到渠成了。

我很沮丧，可我很快想到了龚老师。我给龚老师打电话，告诉他帮君哥办户口迁移的事儿，他很爽快地说有个朋友在保卫处，他可以陪我走一趟，叫我在原地等待。果真，他很快便步行到了保卫处路口与我会合。他步履轻盈，和我说说笑笑，仿佛一切都不是问题，可是出于对老师天然的敬畏感，我仍旧不敢跟他说太多。可惜，我们折回保卫处，没有见着他的那位朋友，仍旧吃了闭门羹。他安慰我说没事，这些都可以办下来，明天他再找朋友一趟。有了龚老师出马，我也好跟君哥交差了。后来好像对方单位领导说可以不着急迁移，这件事也就不了了之。关键是，还连累龚老师跟着跑。

龚老师于我们，既是老师，更像兄长。毕业离校之际，我、胖子、君哥三个兄弟才胆敢单独约龚老师喝酒吃饭。这一次，龚老师很开心，迎面走来，步履轻盈，随同而来的，还有他的新婚太太田老师，得知我们各有去处，更是开心。我们也为老师找到了新内助而感到高兴。在民大东面的简朴寨饭馆，一番推杯换盏，龚老师稳坐钓鱼台。不胜酒量的我，这次也打破纪录，喝了约有三两，最后被胖子和君哥架回宿舍。不读《从村庄出发》，我们怎会明白龚老师为何如此波澜不惊？莫听穿林打叶声，何妨吟啸且徐行。经历过风浪的人，早有了一种“不以物喜，不以己悲”的淡定从容。也许，他所能从我们身上感受的，就是他也曾像我们这样年轻过。从此，我也渐渐明白，龚老师要苦尽甘来了，他不会再害怕过年，因为他有几个可爱的子女，有体贴的师娘为他留着一盏回家的灯。他终于从烟雨的村庄走进了一个再无风雨的新家。

（四）以故乡之名，为故乡代言

每个网名背后都有一段不为人知的故事。当初怎么也不明白，龚老师的 QQ 昵称怎么叫做“五台”？莫非是向往五台山？这倒也符合他的佛系，所以一直都没有向他提问。后来，拿到《从村庄出发》，发现他用的是笔名“西水老弯”。对于这个名字，我依旧寻思了良久。

直到读完《从村庄出发》，谜底终于揭开。这位生在大山里的“傻”孩子，我们对他小时候的“傻”行为忍俊不禁。这位不平凡的阶层旅行者，终于走出大山，成就了最高的学业，取得了高校教师梦寐以求的最高教职，还漂洋过海走到了世界的另一端。这是一段曲折励志的故事，也是一段丰富而沉重的历史。它让我们看到，一个底层民众，要成功地实现向上流动，要付出多少努力和心酸。显然，《从村庄出发》不仅向我们证明，通过教育仍然有实现向上流动的机会，底层的苦难甚至更增加了行动者前进的动力，更重要的是提醒我们：无论我们走得多远，不要忘了来时的路。

“五台”就是老师的故乡，“西水”就是穿过故乡的那条河流，它弯弯曲曲，源远流长，川流不息。他把故乡当成自己的名字，足见他对那片土地爱得有多深。

山一程，水一程，身向榆关那畔行，夜深千帐灯。

风一更，雪一更，聒碎乡心梦不成，故园无此声。

人生这条路，山高水长，总有弯路险滩，好在有那些不期而遇的人，摆渡我们走向远方。

在许多人看来，龚老师已经成功实现阶层跨越，飞得够高够远。但从他的文字中，我们处处可见他要感谢的人，那些在他来时路上伸以援手的人。东京大学上野千鹤子教授说，我们之所以能够走到现在这一步，除了个人努力，少不了环境的作用。我们之所以会认为“付出就会有回报”，那是因为我们一直以来所面对的环境都是有人鼓励我们，推着我们前进，拉着我们的手，肯定我们的点滴进步。然而，这个世界上，还有努力也没有回报的人，有太过拼命而身心垮掉的人，也有因为“内卷”而“躺平”的人。我们不能把所有的努力都用于追逐个人的胜利，因为我们被优越环境塑造出来的能力，不是为了凌驾于没有享受过同等资源的人们之上，而应该把这些能力用来帮助他们。

《从村庄出发》告诉我们的，不就是这些吗？

（2022 年 7 月 2 日于南昌）

读《从村庄出发》感言

（一）

读完龚老师的这本书，感触很多，也很同情老师的经历。从不同的身份，经历了不同的痛苦。作为儿子过早地经历了母子离别、阴阳两隔之苦。作为学生，在艰苦贫困的条件下完成了寒窗苦读。龚老师求学时的一句描述，使我感触很深：“报名那天，家里人给了我们每个人报名费，具体多少不记得了，不会超过两元钱…… 这也是我小学唯一一次交齐书本学杂费。”作为长子，他担起了家里的责任，赚钱帮助两位弟弟结婚成家、还清家里的债务，劝父亲再婚，不管身处何种境况，都把生活的希望给了家人。作为一位求职者，他在每一处的工作中都有收获，每次的重大抉择，都是敢想敢干。最终看到龚老师写道：“2012 年认识了命中注定的她，从此不再害怕过年。”在后记中看到龚老师去了长江师范学院工作，一家人团聚，让他可以安心工作。作为读者的我也为龚老师感到高兴！以前以为一生中既会有意料之外的遭遇，又会有情理之中的结局。读完这本书发现了更贴切的一句话：三分天注定七分靠打拼。

［米迪提·巴英别克（武汉）民族学专业学生］

（二）

恩施老乡，曾经也是母校的老师，期盼了这么久终是收到您的大作《从村庄出发》。记录您磕磕碰碰、隐忍又无奈的青葱岁月，更诠释着我们山里娃，如何挽起裤腿，赤手空拳开辟人生蛮荒路！特此向您致敬，更向您学习！

［黄芬芳（宜昌）银行经理］

（三）

出差路上，从北京到深圳一路看完，很受触动。龚老师的书饱含深情地记录了生活历程，有丰富的风土人情、亲情、乡土情，励志又超然。书中所述情境，好多都是我熟悉的场景，特别感谢，我要好好收藏此书。我当年第一次读《平凡的世界》，很感动，一口气看了一通宵。这本书，我也是一口气看完，感动得不行，有点类似当年的感觉。虽然，我读书没有龚老师那么辛苦，也经历了很多艰辛，这本书击中我N多泪点。

［胡书炳（深圳）产品经理］

（四）

拜读了大作《从村庄出发》，仿佛从中看到一位鄂西走出去的大家的影子。特别是第一篇《自由的母亲》，既是您对母亲的追忆，也是对一个时代的反思；既是人间至情的奔涌，也是一次深邃理性的文化探析。文字朴实，却如行云流水，透着一种力量……也许您就是下一位大师，需要的只是更多的时间、积淀和包装。

［赵久胜（恩施）政府职员］

（五）

收到老同学从重庆邮寄过来的《从村庄出发》，翻看之后很是感慨。虽大学同窗四年，虽有共同的经历和回忆，但只限于那些交集，交集之外那些事儿，如果不是他写出来，如果不是看到还真不知道，比如当年作为“文青”的他去访请当时的朦胧派诗人顾城。

书中记述了作者从小到大的经历，一路走来的艰辛和不易。当然书中大部分文章是记录与自己生活息息相关的人和事，包括村庄的变迁以及村庄里的许多民俗，如哭嫁等。人们常说：苦难是人生最宝贵的财富。只有经历了苦难的人，才会有改变的动力和勇气。在那个大的时代背景下，那个年代的同龄人都经历过或多或少的贫穷和苦难，只是个体之间的差异不同而已。

每个人的人生经历和体验各不相同，都可以独立成卷，而能够用文字记录下来并传世的不多。很为他高兴，当然也希望他能笔耕不辍，期待有更多更好的文章问诸于世。

[马伟（河南）自由职业者]

（六）

散文民族志的提法挺新颖的。老弯的专业背景在《村庄变迁记》中表现得尤为明显。不过，我还是认为，真正的大师是不囿于风格和体裁的。老弯从村庄出发，走得很远，而曾家界始终是他智慧和灵感的源泉。有趣的是，这种自我内心的审视，如同沈从文先生在北京写《边城》，终于是在伦敦完成。但又不同于沈从文先生笔下神秘的世外桃源，老弯的村庄贫穷而美丽，生活艰辛却始终能够微笑面对。尽管在感情上很控制，读来却更能打动人心。我想这是需要相当的文字功底和阅历的。

[徐群（温哥华）加拿大籍华人]

（七）

生活的点滴自成文章。老龚的《从村庄出发》有《边城》的叙事味道，有《南行记》里那个青年的不羁、善良。一颗自由、坦荡的心，从村庄出发，展现过往的你我。不同的是，有的东西，我丢在了某个地方，不见了。

[周宏文（大理）政府职员]

（八）

今日收到恩师酉水老弯大作《从村庄出发》。承蒙厚爱，师在伦敦作此书时已许我先睹为快。在异乡南国的雨夜再读《从村庄出发》，仍觉酣畅淋漓。读此书时，那山、那水、那人好似就在眼前，那些往事仿佛就在昨天。私以为此书适合每一个在湘鄂渝黔边生活过的人阅读，书中记录的风土、人情、习俗将带你走进那方真实而熟悉的故土。同时，此书也适合任何一个从农村出来的孩子以及对农村有深厚感情的人阅读。书中淳朴的真善美的乡情打动人，作者本人的身世及奋斗历程鼓舞人。贫穷、苦难、挣扎、奋斗，作者从村庄出发，旅居北京、武汉、重庆、英国等地，身历仕途、商海、学府，于知天命之年以一颗赤子之心抒怀村庄的点滴，以身边的人和事来沉淀岁月，和风细雨娓娓讲述。读罢，久久不能释卷。

［郑爱（广东）政府职员］

（九）

这是我尊敬的老师，长辈，也是一个平凡的人。他的文字总是那么细腻，充满感情，阅读《自由的母亲》，心里受到很大震动，不知老师在书写这些文字时是怎样的心情，书中经历用撕心裂肺的痛都不足以去形容，经历那么多的艰辛磨砺。《文盲姐姐》里描写母亲的那一段，没有言痛，却让人看得泪流满面。从小失去母亲的孩子，对母亲该有多么的思念，要多少次平复心情才能将这些点滴细细描述！只存在记忆里的母亲，在另外一个世界深爱着您！愿您在今后能被幸福环抱！

［田茉莉（武汉）公职培训师］

（十）

下午坐在南湖边，一口气读完《从村庄出发》这本书，尤以《自由的母亲》《佛度婆婆》两篇最令我动容。读书的目的大抵离不开灵魂的修行，与龚老师一样，同为村庄养大的孩子，此书于我而言，更像是一种鼓励我为了梦想砥砺前行的精神力量，这种精神力量绝不是神明的指引与启示，而是根植于村庄历史交替的进程中，是心灵的来处与归属。

［黄萍（广东）大学辅导员］

（十一）

《从村庄出发》，书很好。人生很重，文字很轻。酉水流域孕育了沈从文，也养育了龚志祥。志祥兄经历那么多的苦难，不怨不叹，举重若轻，下笔轻盈，文字细腻清淡，精神坦然达观，气质恬淡天真，以人类学视野书写个体经历，以个体经历观照宏观历史，温情而厚重，自然而写意。吾乡吾土吾人。多谢天凯兄赠阅！

［张毅（北京）影视编剧、导演］

（十二）

真挚的感情总能打入人内心深处。龚老师的作品，真挚中带点悲伤，悲伤中透露出一种刚毅，一种雪泥鸿爪的从容淡定。也许经历越坎坷，人生道路越曲折的人，越能看淡世间的无常变幻。他的故事既是他个人的生活史，也是他们那一代人记忆的一个缩影。记忆是经验的总结，是反思的文本，每一个时代的记忆需要每一个时代的人共同书写，龚老师在这里用一种人类学者的思维来书写记忆，为我们开了一个好头，也为我们今后尝试书写自己的记忆做了一个很好的榜样。

［李纯（长沙）教育咨询公司经理］

（十三）

当看到《从村庄出发》的书名时，头脑中闪过几丝思绪，为何从村庄出发？从村庄出发又将去向何处？何处才是你我的村庄？翻开书本却被舅舅对母亲深深的情愫所感怀，一个向往自由的母亲，自由与必然的错乱最终让她走向了天国，这或许就是从村庄出发的原因所在，从村庄出发就是为了去追求自由。困苦的生活中透露着对未来的希望，乐观的态度从细腻的情感中体现。恬静的村庄伴着欢笑与嬉戏，上山、上树、下河、下田，从村头闹到村尾的小伙伴，满满的都是童年的喜悦，但这些东西却成了历史，现今很难再现，村庄的传统在社会的发展中逐渐被现代化的东西所取代，带走了村庄的些许纯真与朴实，一切都在悄然改变。从村庄出发走上了所谓现代化的道路，而去向未来的道路并非坦途，充满着磨难与挫折，将棱角磨得圆滑，但往往是保留着那些棱角的东西却让人肃然起敬。离开了土地，离开了村庄，仍旧怀念那面朝黄土背朝天的单纯与质朴，或许你我的村庄已经改变，但弥漫在村庄中的回忆和被它熏陶出的本性却永远存在，这或许就是你我心灵深处的村庄吧。

［田景源（恩施）投资公司部门主管］

三

论村庄

散文民族志的学理性及创作实践

——基于《从村庄出发》的阅读经验

谭必友（东北大学、湖南师范大学教授、博士生导师）

【摘　要】以《从村庄出发》这样一本具有多方面成就的散文民族志为样本，对散文民族志的学理性、创作实践进行了初略阐述。涉及散文民族志的内涵、特点及其学术上、艺术上的价值等。《从村庄出发》一书对拓展人类学的研究范式与学术视野，都具有重要的启发意义。同时，也给散文创作提供了一个成熟的新模式。

【关键词】散文民族志；学理性；艺术性；创作实践

有很多学者认为，人类学是20世纪以来发展最快、影响最大的学科。随着城市化与现代化的日益发展，人类学的这一发展趋势，有增无减。人类学的关怀与思考，引起众多学科研究者的关心和共鸣。人类学的表达方式也像它的分支学科一样一直处于多元并进状态。以林耀华为代表的小说体民族志是较早的探索，影视人类学是借助现代科技手段表达人类学思考的最新的分支学科之一。但是，人类学的发展，却并不仅仅是追求新科技载体这么简单。在众多的人类学研究中，新的尝试在不断得到实践。龚志祥教授（笔名酉水老弯）的新著《从村庄出发》以散文体裁书写民族志，成为这诸多探索中较为成功的一个案例。本文以自己阅读《从村庄出发》的亲身感受为基础，对散文民族志及相关学理做一些粗浅评析，希望专家们批评指正。

一、《从村庄出发》的作者及成书背景

《从村庄出发》是龚志祥在伦敦留学期间撰写的一部书。他的目的很明确，“我……一直有个愿望想实现，就是想在有生之年去美国或西欧住上一段时间，想去那里游历具体考察一下，对比研究一下中西方社会。”这本书可以说，就是要用人类学的眼光对比一下中西方社会。

龚志祥，1966 年出生于湖北省来凤县偏远农村，中央民族大学博士研究生毕业。现为长江师范学院教授，主攻民族理论与政策、民族学人类学等。我和龚教授原来是中南民族大学的同事，2006 年博士毕业时，我们两个人结伴从北京去位于武汉的中南民族大学求职，然后进入同一个学院任教。我们在南湖岸边一同工作了整整七年，平时有很多时间在一起讨论各种学术问题。可以说，我对他的学术追求还是比较了解的。他想用散文的形式，把自己的家乡近百年来的变迁，详细描述出来。他表达这个愿望后，我深表赞同。说实在话，探索人类学新的表达方式，也是我一直想做的一个实验，苦于没有一个完整的时间与心境去落实。龚志祥教授说干就干，在武汉时就开始构思，试着写出了一两个篇章的初稿。因此，可以说，其实在这本书没有出版之前我就读过其中少部分章节。当时看了，我口头上说写得好，其实内心觉得没有达到我们讨论的目标。但为了不打击他的积极性，我没有提出批评建议。不过，那个时候，龚教授自己也还拿不准，加上工作任务繁重，这个书并未按期完成。后来，出了一个意外，2014 年他去了一趟英国留学，回来后他说文章改了，是在伦敦期间修改的，发给我看。那个时候我就发现问题来了，不一样，确实不一样，对他原来的稿子不知道修改了多少，到了一个新的高度。可以说，艺术与学术都十分了得，我从此就一直期待这本书早日出版。2017 年，当他终于在长江师范学院领导帮助下，一家人团聚而且都落实了工作之后，他的书也顺利出版了。

本书出版后不到一个月，我们就在湖南师范大学民族学与人类学研究中心举办了一个新书出版小型座谈会。这本书得到了与会学者与年轻的研究生们的肯定。

《从村庄出发》写的是作者的家乡，湖北省恩施州来凤县一个叫五台的边远小村的社会变迁。以作者自己家族的历史为主线，从晚清一直写到

他自己从英国留学归国。可以说，这是一个跨越了一个多世纪的变迁史。因为这个地方也是沅水的上游，属于我长期研究的文化区域，因此，书中所描述的文化事象，给我很强的亲切感。因此，我们先把《从村庄出发》放到沅水流域文学创作中进行比较，然后再回过头来讨论它的学术上的成就。

对沅水流域文化的文学描述，沈从文是创始者，也是一个顶峰。由于与沈从文同属凤凰县老乡的缘故，我对他有一种发自本能的崇敬心情。还在读大学的时候，我就花了很多时间研究沈从文，写他的一些文学评论。我在大三时写的一篇评论，工作后几经修改发表在吉首大学学报上。大学毕业后，我在吉首大学教书。吉首大学是新时期沈从文作品研究的策源地之一，也是国内外沈从文研究的重镇。在吉首大学其他学科尚未发展起来之前，以刘一友、向成国等教授为领头人，沈从文研究是该校人文研究中的主要学术品牌，我因此深受吉首大学沈从文研究的熏陶。所以在初入学术研究门槛那段时间，我在研究哲学、人类学问题的同时，依然保持对包括沈从文研究在内的文学的研究热情。从我的阅读经验来看，我就觉得龚志祥教授的《从村庄出发》写作的水平、视野和表达的东西几乎可以和沈从文的《湘西》《湘行散记》等散文集媲美。

沈从文的《湘西》《湘行散记》等散文集，是开创性的文学作品。开创了什么呢？开创了新文学运动以来，用一个完整的散文系列作品，对一个地域文化进行全方位介绍的先河。新文学运动以来，有很多文学实验，鲁迅的乡土文学、冰心的儿童文学等，都是开创性的。沈从文用散文系列介绍沅水文化，也是开创性的。

受沈从文影响，后来者用散文描述沅水流域文化的文学创作不乏其人。但是，这些散文创作因为没有精心谋划，在系统性与完整性方面不尽如人意。相反，在这方面小说的成绩很大。但因为小说创作的故事性太强，真实性受到质疑，因此只能当作消遣性阅读。

《从村庄出发》可以说是上承沈从文的《湘西》《湘行散记》等名篇，再一次用亲身的经历、观察感受，有计划地描述沅水文化现状与变迁的散文集。它的文学上的成就可以说相当高。很多地方的描写，都能够直击人类心灵深处。特别是对于有过相同经历的一代读者来说，这部书具有震动我们心灵的能力。从晚清到当代的一个多世纪中，作品中的主人翁们，时而在这个村庄，时而因为各种原因离开村庄。但是，他们的心他们的情却一直在这个村庄。有时候波澜壮阔，有时候又特别的无奈，真情与苦难纠结在一起，把这个村庄的变迁展示得淋漓尽致！当然，由于这是一部充满理性的民族志作品，它的最大成绩不在于文学的艺术性，而在于它对散文民族志作品所做的探索性贡献。受到这个学术影响，这部作品不能像普通散文创作那样，在行文中植入个人的想象，更不能采用感情宣泄的方式去组词造句。因此，我们不能用纯文学创作来衡量这部作品。

二、散文民族志的内涵与特点

（一）散文民族志的内涵

何谓散文民族志？相对于文学性的散文，表达民族志的散文有什么特点？为了叙述方便，我们不妨先给散文民族志这个概念一个临时性定义。所谓散文民族志就是用散文体裁及相应的文学符号来表达人类学的关怀与思考。就像当代影视人类学用影像的手段与技术来表达人类学思考一样，在散文民族志看来，散文是一种载体，民族志是要追求的目标。

在龚志祥教授的书出来之前，不仅有影视人类学在国际上盛行，而且也有小说民族志的实验。在民国时代就有林耀华的《金翼》，用小说的形式表达了人类学的思考。他的弟子庄孔韶又继续用小说的笔法写出了《银翅》。这两部作品都反映了中国东南福建省地方社会地方文化的变迁。由于这两部书都是用的文学体裁进行描述与思考，因此拥有比较广泛的读者，他们所描述的乡村，也成为众多读者心目中的文化圣地，也因而被地方政府打造成旅游目的地。其实笔者本人也一直想把有关“乾嘉苗民起义”的学术著作改写成小说，因为有很多人在用这段历史创作小说，但都没有写到位。我一直想写，即使是不干别的事，这件事一定要做，为什么呢？因为学术著作只有顶层的人在看，但如果想让普通老百姓明了这段历史，明了其中的前因后果，还是要把它写成小说。但是纯粹的小说创作，存在真实性问题，很难被后来的学术研究借鉴，这会严重降低它的知识创新品质，降低它对历史规律所做出判断的重要性。要从乾嘉苗民起义这段历史中读出更好的规律，就必须跳出纯文学创作的模式，以小说为载体来表达人类学的思考。因此，在散文民族志这里，散文是载体，民族志是内容。散文是表现形式，人类学的思考、理论建构等是内容。

《从村庄出发》正是这样的著作。从形式上来看，它是散文集。每一篇散文都围绕一个主人翁或者围绕一个主题展开。但是，这些主人翁也好、主题也好，不是随意挑出来的，是围绕所要探讨的问题设计的。因此，散文从研究者关心的问题展开。

（二）散文民族志的特点

1. 散文载体，摆脱了理论性辨析的烦琐与枯燥。散文民族志最明显的特点，就是它的散文形式。在近现代以来的人文社会科学研究中，因为知识产权理念日益深入人心，学者们在阐述自己的学术主张时，必须严格划分自己与前人在知识创新上的贡献，与前人学术创新点的区别与联系。这种学术大背景，决定了现代学术写作越来越格式化、越来越烦琐，阅读起来也越来越枯燥。同时，这种格式化的写作程序，也束缚了学者们对人类学田野细节的深入表述。因此，借助其他体裁来表达人类学的理论构思与田野细节观察，就成为学者们的不二选择。在影视人类学畅行之前，人类学作品，已经大量运用详细描写语言来表达了。所以，在欧美人类学著作中，常常可以看到大段大段的细节描写，甚至细化到对“眨眼”之类细微动作的描写。而且阅读欧美人类学著作，常常会给我们错觉，人类学家们在写故事。可见，运用文学手段来达到对人类行为细节的准确描述，是人类学民族志中的传统。但这并不说明，欧美人类学采用文学手段的学术著作可以称为小说民族志或散文民族志。在人类学这个传统的基础上，林耀华决定以小说的形式来阐释人类学观点。后来发展出来的影视人类学也是在这样的背景下得以实验的。《从村庄出发》继承了人类学的这些传统，运用散文创作的文学体裁，来表达人类学的理论建构与学术思考。

2. 散文民族志的双重性格，既是学术的又是文学的。在可阅读性方面高于传统的学术专著，但肯定会低于作为文学的散文。

《从村庄出发》在人类学和文学完美结合上，是比较成功的。从文学上来说，这本散文集，每一个人物、每一个主题，都写得很感人，而且贯穿了作者的感情。描写的细腻之处，常有身临其境的感受。当然，不同年代的读者读起来感受不一样，我读起来的时候就禁不住流眼泪，因为把我们经历的真实的历史讲得很好，很难得；把我当时的心情及未来想说而说不出的情绪，都表达得清清楚楚。整个描写方法，与沈从文的大量乡土体裁十分相像。尽管龚教授在创作之前，对沈从文的作品并不熟悉。他读沈从文的作品，还是在自己的作品出版之后，在一些评论文章的提示下，才开始系统地阅读沈从文的沅水流域各种作品。因此《从村庄出发》是以其文学成绩而非人类学成绩赢得了大量读者。

《从村庄出发》提醒我们，散文民族志的两重性格，给人类学家出了一个大难题：人类学的细节与文学创作的加工之间的关系怎么处理？这有点难，稍微处理不好就会成了纯粹的文学创作，学术价值就淡了。但写得很细就成了枯燥的学术著作，就没有读者了。我以前做过这样的尝试，设法让学术著作的读者更多一些。我在浦市古镇做田野时，试着用散文来表达我的人类学思考，创作了一组文章，后来收在《我在浦市读女神——熤园学人田野考察行记》一书中。但是自己感觉不太成功，没有达到龚教授的层次。为什么呢？因为在写作过程中，我们很容易突破学术的限度，走进文学创作的领域里去。这样，作品就完全成为文学作品了。这就是我一直把在浦市古镇田野期间所写作的一些散文与日志等，定义为过程性成果的原因（见后文的解释）。大家去摸索一下人类学的细节描写和故事叙事怎么去把握，建立一个恰当的关系，龚教授这里是一个典范。

三、《从村庄出发》对散文民族志的学理启发

散文民族志是我们受到《从村庄出发》一书的启发而归纳出来的。散文民族志需要什么样的前提条件？确认的标准是什么？回答这些问题，我们还得以《从村庄出发》为个案，做进一步的阐述。

（一）需要两个不同的文化背景相互映照

以自己的亲身经历作为田野基础，以异地的学术环境作为理论建构背景。因此，散文民族志是在两个有一定差异的文化背景上被构思出来的。一个是作为研究对象的文化，一个是作为观察参照的文化。没有这种差异化的文化背景，很难说能够进行人类学的思考。作为研究对象的文化，作者必须有一个长期而熟悉的感知历程。那种游历式的观察，是很难上升到散文民族志层次的。所以，我们看到很多游历散文也是一个体系，但是，我们并不把它们定义为散文民族志。对于大多数没有出国经历的学者来说，主要是站在城市（现代）文化的视角上，与传统文化之间来形成差异。可以说，能够清醒地建构出这种差异。我们对研究对象的整体认识就越深刻，我们的阐述也就越清晰而有说服力。只有有了这种差异，我们才能将田野中参与观察及深度访谈所得到的材料，加以新的阐释。我们才能看到大量的行为细节所具有的文化上的意义。

以《从村庄出发》来说，恰恰就是很好地建立了这样两个文化视角。作家其实也都有两个视角，只是没这么明显地被突出来而已。沈从文写了这么多乡土小说，因为他住在北京孤独寂寞，只能靠写自己年轻时在沅水流域所见所闻来养家。他在沅水流域的经历，在城市这个背景上，被聚焦被放大了。所以，他写起来才那么得心应手。那么龚教授在这一点的视角与沈从文的视角是一样的，只不过作为人类学家，龚教授走得更远一点。沈从文是站在城市与农村这个关系对比中来反思家乡。龚教授他有一个特殊的留学经历，其实他在国内也反思家乡，但是缺乏实质性的提炼，到了伦敦后这个问题就解决了。伦敦的文化背景让他建立了一个家乡与世界与西方文明的视角反差，反差越大视角越清晰。所以欧美人类学有一个基本的原则就是不让你研究家乡，要研究异文化，只有研究异文化你才能看得最清晰最清楚，反差才强烈。

《从村庄出发》描写的都是家乡的文化，表面看来，这不符合欧美人类学的共识。但其实，作者在家乡长期生活的记忆，成为他人类学思考中的田野素材。这个素材比一般的泛泛的田野考察所能收集到的材料要丰富得多，也要真实与可信得多。只是在缺乏另一个文化背景的时候，研究者很难将其中有价值的材料剥离出来。当龚志祥教授来到伦敦之后，这些素材被逐步地意识到，并逐步地形成不同的类别加以运用。

因此，两个不同的文化背景成为散文民族志书写中必不可少的文化建构。

（二）整体性视角

用完整而系统的叙事手段对研究对象进行把握，能够多角度多侧面地呈现研究对象的真相，因此必须是有规划的、有一定数量的散文合集。在研究者创作的散文数量十分有限的情况下，是没有散文民族志可言的。在我们的浦市古镇田野中，我们团队成员也创作了一批散文。可是这些散文，我们只能将其定义为人类学田野调查的过程性成果，而无法将它们定性为散文民族志。因为它们不完整。要实现散文民族志，必须是对研究对象进行系统而多方位的描述，以便能够对研究对象形成整体性知识。《从村庄出发》显然是经过精心谋划的成果，从村庄的生态环境，到各种民俗、经济生活、政治生活、文化生活，再到每一个主人翁在不同的时代背景下的成长与坎坷经历，都经过认真的谋篇布局。读完这本散文民族志，我们对这个村庄在近百年的社会变迁中，是如何一步步走向衰落，就有了整体性的认识。

与此相应，作为文学作品的散文，只要专注于某一个问题，就可以展开想象，展开描写，不必顾及前后左右的相关性。

（三）实在而准确的描述

这一点是很难区分的，也是容易将作家与人类学家混淆的地方。我们还是以沈从文的作品作为参照，进行对比说明。作为散文民族志，必定是剔除了文学的夸张性、蒙太奇、猎奇性的写作冲动。而作为文学的散文，则会对这些手法有一个恰当的运用，达到奇思妙想的效果。

沈从文的作品也常常受到人类学学者的引用。很多学者也认为沈从文是散文民族志创作的顶尖人物，他的作品站在文学的角度看可以是文学，站在人类学的角度看可以是民族志。但沈从文毕竟不是人类学家，他是一个作家。因此，他的《湘西》等散文，纯粹是文学创作。而龚教授由于受到人类学的训练，有人类学家的严谨。为什么说沈从文的文章是文学创作呢？因为像《湘西》里面，他写凤凰的放蛊、傩戏和赶尸，而且自己作出解释。在这里他为了满足读者的猎奇，为了让作品卖得好，采取了一些虚构的手法，有意制造了很多悬念。特别是，由于他自己并未亲眼所见，他有意放大了民间传说的细节。他把传说的内容作为实在的内容加以描述。把一个道听途说的“放蛊者”（草蛊婆）当成一个真实的人物加以渲染 。其实，沈从文从来都没有见过“放蛊”是怎么完成的，因为这自始至终都是一个传说。但是站在文学的角度来看，完全没有问题。可问题是由于读者对沈从文的崇拜，都愿意相信这是真的，所以也就引发了作品严肃性、真实性等问题。但是这些问题与沈从文无关，他只是作家，他不能对真实性负责。所以这就是令人头痛的地方，说他对也对说他错也错，这就是人类学家和文学家必然产生距离的原因。

文学可以虚构，但龚教授所写的这本书里面的东西必须真实准确，我们不敢说每一个细节，至少绝大多数细节都是他自己反复推敲的。当然，由于是以自己的家史为主线，涉及的“隐私”肯定存在，因此行文中材料史实都有所“截取”也是难免的。就算要使用文学的笔法，对某些情节加以具体化、感性化，对散文民族志来说，也必须有一个度。书中有一篇“我的过年”，他讲到做人的底线，他说自己做人有时候底线是会扭弯的，但是再怎么扭弯也没有断裂，这就是文学与人类学的区别，这个底线也就是真实性一旦扭过头了断裂了就成了文学的东西，人类学的东西就没有了。但是《从村庄出发》的底线，也就是真实性在写作的过程中是不断的，这是与文学的界限所在，所以说龚教授的这本书他做得好，就是没有让这个底线断下去，这是很了不起的，将文学与人类学很好地融合在了一起。

（四）贯穿始终的理论建构

龚教授在书的最后一篇，点出了自己的理论建构，就是对比“中西方社会”。但不能不说，龚教授没有把这个理论建构贯彻下去。他在一些地方，也尽量提示了，这个地方性小社区里，方方面面的变迁是受到更大背景的某种力量的影响。但是，他没有深入地去把小社区与这种力量之间的关系建构成某一个模型。也就是说，他没有建构出一个贯彻始终的理论出来。因而，在不同的场景，会随着研究者兴趣的转移，重新定义了社会变迁的力量，这是一个遗憾。也许，他是为了本书的可读性，有意放弃了这种努力。这一点，希望作者在适当的时候给予一点回应。但无论如何，贯彻始终的理论建构不能缺位，理论建构的缺位，会降低民族志的理论说服力，也就容易与纯文学创作的散文发生混淆。所以，我在阅读《从村庄出发》的时候，我的第一感觉是与沈从文的《湘西》很相似，这样的感觉估计也会发生在其他的读者身上。希望龚教授在出版修订版的时候，能够对此有所改进。

总之，《从村庄出发》作为一本实验性的散文民族志，是一本成功的作品。在沈从文关于沅水文化系列散文创作的基础上，龚教授将散文体裁引进民族志写作，为后来者做出了探索性的示范。有了这本书的实验，后来者会减少很多不必要的错误，在学术的道路上走得更远。散文民族志这个概念，我们也是在龚教授的作品基础上提出来的。是否恰当也有待学术界的进一步批评检验。我们希望有更多的学者来试验民族志的新表达方法，为丰富人类学的表现能力、阐释能力做出更多贡献。

［文章发表于《湖北民族学院学报》（哲学社会科学版）2018 年第 3 期］

龚志祥的“村庄”：基于民族志叙事的理论思考

向　辉（国家图书馆国家古籍保护中心）

【摘　要】　民族志叙事有多种样式，散文是其中之一。民族志散文融汇了中国传统文学样式和现代民族志风格，具有学术发展意义上的接续性和民族志理论意义上的自觉性。龚志祥《从村庄出发》一书，是一部以散文叙事方式书写的民族志，体现了文学母题下民族志的学术症候，展示出传统村落如何被现代社会的个人记忆所塑造深描，揭示出“村庄”何以能够并在何种程度上能够成为民族志学者人生境遇的支撑点和学术创新的起点。

【关键词】　《从村庄出发》；散文叙事；民族志；理论反思

民族志离不开叙事。如何叙事，则是民族志作家的选择。按照教科书式的民族志定义，龚志祥的《从村庄出发》①（以下简称《村庄》）一书并不是一本严格意义上的民族志。首先，我们需要回应的问题是：是否存在着某一种严格的学术意义上的民族志呢？从目前中国民族志书写的现实情形和学术界的认同来看，似乎没有定论。但是，从学术成果的呈现来看，的确存在着一种“中国的民族志”样式，这是毋庸置疑的。学术的任何进步都离不开学者们所进行的各种有益的探索实践，《村庄》一书的写作实践及其出版，为我们思考当下中国的民族志书写提供了一个较为具体而有效的讨论对象，值得我们予以深入思考。事实上，《村庄》出版后，谭必友发表了题为《散文民族志的学理性及创作实践———基于〈从村庄出发〉的阅读经验》的书评，对著作的中国民族志书写的理论意义进行了初步的揭示。以该书为样

① 龚志祥：《从村庄出发》，北京：作家出版社，2017 年。

本，文章提出了中国式的“散文民族志”的学理建构、创作实践和研究范式的学术构想，并在此意义上对《村庄》一书进行了评价：《村庄》一书“是一部充满理性的民族志作品，它的最大成绩不在于文学的艺术性，而在于它对散文民族志作品所作的探索性贡献。”①从民族志的写作来看，《村庄》一书在中西比较、历史深描和个体记忆等方面的试验性尝试，具有散文叙事的风格特征，是颇有学术价值的写作试验。对此，我们可以借用20世纪中国社会人类学家的说法予以说明之：1946年，潘光旦（1899—1967）为费孝通（1910—2005）《生育制度》一书写了很长的一篇序文，题为《派与汇》。在该文中，潘氏如是说：“好比造房子，（费）孝通所关心的是，从居住的需要开始，到建筑的完成为止，一面要看房子是怎样构造起的，一面也招呼到和居住直接间接有关的种种需要，和此类需要的未尝不因房子的构成而获得满足；我（潘光旦）的却仅仅表示了一个有好房子住的希望，提出了一个好房子的图样来，究属好不好，也还是一个问题。两者相较，无疑他的尝试要比我的更为基本、更为脚踏实地。也无疑的，他这一番工作应该先做，我的则失诸过早。”② 民族志的书写及其评论对于学术研究均为不可或缺，故而本文在叙事风格和民族志的视域下，从中国民族志的书写历史、文学母题、生存境遇等三个面向谈一点个人的粗浅理解，并以此就教于大方之家。

一 源与市：中国民族志的历史定位

中国民族志的书写，是人类学家（民族学家）思考中国问题的一种方式。目前，国内学术界对“何谓民族志”“何以民族志”“民族志何为”等事关民族志书写的理论和实践问题展开了热烈的讨论③，但似乎尚未形成一种学术共识。对大多数研究者而言，将民族志书写视为外国的学术传

---

① 谭必友：《散文民族志的学理性及创作实践——基于〈从村庄出发〉的阅读经验》，《湖北民族学院学报（哲学社会科学版）》2018年第3期。

② 潘光旦：《政学罪言》，《潘光旦文集》第6卷，北京：北京大学出版社，2000年，第74页。

③ 王铭铭：《当代民族志形态的形成：从知识论的转向到新本体论的回归》，《民族研究》2015年第3期；王铭铭：《民族志：一种广义人文关系学的界定》，《学术月刊》2015年第3期；赵旭东：《线索民族志：民族志叙事的新范式》，《民族研究》2015年第1期；张小军、木合塔尔·阿皮孜：《走向“文化志”的人类学：传统“民族志”概念反思》，《民族研究》2014年第4期；吴宗杰、余华：《民族志与批评话语分析》，《外语与外语教学》2013年第4期；卜玉梅：《虚拟民族志：田野、方法与伦理》，《社会学研究》2012年第6期；张丽梅、胡鸿保：《没有历史的民族志——从马凌诺斯基出发》，《社会学研究》2012年第2期。

统是不言自明的，比如《中国大百科全书》（第二版）对“民族志”的定义是：“民族学学者（文化人类学学者）发表的用于描述田野调查过程的工作报告。”①按照《中国大百科全书》的定义，民族志是一种外国的民族学家或者人类学家，诸如摩尔根、库欣、博厄斯、托雷斯、马林诺斯基、埃文斯·普理查德等开创和发展的学术样式，它以出版作品的形式报告了民族学家对于某一个特定族群的研究成果，并且在其中反映了学者的理论思考，如社会进化论、抢救记录论、功能论等，因此“书面民族志描述某个具体时空条件下的人群，具有独特的写作风格和理论话语”②。20 世纪中期以来，随着现代化、全球化的进程，生态的、历史的、世界体系的研究也进入了民族志的视野。我们必须看到的是，所谓的民族志并非仅仅有西方传统的诸样式，它本身具有多样化、多层次的特征，即便是西方学者，不同时代、不同学术背景下的民族志作家们有着极为不同的民族志书写方式，其作品也同样有着繁多的表现。更重要的是，20 世纪以来中国的民族志作家的写作实践及其学术成果值得我们加以反思和继承。因为只有建立在本土学术传统的反思基础之上，只有继续我们自己的学术传统，我们才能为中国民族志书写找到较为准确的定位，并提出具有学术价值的理论体系。

谭必友认为，龚志祥《从村庄出发》一书的写作接续了沈从文（1902—1988）《边城》（1934）的散文式的叙事风格，是一种较为典型的“散文民族志”，我认为这是十分有见地的学术脉络定位。毫无疑问，当代中国的民族志写作受到两种不同的写作传统牵引，形成了不同的叙述风格：其一是中国传统文学的写作样式；其二为现代的民族志叙事样式。前者并没有单一的风格和路径，从诗歌、散文、故事到历史、哲理、论集均有悠久的书写脉络，并且有可观的作品供人研读；后者则因作者所接受的民族志理论的国别、流派的不同而呈现出各不相同的样貌。因此，“何谓现代的民族志”并没有一个统一的定义，要根据民族志作家的具体成果而定，对具体作品的分析也需要采取综合分析的文化史视角，从而避免民族志体式的刻板印象。我们看到，当前学界有所谓的“实验民族志”“诗学

①② 《中国大百科全书》第 2 版第 16 册，北京：大百科全书出版社，2009 年，第 130 页。据《中国大百科全书》“前言”，该书所列各学科条目时，“介绍知识既坚持学术性、准确性，又努力做到深入浅出，具有可读性，适于中等及以上文化程度的读者查检和阅读，也为全社会各个领域的读者综合运用人类已有知识成果，并继续有所创新提供了桥梁和阶梯。”

民族志”“政治民族志”“史学民族志”“文学民族志”“散文民族志”等不同的称谓，对民族志的写作做出了各自不同的分析。我们认为，根据中国传统文学样式和现代民族志叙事的样式，提出一个新的概念，是在当前学术发展过程中一种自觉的民族志学术方法与理论总结，当然这一概念能否成为学界的共识还尚待接受进一步的检验。无论从民族志的学理上，还是从创作批评上，对中国民族志叙事风格的理论思考都是必要的，唯有如此，我们才能进一步深入地理解和批评当前中国民族志作家的作品，同时也能为当下民族志的创作提出某种可供选择的叙事方案。

从民族志的书写史来看，20 世纪的中国民族志作家做出了重要的贡献，他们通过各自不同的写作尝试，为我们提供了各种民族志题材、方法和理论的启示。在我们分析当代民族志作家作品时，他们的作品是非常经典的参照系，理所当然是我们讨论的出发点。我们知道，民族志有多种写法，因为民族志从来没有形成一种固定的写法，学者根据自己的学历和经验从事民族志的写作，形成文本，发表报告，出版作品。在中国的经典民族志中，20 世纪的中国人类学家通过他们的努力，形成了具有中国本土色彩的民族志学人群体，建构了多样化的中国民族志写作传统，如李安宅（1900—1985）的《拉卜楞寺调查报告》（又名《藏族宗教史之实地研究》，1938—1941 年田野、1982 年出版）、杨懋春（1904—1988）的《一个中国村庄：山东台头》（1945）、许烺光的（1909—1999）《祖荫下》（1948）、费孝通的《江村经济》（1939）、林耀华（1910—2000）的《金翼》（1947）、杨庆堃（1911—1999）的《共产主义过渡初期的中国村落》（1959）、田汝康（1916—2006）的《芒市边民的摆》（原名《摆夷的摆》，1946）等。这些中国 20 世纪人类学的典范人物和经典作品，构成了中国人类学群体的 20 世纪朋友圈，体现了自 20 世纪初期人类学（民族学，Ethnology）传入中国之后学者们对于如何建立中国民族学科的书写实践和学术思考，是我们讨论中国人类学的出发点。应该说，这些经典作家的典范作品，为我们理解中国民族志提供了丰富的样本，为我们评论中国学人的民族志作品提供了坐标，是评论家“从民族志出发”的基本文献知识库。本文将基于此种中国的民族志写作脉络，对《从村庄出发》一书加以评论。

作为一种学术研究的成果呈现方式，学者在进行民族志的写作时很少会对前人的著作予以讨论和回应，因为文学作品并不需要进行学术史的细致回顾，更不需要对前辈的作品进行长篇大论的分析，所以研究前代的人类学著作并进行学理上的讨论往往是人类学家中带有点评论家意味的研究者，比如格尔茨（1926—2006）之类的学者。对民族志书写进行评论和分析、回顾和反思，不仅具有学术史的意义，更具有理论建构的意义，因此评论者必须对此有所把握，方能更加深入地解读民族志作品的学术价值。不得不承认，民族志的书写越来越专业化，也伴随着失去了打动人心的情感，丢失了研究者作为活生生的人的烟火气息，变得自成一系。诚如潘光旦所说："学者总希望自成一家言，自成一家当然比人云亦云、东拉西扯、随缘拼凑、一无主张的前代笔记家和当代普通的教科书作家要高出不知多少筹，但如求之太亟，则一切自家来的结果或不免把最后通达之门堵上。"① 到了这个地步的民族志，可能最后就变成了千篇一律的资料，所以在此情形下，上述经典作家的经典作品值得我们反复阅读，而新的经典文本的形成则有待于学者和评论者共同的努力。

正如人类学家列维-斯特劳斯（1908—2009）在《忧郁的热带》一书中所说，当民族志越来越成为一种探险家的冒险故事或者旅行家的生活日志之时，我们有必要做出一定的反思，"目前，探险已成为一种生意，做探险者并不如一般所想的那样辛勤工作努力多年，发现一些前所未知的事实；目前的探险不过是跑一堆路，拍一大堆幻灯片或记录影片，最好都是彩色的，以便吸引一批观众，在一个大厅中展示几天。"② 在此，民族志成了旅游日志式的摄影集，"从这类有图为证的演讲里，从这类旅游书籍里，我们到底学到什么呢？我们学到的是：需要几个旅行箱；船上的狗如何胡来；东拉西扯的小插曲里面掺杂一些老掉大牙、几乎是过去五十年内出版的每一本教科书都提到的片段知识；这些陈旧的片段知识还被厚颜地当做正确的证据，甚至是原创性的发现来现宝。" ③上述中国 20 世纪人类学家，并非探险家；相反，他们每一个人首先是作为在地的中国的民族学、人类学家而存在着，其次才作为一个民族志的作家而出现，所以他们的作品总是充满了令人心动的智慧和扣人心弦的故事。他们的那些作品，没有任何

① 潘光旦：《政学罪言》，《潘光旦文集》第 6 卷，第 75 页。

② 克洛德·列维-斯特劳斯：《忧郁的热带》，王志明译，北京：中国人民大学出版社，2009 年，第 4 页。

③ 克洛德·列维-斯特劳斯：《忧郁的热带》，王志明译，北京：中国人民大学出版社，2009 年，第 6 页。

一部试图包罗万象，仅仅是对他们所见、所闻、所传闻的世界做了局部的勾勒，比如许烺光《祖荫下》还大胆地使用了自传和小说——像《汉的女儿》、冯玉祥《我的自传》和《官场现形记》——作为他研究的资料，“想想这三部著作，想想近三十年来我个人在中国各地的观察和经历，我认识到我们至今为止已确定的个性类型（贫/富）仅仅是刚刚开始给这个问题下定义。如果做更细致的分析，便有可能区别出其他更多的个性类型。”①如果从这个意义出发，我们可以确定地认为，《村庄》一书也将为今后的中国人类学研究提供一个十分有益的学者式的观察，从而让该书具有学术史上的价值。

二 亲与疏：中国民族志的文学母题

《村庄》所采用的文学形式，并非无中生有的创造，而是延续着前述中国民族志经典作家的书写样式。我们可以认为，龚志祥试图用他所接受的学术训练来揭示一个村庄的记忆：“沿着小学边的羊肠小道继续爬山很快就到此山的一个垭口，翻过这个垭口下山一直到山脚，横过不到五十米的一个平地又继续右上爬另一座山，到达半山腰出现一块平地，这里有一片水田，水田后面就是我的村庄。翻过村庄后面的大山就是另外一个村庄，叫大坝的地方。我的村庄坐北朝南，东边隔着三座山与覃家界自然村为邻，西边同样隔着三座山与构皮湾自然村相依，所以上山下山都不容易。这就是我的村庄，梦中的香巴拉。”②这里，“村庄”不仅仅是一种文字性的表达或者纯粹意义上的叙述，而是通过文学的书写将作者与故乡之间的一种现代的异化关系加以揭示，用一种山水画的形式勾勒出了故乡对于作者的意义，也就是一种散文的叙事样式。

人际关系的疏离和人的异化是现代民族志成立的基础，而以家庭亲情为中心的社会关系则是中国社会得以维系的基础。这里疏/离、亲/近构成了学者从事民族志写作的内在张力，民族志的散文式书写则在一定程度上纾解了这种张力，或者说是将这种张力变成了书写的动力。马林诺夫斯基在《江村经济》的序中说：“作者并不是一个外来人，在异国的土地上猎

---

① 许烺光：《祖荫下：中国乡村的亲属、人格与社会流动》，王芃、徐隆德译，台北：南天书局有限公司，2001年，第243页。

② 龚志祥：《从村庄出发》，北京：作家出版社，2017年，第12-13页。

奇而写作的；本书的内容包含着一个公民对自己的人民进行观察的结果。这是一个土生土长的人在本乡人民中间进行工作的成果。如果说人贵有自知之明的话，那么，一个民族研究自己民族的人类学当然是最艰巨的，同样，这也是一个实地调查工作者的最珍贵的成就。”① 从20世纪以来，诸多中国民族志学者在接受了西方学术训练之后，多以某种形式进行学术创作，用民族志的方式向国外的同行介绍本国的情形，杨懋春、许烺光、费孝通、林耀华等人的经典民族志作品首先都是以外语写作的，也就是通过另外一种语言的讲述，实现对于作者曾经熟悉之地的异化。这当然是一种切近观察的工作报告，同时也是一种出自实地的反思。当学者不是用中文来书写时，用外文写作的那种疏离感需要形式的变化，否则将难以实现自我的突破。

从前述民族志中，我们可以看到有的研究者从一开始就是疏离了作者的生活的，比如田汝康关于摆夷的研究就是异域的，他是一个外来的观察者：“从蒙蒙白云笼罩的深谷里，突然听见几声击钟声、锣鼓声，接着从远处那漫山绿树的万山丛岭中，又立即传来回声。声音是这样轻悦，回荡在寂静的空中。击声渐次响亮，隐约再听得嘈杂的人声。他们一会儿就隐没在茂密的丛林中了，仅在林峦空暇处留下几个模糊的黑影。碰着阳光能够直射的地方，偶尔也发出几点耀眼的光线。那就是迎佛回家的队伍。每天晨露未晞的时候，大家迎着冷风出发。全日旅程，盘绕在嵯峨的峰壑间。他们的行程是如此的缓慢，以至于总是很难赶到常规的歇脚处休息。等到日暮时分，崖边林下，随处皆可宿营。一张红毯不仅做褥子，而且是被盖，也是帐子。当夜幕降临，时见星火荧然，那里便是值班守夜的地方。”② 这一段迎佛行程的描写，如果换成非散文的方式，就是：“早上，迎佛队伍若干人敲锣打鼓地沿着山麓赶路，由于走得比较慢，晚上他们甚至要在山林中过夜。”这样一来，就丢掉了民族志学者在考察中的那种仔细观察，有些兴奋、有些不耐烦，甚至有点紧张的情绪；情感的荡然无存，也就无法理解迎佛的人和民族学家之间的那种无声交流了。但是，作者却用他的敏锐观察给我们提供了一种村落自然景观的细致描述，让我们

① 费孝通：《江村经济——中国农民的生活》，北京：商务印书馆，2015年，第13页。

② 田汝康：《芒市边民的摆》，昆明：云南人民出版社，2008年，第8页；田汝康：《滇缅边地摆夷的宗教仪式》，上海：复旦大学出版社，2015年，第22页。后者与前者在文字上有细微差异，比如“等到日暮时分”在前者中作“等到日薄崦嵫、猴鸣四起的时候”。

有一种身临其境的感受，而这种感受则是民族志内在的追求。

只有当村落自然景观融进了学者的记忆中，有了一种生命的涌动，甚至还带有一种故乡独有的味道的时候，民族志书写才具有了散文叙事的性质，并且由此成为作者生命经历的一部分。即便已经分不清开得最早的是哪一种花，在作者的记忆中，村庄的色彩仍旧是生动的，是渐次而来的，是有层次的，是有感情和生命力的，每一年到底哪一种花最早开放其实并不一定。在《村庄》中，龚志祥如是说："村庄的景色刻画在我心底深处。春天最先开放的花是核桃花还是阳雀花我已记不太清……然后是梨花、桃花竞相开放，野花漫山浸透，最后是整个村庄和群山被鲜花包围环绕，天空中弥漫着花粉和浓淡不定的香味，蜜蜂来回穿梭繁忙，各种鸟儿呼朋引伴唱响山林，晚上露珠静悄悄地滋润万物，群山和村庄从黎明醒来时饱含深情，梨花带雨桃花含露，太阳缓缓从村庄的东山向上攀升，阳光一层一层地铺满村庄的大山小包。"①与此类似，林耀华在《金翼》中曾有这样的散文叙述："金鸡山高耸而苍翠，蛮村就位于山麓的低坡上。村落的下方为高山哺育的谷地。数以百计的村人居住在这里，他们主要的生计就是耕种这和缓的斜坡和山谷里的肥田沃土。那苍茫的林木一直延伸到上方陡峭的山腰。每当天空清澈无云之时，如果一位好眼力的人向金鸡山低坡上的一抹翠绿中望去，不难发现其中掩映着的农舍屋脊，屋脊上依次叠压的片片灰瓦，宛如鱼儿身上覆盖的鳞。"② 林耀华的村庄，印刻在了他的心底，那些苍翠的树木，丛聚成繁密的树林，构成了村庄的底色，而村落则散落在丛林之中，作为一个本地人，他可以清楚地知晓哪里是他的家，哪里是别人的房屋。因为有深刻的记忆，他的村庄是活的，就是在绿色海洋中游动的鱼儿一般。

自然的景观是人生存的基本条件，其异化的过程相当缓慢，值得保留在记忆深处，但是这种印象于我们而言，不可避免地逐渐褪色、变化，甚至出现了一种虚幻的想象，作者似乎要为读者创造出一种人间仙境的映像，让人感受到民族志学者所见的世界是如此的鲜活和具有生机。然而，作者却不可避免地离它而去，甚至当作者试图在文字中把握它的时候，也多少有些无能为力了。

---

① 龚志祥：《从村庄出发》，北京：作家出版社，2017年，第22页。

② 林耀华：《金翼——中国家族制度的社会学研究》，庄孔韶、林宗成译，北京：商务印书馆，2015年，第13页。

三 记忆与故事：民族志叙事的生存境遇

民族志在多大程度上是人类记忆的故事集？当记忆构成了人类的唯一故事的时候，民族志的记忆就极为重要了："每当心情低沉，意志消退，前进路上困难重重之时，我就会想起公公婆婆。无数次梦回故乡曾家界，迎接我的都是公公和婆婆，我烤着火，看着公公婆婆为我做饭，闻着饭香之时就会一梦醒来，心中怅然，望着眼前的黑暗静待黎明。"[①] 民族志中有很多需要解读的文字，比如"公公婆婆"是鄂西方言，即普通话中的"爷爷奶奶"或者书面语言中的"祖父祖母"；"烤着火"则是在当地农村家中才能出现的情节。村庄是作者的故乡，"故乡最本己和最美好的东西在于：唯一地成为这种与本源的切近——此外无它。所以，这个故乡也就天生有着对于本源的忠诚。"[②] 作者似乎又回到了村庄，那个熟悉的故乡：某个房间里的火塘有着彻夜不灭的火焰，在电视成为农村娱乐设备的标准配置之前，火塘是讲述家庭故事的场所，也是一家老小聚在一起讨论琐细而具体的家庭事务的场所；如果有单独的厨房的话，那里有灶台，一般紧挨着火塘。作者可以坐在火塘边观察柴火之焰的一窜一窜，而他的眼神则可以透过一道门伸展到厨房的灶台，他所看到的是一两个忙碌甚至有点驼背的身影，似乎又闻到了饭菜的香味，或许他还会去收拾一下桌子，准备好好吃上一顿，这时候梦醒了。这里的梦幻并不是单纯的记忆，而是记忆中梦幻的那些岁月痕迹已经逐渐远离了现实生活的世界，以至于人需要在生活中不断去找寻它们，去讲述，去记忆，去思考。在此，民族志的写作对于作者来说，在很大程度上是要将这种个人的生活记忆变成一种具有同样生活经历的人们所共享的记忆，让没有这种体验的人们能够通过文学的样式去了解一个山村小民的生活样式。

这里，家族的记忆成为中国人心理寄托的一种极为关键的要素，"在农村，家族是最重要的组织。家族最主要的功能实际上是保证不让一个家族成员挨饿或受难。一堆穷困、无子女、无以为生的老夫妇多少会得到家族的定期资助；如果男孩在能够自理前就失去了父母或近亲的照顾，家族

① 龚志祥：《从村庄出发》，北京：作家出版社，2017 年，第 73 页。

② 马丁·海德格尔：《荷尔德林诗的阐释》，孙周兴译，北京：商务印书馆，2014 年，第 24 页。

也有责任把他抚养大，并保证他能自谋生路。”① 家族的长辈对于后代的影响，一方面是上述生存意义上的养活，也即让未成年的家族成员能够逐渐成长起来，延续家族血脉；一方面是社会意义上的存活，也即让家族后辈能够延续某种家族意义上的文化精神，比如，“婆婆还告诉我，我现在是学生了，不能分心，要少走亲戚，好好上学，为家里人争口气。因婆婆的告诫，我一直到高中毕业，除了家里大人安排我代表家里走人家，我坚持不去亲戚家游玩，也很少到邻居家串门，守住信念，为家里人争口气，好好念书。”②好好念书，这是中国的家族文化中另外一个重要的项目，它不仅仅具有社会化意义上的文化传承功能，而且在家族延续意义上具有了一种跨越时空的关联性，在一定程度上塑造了中国农村的家族样貌。杨懋春的记录如出一辙，他说他祖父曾经这样给他们讲述家族的故事：

> “我们第一代祖先是穷人，但他们辛勤劳动，节俭生活，与邻居和睦相处，结果第二代就相当富裕了……我的曾祖父很不幸，在他一生中，我们家遭受了很大苦难。我祖父、他的兄弟以及他们的妻子都非常好，他们辛勤劳动，节俭生活，从不吵架，也不与邻居吵架。经过他们的努力，我们家又渐渐富了起来。我父亲是个商人，正是他开始了榨油生意。我记得他为了生意兴隆，曾多么卖力地工作。尽管他是个商人，但他从未忘记耕田和读书是家族兴旺和荣耀的两条重要而可靠的道路。他的孩子都很相信他的话，这就是我们保住我们的田地并继续送我们的孩子去上学的原因。”③

在中国广袤的土地上，正是有了杨氏、龚氏这样的家族，一种文化的样式才能代代延续，因此作者的个人记忆，在很大程度上并不简单的是一个人的孤独的寻根之旅，而是表达了无数类似家庭成员的心声。经过一百多年的城市化和现代化进程，传统的耕读传家已经成了一种历史的记忆。在中华人民共和国成立之后的很长一段时间里，这种历史时间的永续性并未因社会变迁而截断，相反，它在不断地延续和重复，也即社会的意义结构被某种共同的文化所形塑，而某种内在的统一性在不同作者的笔下保持

---

① 杨懋春：《一个中国村庄：山东台头》，张雄等译，南京：江苏人民出版社，2012 年，第 120 页。

② 龚志祥：《从村庄出发》，北京：作家出版社，2017 年，第 65 页。

③ 杨懋春：《一个中国村庄：山东台头》，第 123 页。

了相当程度的一贯性。这就是民族志成立的基础，一旦这一基础发生了彻底的改变，一切都成了修辞和记忆，那么未来将如何呢？现代教育体系的建立，不仅改造了传统，改造了家族，同时也对社会记忆产生了极大的冲击，它让传统意义上耕田和读书的功能发生了彻底的改变，也即生活方式发生了颠覆性的变化。在此意义上，无论是杨懋春的《一个中国村庄》，还是龚志祥的《从村庄出发》都给我们保留了一个深受传统价值观念影响下的中国社会的历史记忆样本。这一样本对于我们了解中国农村的过去、现在和未来，都有它的学术意义。

龚志祥的村庄书写，止步于2003年他考上中央民族大学的民族学博士。博士教育是现代化教育制度的产物，和传统的村庄没有任何关系，和村庄中所预期的读书也有一定的距离。三年的博士生涯，其实还是在一个村——“魏公村”，这是中央民族大学所在地。这个村是一个地名，却不构成作者所谓的村庄意义上的村落，那里是现代的场所。换句话说，作者在这样的学术“村落”中接受了现代学术的训练，而前述中国民族志的经典成为他学习和研究的典范。最后，在这里他顺利地拿到了博士文凭，开始吃上了“民族饭”，但是这个“村”的故事似乎无法多说，一句话带过而已：“2006年，博士研究生毕业，进入中南民族大学工作，成为一名老师，一切从头开始。”[①]11年之后，龚博士成了龚教授，走出国门，有了一点空闲时间让他能奋笔疾书，书写村庄的故事和记忆。

龚志祥回忆村庄的若干文字，汇集在一起，成了一部正式出版的著作。他以一种非虚构的写作方式，试图抓住一些记忆的痕迹，撷取一些片段，让村庄的记忆更加真实，让过往的历史更加充实。这种真实意味着曾家界的村庄故事不再是作者一个人梦中的呓语，它变成了可供学者们深入讨论的文本；这种充实意味着作者不再是一个孤独的个体，而是又一次回到了故乡美好记忆之中。在全书中，作者并没有提出任何理论的课题，看不到任何的理论说明，只有作者对于村庄事件的描述，只有作者对于家族亲人的回忆，正是这样的描述让我们感受到了一种在地的生机和民族志学者的自我反思。当然，这种用散文叙事的方式对于在我们看来近乎标本的传统社会（Gemeinschaft）生活所进行的深度描写是否能够揭示出一种与现代的法理社会（Gesellshaft）不同的理想存在？是否能够细致揭示扎根

① 龚志祥：《从村庄出发》，北京：作家出版社，2017年，第188页。

于乡土社会中的传统政治制度及其所赖以存续的自我感知模式？或许如格尔茨所说，民族志的散文叙事，“在自我感知方面，现代化的进程的本质最终没有得到讨论；甚至通常都没有意识到有这样一个进程存在……一个简单的、内部一致的、广泛定义的民族结构，就像在大多数工业社会中发现的那样，并不是一个能化解的传统主义的残余物，而是一个现代性的标志。但是，这一对原生性隶属体系的重组过程如何进行，它所要经过的阶段是什么，促进或是延缓它的力量是什么，它涉及的人格结构方面的转化是哪些，所有这些基本上都是未知的。”① 这可能是所有中国式的民族志作品不可避免的症结所在，因为一旦作者所描述的是本乡本土的生活世界，它必然有所保留，有所克制。正是有了这样的一种紧张关系，才会给读者一种阅读上的冲击力，给我们一种适度的想象空间，从而让民族志书写不至于变成一种虚构的作品，或者成为一种枯燥乏味的工作日志。

四 在此与生发：民族志叙事的理论立场

在此和生发，是民族志书写成功与否的关键。费孝通说：“人类学这门学科要能继续生存下去，就得另辟路径，开拓新的研究园地。”对中国的民族志作家来说，则是要有树立“社会人类学中国时代”的学术自觉②，这种自觉就是要对文化变迁、传统与现代之间的鸿沟和紧张关系等进行实地调查和理论思考。

从民族志的理论而言，书写者本身或许并没有完成一种理论的建构，因为理论的建构有待于批评者的阐释和再阐释。在一定程度上，我们可以说《村庄》一书是现代的民族志学者如何应用现代的理论话语来重新认识自我的一个样本，它所揭示的正是中国传统社会在解体之前的某种样式，这种样式是我们了解当下中国社会和民族问题的依据。在散文叙事的书写过程中，民族志作者的中心问题可能是模糊的，就如同他的记忆一样，不论记忆如何深刻，如何精确，过往的事件，毕竟已经成了历史，村庄已经离他远去。虽然作者一再说“我的村庄”，很大程度上成了一种修辞的手法，村庄已经不属于“我”，村庄已经远去，随着社会变迁的不断加剧，

---

① 克利福德·格尔茨：《文化的解释》，韩莉译，南京：译林出版社，2008年，第318-319页。

② 费孝通：《江村经济——中国农民的生活》，北京：商务印书馆，2015年，第309页。

现代的观念日益渗透到“村庄”之中，村庄开始变成了他的寄托。回到村里，他也是一个陌生人了。作者说，在农历除夕，他点燃了炉火（是否从火塘的火变成了炉子的火?），让它燃到天亮，“在我静坐无我之时，村庄里的老明推门而进，他在家闲坐无事，到村庄串门，见我家有亮光，故来探望一下。我送他一盒香烟。他与我确实无太多的聊天话语，乃告辞转战村庄其他人户找伙伴去了。”① 那人走了之后，作者给炉火加了点柴火，让屋子里更暖和一点，然后进入了梦乡。

作为家园的“村庄”是一种空间存在，也是一种生存的所在。按照海德格尔（1889—1976）的说法，“它赋予人一个处所，人唯在其中才能有在家之感，因而才能在其命运的本己要素中存在。”② 不管作者本人经历了多少生活的艰辛，在他的梦里，村庄总是属于他的；可是，多少现代人能够找到梦中的故乡呢？现代化的过程，已经让“龚志祥的村庄”失去了现实之在此，或者说现实之此在不断地试图改造村庄，那个新的被改造过的村庄，在作者的笔下又会是什么样子呢？我们期待着作者的下一部作品。

（《民族文学研究》2019 年第 4 期，第 117-125 页）

① 龚志祥：《从村庄出发》，北京：作家出版社，2017 年，第 166 页。

② 马丁·海德格尔：《荷尔德林诗的阐释》，孙周兴译，北京：商务印书馆，2014 年，第 15 页。

《从村庄出发》的写作学探讨

程林盛*

【摘　要】《从村庄出发》是龚志祥教授的作品，全书由相互独立又有着内在连接的七个篇章组成。基于对本书写作背景、作者经历、内容特征的讨论，从人类学、文学与史学的视角，分析本书的写作特色，并总结其在民族志写作、非虚构写作、生命史写作方面所表达的写作学价值和意义。

【关键词】《从村庄出发》；民族志；非虚构；生命史

《从村庄出发》是龚志祥教授在英国伦敦政治经济学院访学时写作完成的，于2017年由作家出版社首次出版。全书12.5万字，由七个部分构成，每个部分的主角依次是母亲、村庄、婆婆（奶奶）、爷爷、求学、过年、工作[①]。笔者通读全书，认为这七个部分之间各自独立又有着内在的连接。说其各自独立，是因为这七个篇章的顺序可以互换或任意选择其中的一篇来阅读，相互之间在阅读情节上没有必然的先后顺序，每个篇章的阅读序列不影响读者对本书的阅读效果。说其有着内在连接，是因为这七个篇章都是以作者的亲身经历及其本人作为每个篇章叙述的当事人而展开，如对母亲的追忆，对村庄变迁的描写，对奶奶和爷爷的追忆，对自己求学、过年和工作的追忆，都是站在第一人称的角度展开的。该书一经出版就在一定范围内掀起一股阅读热，如在湖南师范大学民族学与人类学研

---

* 作者简介：程林盛，旁遮普大学历史系博士。

① 作者在新出版的《从村庄出发（二）》中新增了父亲、姐姐篇。

究中心曾举办新书出版小型座谈会①、在中南民族大学民族学与社会学学院举办学生读书会、在该书内容的发生地湖北省恩施州某种程度上成为畅销书等。本文基于作品本身，从写作学②角度探讨其在人类学、文学和历史学学科的书写表达价值及其意义。

一、作为民族志写作的《从村庄出发》

民族志，是现代人类学民族学学科的重要概念。其最基本的含义就是民族学人类学研究者在学科框架下所写作的文本，一般都是书籍式的，不过近年来在人类学民族学领域也出现了大量依托影像技术手段所制作的影视片，被称为影像（视）民族志或民族志电影/纪录片等。关于什么是民族志，事实上在民族学人类学界都没有一个非常明确的界定或表述，我们在通读国内外人类学家的民族志作品时，会觉得他们的作品大致可以粗略地分为两大类，一类是偏重中国古代志书式的描写型的，如凌纯声著《松花江下游的赫哲族》③、杨圣敏主编的《中国民族志》④ 等，一类是以西方学术风格写作的兼顾叙述与理论的分析型的，如马林诺夫斯基著《西太平洋上的航海者》⑤、克利福德·格尔茨著《尼加拉：十九世纪巴厘剧场国家》⑥、费孝通著《江村经济》⑦ 等。随着人类学家对主题田野调查和研究的深入，他们在探索表达自己研究成果的方式上不断出新，如林耀华著

---

① 谭必友：《散文民族志的学理性及创作实践——基于〈从村庄出发〉的阅读经验》，《湖北民族学院学报（哲学社会科学版）》2018 年第 36（03）期。

② 写作学是以人类写作活动作为特定对象，研究写作范畴的各种现象和问题，探讨写作规律和方法的一门学问，是一门特殊的社会科学学科。

③ 凌纯声：《松花江下游的赫哲族》，北京：民族出版社，2012 年。“李亦园赞誉其为中国民族学学科史上‘第一次田野科学考察’……不仅成为中国民族学研究上的第一本科学民族志，同时也是 1922 年 Malinowski 出版 Argonauts of Western Pacific 之后至 1935 年间，全球文化人类学家致力于基本民族志资料搜集与著述期中，最重要的民族志书之一。”出自李亦园：《人类的视野》，上海：上海文艺出版社，1996 年，第 413 页。

④ 杨圣敏：《中国民族志》，北京：中央民族大学出版社，2004 年。

⑤ ［英］布罗尼斯拉夫·马林诺夫斯基：《西太平洋上的航海者》，弓秀英译，北京：商务印书馆，2017 年。

⑥ ［美］克利福德·格尔茨：《尼加拉：十九世纪巴厘剧场国家》，赵丙祥译，北京：商务印书馆，2018 年。

⑦ 费孝通：《江村经济》，北京：北京大学出版社，2012 年。

《金翼：中国家族制度的社会学研究》[1] 以小说体的形式写成的学术著作，通过讲故事的形式分析了中国传统社会的家族制度。如果将龚志祥教授的《从村庄出发》放入这一序列中，很显然他也创立了一种人类学主题的表达手法，谭必友教授称之为“散文民族志”，即用散文体裁及相应的文学符号来表达人类学的关怀与思考。[2] 《从村庄出发》中的七个篇章都是散文，每篇都是围绕一个人物或主题展开叙述，这些人物或主题叙述都是具有人类学专业背景的作者以其敏锐的专业素养挑选和写作的，这七个篇章都以散文体裁表达了人类学的人文关怀——个体生命、村落变迁与国家命运的相融，其关于人类学的细节描写和故事叙事做到了恰如其分。

人类学的民族志是以文化为题材的，因此民族志写作必须基于文化。人类学对文化的界定，有代表性的是爱德华·泰勒在其《原始文化》中认为“文化包括全部的知识、信仰、艺术、道德、法律、风俗以及作为社会成员的人所掌握和接受的任何其他的才能和习惯的复合体”[3]，以及克利福德·格尔兹在其《文化的解释》中认为“文化是一种通过符号在历史上代代相传的意义模式，它将传承的观念表现于象征形式之中。通过文化的符号体系，人与人得以相互沟通、绵延传续，并发展出对人生的知识及对生命的态度”[4]。泰勒的文化定义对于初学者很容易理解和掌握，在泰勒文化定义的基础上，我们再将物质文化纳入就会使文化的概念更完整，而在这个框架下写成的民族志作品就成为包罗万象的作品，但这样的作品会被认为很初级。格尔兹的文化定义对于初学者要比较复杂，因为无论是在田野调查中对文化的理解和感知，还是在后期的民族志写作中对文化的阐释，都是极富挑战性的。很显然，《从村庄出发》是基于格尔兹的文化定义，作者对文化的理解是包括生命个体、村落变迁以及国家命运不同层面的相互叠加和相互影响的呈现。作者通过几个人物命运的跌宕起伏，叙述了村

---

① 林耀华：《金翼：中国家族制度的社会学研究》，北京：生活·读书·新知三联书店，2008 年。

② 谭必友：《散文民族志的学理性及创作实践——基于〈从村庄出发〉的阅读经验》，《湖北民族学院学报（哲学社会科学版）》2018 年第 36（03）期。

③ ［英］爱德华·泰勒：《原始文化》，连树声译，桂林：广西师范大学出版社 2005 年版，第 1 页。关于泰勒对文化的定义，他只包含了所谓的精神和制度层面，没有将物质文化层面纳入，事实上把“物质的”加进去，会使得文化的概念及其所指更加完整。

④ ［美］克利福德·格尔兹：《文化的解释》，纳日碧力戈等译，上海：上海人民出版社，1999 年，第 11 页，第 103 页。Clifford Geertz. *The Interpretation of Cultures*. Basic Books, 1977, p. 89.

落与国家、微观和宏观结构影响下的个体生命史。这样的叙事方式给读者以清晰的文化感知，因为每一篇记叙的都是宛如你我身边的亲人、朋友，这些人的命运同时也是相同时代背景下“我们”的命运，所以和作者同龄的读者读来会更加切身体会每一篇的真挚情感，产生共鸣。龚教授正是在这样的文化传承中形成了他本人对人生及命运的态度，在我们细读他所描写家庭亲人的每一篇文章中，都可以感受到他从祖父母辈、父母辈以及平辈那里传承和接续的人生态度。

民族志的写作技艺是人类学作品呈现的隐形的核心力量。如何利用写作技艺将自己想表达的见解通过书写在纸面上的文字呈现出来，这是需要一定功力的。这种功力需要作者建立在丰富的生命经验和细腻的文字转化之上，民族志写作强调建立在扎实的田野调查之上，作者在曾家界村的田野感知尽管不像今天的人类学家专程到异文化中去调查（收集研究资料），但他却利用更广阔的文化比较将自己在曾家界村50多年的生命经验通过人类学“跨文化比较研究”的途径呈现出来。这里所说的文化比较是指作者利用自己在伦敦政治经济学院访学的机会，在曾家界村—伦敦（中西文化）之间强烈的文化差异下写作这本《从村庄出发》。正如谭必友教授所言：“《从村庄出发》描写的都是家乡的文化，表面看来，这不符合欧美人类学的共识。但其实，作者在家乡长期生活的记忆，成为他人类学思考中的田野素材。这个素材比一般的泛泛的田野考察所能收集到的材料要丰富得多，也要真实与可信得多。只是在缺乏另一个文化背景的时候，研究者很难将其中有价值的材料剥离出来。当龚志祥教授来到伦敦之后，这些素材被逐步地意识到，并逐步地形成不同的类别加以运用。”① 所以，文化背景技艺是民族志写作的灵感。《从村庄出发》的另类写作技艺，向辉博士在其有关民族志叙事的理论思考中，将其概括为“融汇了中国传统文学样式和现代民族志风格，具有学术发展意义上的接续性和民族志理论意义上的自觉性”，并通过“源与本”“亲与疏”“记忆与故事”和“在此与生发”四个方面进行了讨论与阐释。② 民族志的写作技艺考验着作者如何处理材料的功力。《从村庄出发》的材料就是作者的生命经验，存留在他的

① 谭必友：《散文民族志的学理性及创作实践——基于〈从村庄出发〉的阅读经验》，《湖北民族学院学报（哲学社会科学版）》2018年第36（03）期。

② 向辉：《龚志祥的“村庄”：基于民族志叙事的理论思考》，《民族文学研究》2019年第37（04）期。

记忆之中，如何将这些记忆抽丝剥茧并缀连起来，一方面需要前述的文化背景反观，另一方面还需要驾驭文字的能力，作者有着十几年的记者和办公室文字工作经验，积累了高超的文字运用能力，写就了这本被称为散文民族志的作品。

丰厚的富有生命经验的素材，高超的文字驾驭与表达能力，强烈的文化背景反差的刺激，扎实的人类学田野与人性化的理论关怀，是《从村庄出发》这本民族志文本能够出自作者之手的幸运。但是，作为人类学学科的民族志，正如向辉博士所言“按照教科书式民族志定义，龚志祥的《从村庄出发》一书并不是严格意义上的民族志……”① 那么，在过于强调学科属性的当下，《从村庄出发》究竟能否归入民族志的范畴，或许见仁见智，但从另一个侧面也说明这种争议性还是存在的。谭必友教授评价到“在于它对散文民族志作品所作的探索性贡献”②，或许某种程度上其散文的特点比民族志的特点更加突出。这就需要我们进入文学的视野去讨论了。

二、作为非虚构写作的《从村庄出发》

如果将《从村庄出发》视为散文作品（集），也丝毫没有问题，因为整本书读起来还蛮符合散文的“形散神聚”的文学特征。文学视野下的散文是追求文学创作，作家的身份不同于人类学家的身份，作家可以运用文学创作技巧，通过夸张、猎奇、虚构、拟人、模仿以及蒙太奇等众多艺术手法去表现，而人类学家则不同，他首先要确保材料的真实、准确。具体到《从村庄出发》，作者本身是有专业人类学训练的高校教授，书中所有的素材都基本保证了真实性和准确性，只是将这些故事和记忆通过散文体裁呈现出来了。检索文学体裁，我们发现这本著作与报告文学以及近年来兴起的非虚构文学有着密切关联。事实上，报告文学本身就是散文的一种，它是运用文学艺术，真实、及时地反映社会生活事件和人物活动的一种文学体裁，其基本特征是新闻性、文学性、政论性。显然，《从村庄出发》一书与报告文学还有一定距离，特别是在及时性、新闻性、政论性等

① 向辉：《龚志祥的“村庄”：基于民族志叙事的理论思考》，《民族文学研究》2019 年第 37（04）期。

② 谭必友：《散文民族志的学理性及创作实践——基于〈从村庄出发〉的阅读经验》，《湖北民族学院学报（哲学社会科学版）》2018 年第 36（03）期。

方面都存在巨大差距，所以它不是报告文学的写作体裁。非虚构写作，在《韦氏大词典》第二版中被定义为“一种内容基于现实和事实的文学分支，以叙事散文的方式处理或提供观念，包括传记与历史文章，与虚构文学相对，与诗歌和喜剧相异”。美国非虚构作家何伟（Peter Hesler）开宗明义主张“非虚构即是真实，不可编造”。英国文学评论家芭芭拉·劳恩斯伯里（Barbara Lounsbery）在《事实的艺术》中阐明了非虚构写作的四个特征是记录性、详尽的研究、场景和细致的写作。他们的表述尽管不一，但核心是必须基于真实事件的写作。蔡家园则认为，非虚构“从创作主体的角度来看，这种写作具有行动性（强调亲历，介入社会）、专业性（研究式写作）、个人性（个人话语色彩鲜明）的特点；从文本来看，它具有叙事的经验性、文体的混合性的特点。”①《从村庄出发》就是基于这些特点的作品。

参照《中国“非虚构”写作大事记（1980—2021）》②，在我国，1980—1994年间与“非虚构”相关的主要是评介性的学术文章，1995—1998年间《中国青年报》开辟“冰点特稿”、《南方周末》增设“记者观察”刊登一些较具深度性的反映社会现实的特稿，2000年《钟山》杂志第5期设置“非虚构文本”栏目首发“非虚构”概念文本，2003—2009年以报纸和文学杂志为阵地刊发了多篇关联社会现实的深度报道文章并在一定程度上推动了社会改革③。2010年第2期《人民文学》开办“非虚构”专栏，以及其他一些报刊也开始刊登“一些叙事史、民间语文、自述自传、往事访谈、口述实录、历史档案等文字，或注重深入事件与人物内部，或强调真实呈现历史细节”④，推动“非虚构写作”走向高潮。非虚构写作的最初作者是面向社会征集的，没有特别限定身份⑤，不过参与者大

---

① 蔡家园：《对乡土中国的一种理解与记录——关于〈松埔纪事〉的几个思考片段》，《写作》2019年第635（03）期。

② 魏雪慧：《中国“非虚构”写作大事记（1980—2021）》，《扬子江文学评论》2022年第4期。

③ 如2003年4月25日《南方都市报》新闻特稿《被收容者孙志刚之死》引发热议，并推动国务院废除收容遣送条例。

④ 傅修海，刘红娟：《“非虚构写作”漫议》，《文艺评论》2012年第3期。

⑤ 如，2010年第2期《人民文学》的《“人民大地·行动者”非虚构写作计划启事》的定义，最要害的要求是第二条：“行动者”非虚构写作计划的宗旨是：以“吾土吾民”的情怀，以各种非虚构的体裁和方式，深度表现社会生活的各个领域和层面，表现中国人在此时代丰富多样的经验。“行动者”非虚构写作计划，要求作者对真实的忠诚，要求作品具有较高的文学品质。“行动者”非虚构写作计划，特别注重作者的“行动”和“在场”，鼓励对特定现象、事件的深入考察和体验。

多是媒体人、作家以及一些大学生，后来也有学者加入。“非虚构写作”成为一种时尚的写作，一些地方还成立了相关的基金会、发表平台、评奖大赛等，鼓励这类写作。如一些从社会学、人类学等视角写作的学术性著作《岂不怀归：三和青年调查》[①]《我的凉山兄弟》[②]《崖边报告：乡土中国的裂变记录》[③]《袍哥：1940年代川西乡村的暴力与秩序》[④]《金翼：中国家族制度的社会学研究》等，它们基于扎实的田野调查，借用文学手法写成，成为学者基于专业视角的非虚构写作，袁凌认为这类作品的好处是兼收学术与文学之效，有助于人们对复杂社会理论与问题的认识，风险是导致学术性失落且未获致真正的文学性，致使两失。[⑤] 事实上，学术写作也是求真的写作，不过非虚构写作从其被命名时起就是从文学视角来归类的，致使我们讨论非虚构写作时，还得回归文学视角。

回到《从村庄出发》，其中的这些篇章都是非虚构性的写作，可以说每一篇、每一个字、每一个故事情节乃至细节都是真实可靠的，满足了非虚构写作“忠诚于真实”的最高原则。或许，作者在写作这部书稿的时候，并没有将其置于文学创作的视野下，只是想把自己的记忆与对亲人、朋友和村庄的生命感知用文字记录下来。凑巧的是，在这个写作过程中，作者融入了其极富情感的对人物交往的细腻描写和充满理性的时代与社会分析，使这部书稿成为依托现实生活中真实人物故事与时代变迁交相辉映的散文呈现。从这个角度而言，《从村庄出发》在其文学写作的角度表现了几大特点。第一，故事题材真实、亲切，全书7个篇章都是铭刻于作者生命经验中的家属与家乡的生活经历，每个字都是真切的过往；第二，语言表达通俗、朴素，全书使用的文字呈现都是通俗化的语言，没有人类学、社会学相关的学科性词汇交织，也打破了文学语言的文体壁垒，大部分识字的读者都可以轻松地阅读；第三，词汇富有地域性特色，文中使用了大量恩施地区的方言与词汇，甚至还有一些土家语词汇和习俗，为了照顾地方性读者的阅读，作者都标记了现代汉语表达，是一本名副其实的地方性非虚构写作作品；第四，采用散文表达方式，全书7个篇章，都包含

---

① 田丰，林凯玄：《岂不怀归：三和青年调查》，北京：海豚出版社，2020年。

② 刘绍华：《我的凉山兄弟》，台北：群学出版社，2013年。

③ 阎海军：《崖边报告：乡土中国的裂变记录》，北京：北京大学出版社，2015年。

④ 王笛：《袍哥：1940年代川西乡村的暴力与秩序》，北京：北京大学出版社，2018年。

⑤ 袁凌：《“非虚构文学”亟需面世》，《扬子江文学评论》2022年第4期。

了丰富的人际交往的故事叙述，将亲情、友情、同乡情用散文方式表达了出来，很多细节描写有感人泪下之景，情到深处“伤”及读者。《从村庄出发》跻身非虚构写作，成为众多非虚构作品之一，不同于国内其他非虚构写作就事论事或就村庄现实讨论社会现实，《从村庄出发》正如其题意所表述的，从“村庄”出发是作者自身从村庄出发，然后历经求学、工作、访学再回到村庄追忆昔日的亲人往事和村庄变迁，这个长途跋涉后的追忆成为本书非虚构写作的特点，把熟悉的生活经历和亲人朋友当作写作题材，与曾家界的村落变迁结合起来，透视了人、村落在社会变迁之下的历史境遇。

作为非虚构写作的《从村庄出发》满足了当代追求真实的读者群体的需求，尽管作者的写作初衷并没有想那么多，但作品的面世进入读者和评论家的视野中，作为文艺批评的范畴必然会被归类到这一框架之中。无论如何，当你细读这几篇叙事作品时，还是会有一种深刻的生命流淌的感觉，这就需要进入下一节去讨论另一个写作学话题了。

三、作为生命史写作的《从村庄出发》

生命史（Life History）又称个案史，即将一个人或团体的全部生命期间，在社会网络上做一个正确与详尽描述的方法，其目的为认识与个人生活或团体活动有关的因素。[①] 这个定义强调了个人或团体的生命历程与社会情境的连接，讨论个体或团体生命在一定的时空背景下的命运变迁及其影响因素。生命史的研究在学术界一般是纳入新史学的范畴，不过以生命史作为写作方法却是被应用于不同领域或学科，如人类学民族志写作、文学创作、人物史书写以及近年来兴起的物的生命史书写，有的甚至将生命史写作与口述方法结合起来。这类写作大多是针对某一个体或团体的生命历程做阶段性或全程描述，并将个体或团体生命历程与社会情境做连接并进行分析，如黄树民的《林村的故事：一九四九后的中国农村变革》[②]、冯骥才的《一百个人的十年》[③]、周锡瑞（Joseph W. Esherick）的《叶：百

---

① 《云五社会科学大辞典：社会学》第一册，台湾：台湾商务印书馆，1971 年，第 41 页。

② 黄树民：《林村的故事：一九四九年后的中国农村变革》，北京：生活·读书·新知三联书店，2002 年。

③ 冯骥才：《一百个人的十年》，北京：中国文联出版公司，2008 年。

年动荡中的一个中国家庭》[①]、罗安清（Anna Lowenhaupt Tsing）的《末日松茸》[②]、邢肃芝的《雪域求法记：一个汉人喇嘛的口述史》[③]。生命史写作已经成为一种非常流行的写作方法和作品呈现方式。

生命史写作的特点，首先要有生命主体，这个主体可以是作为个体的人，也可以是群体，还可以是物以及动植物等，如果是个体之人或群体，这类生命史可以是自述性的或他写性的，如果是物或动植物，那么这类生命史只能是一种他人化的拟人化写作；第二必须是针对主体的生命历程的叙事，可以是某一时段，也可以是其全部生命时段，将这个时段中的事件按一定的特点叙述出来；第三是内容要有故事性，故事是写作的主题，无论是民族志写作，还是文学创作或史学写作，都是为了表达一定的主题，这个主题就是作者写作的追求，都会表达一定的思想与社会现实关怀；第四可以结合一定的时空背景，将生命主体置于主客观时空背景下，进一步探讨社会、国家等各种力量的作用，展现作品的现实关怀。前文提及的这些“生命史”式的写作都有强烈的社会关怀，他们探讨不同主体在时空背景下如何经历其生命历程，作者就是通过这种生命历程的叙事来凸显各种力量在生命主体身上的张力。生命史的写作是一种生命经验的回顾和再现，是生命主体或写作者通过回首自身或他者的生命历程来探讨自身经验与外在力量之间的张力关联，进而透视生命主体的历史境遇。

《从村庄出发》是一本多层次生命史的书写尝试。首先是作者作为生命史主体的自述，他从个人角度回顾和书写了自己和亲人、朋友与自己的密切关联，并从他者的角度为母亲、爷爷、奶奶以及新版中增加的父亲、姐姐等自己生命成长中关系非常密切的亲人做了“他述”，这些叙事都是建立在一种生命历程的序列之中，这些亲人在不同的时代有着不同的人生经历，这些经历又影响着作者自己的成长过程，他们相互之间形成了多层次生命史的结构书写，即“祖父母——父母——姐弟和我”三代之间的生命史书写。代与代之间的叙述字里行间呈现了一种贯

---

① ［美］周锡瑞（Joseph W. Esherick）：《叶：百年动荡中的一个中国家庭》，太原：山西人民出版社，2014 年。

② ［美］罗安清（Anna Lowenhaupt Tsing）：《末日松茸：资本主义废墟上的生活可能》，上海：华东师范大学出版社，2020 年。

③ 邢肃芝（洛桑珍珠）口述：《雪域求法记：一个汉人喇嘛的口述史》，杨念群、张健飞笔述，北京：生活·读书·新知三联书店，2008 年。

穿于生命中的人生态度的传承。其次，“村庄变迁记”这一篇事实上是村庄的生命史书写。人类学学科是以研究无文字的殖民地社会起家的，因此，村落抑或部落成为人类学家开展研究的主要据点，或者称为田野点。本书的作者有着人类学的专业训练，所以他对村庄有着天然的情感，更何况是自己成长的村庄。因此，他在完成这部作品时，自然地将人类学的人文情怀融入生命史的写作之中，或说是将生命史的写作方法用于这本非虚构的写作之中。自然地，为村庄留一段生命史也成为必然，“变迁”是人类学永恒的主题，村庄变迁就是村庄生命史的一种表述。在“村庄变迁记”这一篇里，作者记述了“村庄地名源流考”“民国时的村庄追忆”“新中国的新村庄”“村庄生活记忆”“孩子们的村庄”“节日的村庄”“哭嫁的村庄”“村庄的在与不在”八个小节，其中叙述了村庄的方方面面，将曾家界的“生命”历程以丰富的素材和细腻的描写呈现出来。村庄的生命其实也是作者及其生活在这里的至亲们的生命的另一种展现，毕竟“人—村庄”构成了一个主体与空间的结合。在中国乡土社会中，村落始终是中国人情感和生命经历所生发和寄居的地方，迄今，几乎我们遇到的每个中国人往前追溯都可以在两三代人之间追寻到其村落记忆。因此，以村落为空间的生命史书写就成为作者本书的书名，即“从村庄出发”。

生命史作为一种写作题材和体裁，在史学研究和写作中已经相对比较普遍，无论是人物个体或群体的生命史，还是物的生命史；作为一种叙事方法，它已经被广泛应用于文学创作和人类学民族志的写作之中。生命史的写作需要高质量的可靠的“记忆”，记忆是写作生命史的核心技巧，没有记忆就难以叙事，没有准确的记忆就不可能追求真实的民族志写作、非虚构写作以及生命史写作。个人记忆与集体记忆，是生命史写作素材的重要方法和来源渠道。

结　语

《从村庄出发》究竟是什么，其实上述讨论了它的三种属性，也从其关联的人类学、文学和史学三个学科的学科特性及研究和写作技巧进行了讨论。作为一个文本，事实上在作者完成写作交给出版社时，就已经完成了这种书写过程。至于其因出版和发表所引起的后续评论及讨论，那就是属于批评家的事了。无论是众多民族志中的一本，还是非虚构写作的一种，抑或是生命史的一类，都是这部作品在批评者概念与框架中的一种思考与归类，分类本身是人们学习和思考的一种方式，所以不同视角的检视与归属都属正常现象。本文是从作品出发，就其对于写作学的一些启发所做的探讨，希望对我们理解《从村庄出发》有些许帮助。

后　记

《从村庄出发》2017年出版后，得到了部分读者的喜欢和鼓励。2018年国庆后，我开始了为期3年多的村落调查，时断时续，走马观花到访70多个自然村，在参观访问这些村落时，也有一些收获，有一些思考，目前仍然不成熟，需要多次田野求证，然后有可能奉献给社会。在这期间，为了形成团队，共同思考当下的乡村振兴，曾经以《乡村振兴视域下民族地区特色村寨社区营造与能力提升研究》争取经费，未果。

进入2022年，暂时放下村落调查，走进课堂，阅读经典，同时整理过去的小文。在中央民族大学出版社领导和责任编辑的鼓励和支持下，出版《从村庄出发（二）》，增加读者阅读的感悟和学者的研究成果，以此激励自己。居诸不息，微芒不朽。

1988年，费孝通先生在香港中文大学Tanner讲座以《中华民族的多元一体格局》为题的演讲，向我们提出一个命题："看来正是汉族的两腿已深深地插入了泥土，当时代改变，人类已进入工业文明的时候，汉族要从泥土里拔出这两条腿也就显然十分吃力了。"至今过去了30多年，对于这个命题的回答需要理论界和实践者多多努力。"叶落归根、告老还乡、梦回故里、荣归故里"这些与乡村故土有关的词，在我们的辞典里比比皆是，也是我们文化史上诗词歌赋的主打。因此，无论走多远，远至漂洋过海，也忘不了根。喧嚣都市里梦回桃源，走不出的村。

我的一位从事国际关系研究的朋友，从海外学成归国，报效祖国，研究成果丰硕。前几天，我们电话聊天，话题是他的乡下故乡，他特别热爱，全身心投入，希望退休后回到他美丽的村庄，还想建一个乡村图书馆。但东家长西家短的琐事让他开始打退堂鼓，但又心有不舍。我开玩笑说，你可以通透大国关系，但搞不定小村故事啊。宁静的村庄藏于心中，回不去的寨。

我们一直在村寨里。乡土中国的现代转型任重道远。全面建设社会主义现代化国家，最艰巨最繁重的任务仍然在农村。坚持农业农村优先发展，全面推进乡村振兴，加快推进农业农村现代化，我们仍须努力！

2022 年 11 月 9 日于秦皇岛